渣甸家族

龍頭洋行的特殊發展與傳承

鄭宏泰

獻給父親，表達無盡思念

目錄

序

筆者經過近三十年有關華人家族企業發展的研究，並取得階段性成績後，決定一改過去很多時只有洋人研究華人家族企業，鮮有反其道而行之的情況，決定深入考察洋人家族企業發展的「深水區」——集中探討長期以來被華人家族企業視為學習楷模，又發展成現代跨國企業，已歷經一二個世紀，過去又有一段很長時間在華發展的英資洋行，藉以加深社會對英資洋行的多層次認識與了解。在芸芸英資洋行中，被視為龍頭的，則非渣甸洋行（又稱怡和洋行，為緊扣家族脈絡，本書一直採用渣甸洋行之名）莫屬，本系列因此以之打頭陣。

相信大部份香港人對「渣甸洋行」這個名字絕不陌生，但對她的印象恐怕褒貶不一，因為這家洋行是靠走私鴉片到華這個不光彩的行業起家，又曾挑動中英鴉片戰爭，導致後來一連串不平等條約與香港割讓，是近代中國喪權辱國的歷史之始；但與此同時，這家洋行自 1832 年創立至今已近 200 年，雖經歷無數波折，但仍保持雄厚實力，且深具政經影響力。是甚麼原因令她具有這樣的韌力？創行及掌控家族在領導這家洋行的過程中遭逢了甚麼樣的挑戰，傳承接班又具有哪些特質？

所謂「他山之石，可以攻玉」，對於渣甸洋行的傳奇發展，相信不少人均想深入了解，或是學習當中某些致勝之道。事實上，自鴉片戰爭以還，學習西方事物以提升自身，走向現代化，這個俗稱「西化」的運動或過程，可說由始至終沒有停止。此點可以十分清晰地揭示，中國文化並非如坊間某些評論所指的固步自封，而是具有很大的包容吸納，起碼從理論上說，中國文化不會比其他文化更具排他性。

儘管如此，中華民族亦有其種族和文化至上的盲點，過去因此吃了不少苦頭，尤其鴉片戰爭便是最慘痛的例子。到國家上下明白自身的問題，決心進行變革，向外學習、引進西方事物時，卻又遭遇諸多挑戰與挫折，令自強運動、百日維新、晚清變革等均以失敗告終。可見這個學習的過程艱鉅曲折，實在不可為外人道，而中國不斷招來外敵欺侮，更是令人扼腕唏噓。

　　在探討華人家族企業的發展時，我們發現不少家族企業的領軍人，一直很重視學習其他文化的優越經驗，從中偷師，為我所用，藉以提升自身競爭力，所以他們無論是從書本課堂學習，或是實地調研考察，均樂此不疲，虛心受教。不過，生意經營與企業管理受經濟原則主導，在引入西方模式時較易調適配合，產生的問題不會太大。但當企業加入家族元素，成為了家族企業時，則不能單純以經濟原則作考慮。特別是牽涉到領導大位的傳承接班，更不能只講經濟原則，反而更受信仰、文化、道德價值觀念等制約。惟這些因素過去常被忽略，故華人家族企業在「全盤西化」時，往往在繼承問題上碰壁，令人產生華人家族企業技不如人的印象，甚至得出這樣的經營模式難以久存的結論。

　　另一方面需要指出的是，要更好和更全面地了解家族企業的發展，不能只聚焦於某個人物、某個時刻，或某些事件的發展之上，亦不能只單從印象、包裝的表面看問題，而應從多代人、長期考核、不同層面與多角度作出綜合檢驗與論證，相互比較，方能突顯差異背後的運作邏輯。基於此，本研究挑選過去一直被視為香港洋行龍頭的渣甸洋行作個案，就其起落發展、控股家族不同世代接班領導的成敗得失等，作近兩個世紀的追蹤考察。

　　毋庸置疑的是，過去，學術界多數的研究總是把焦點高度投放在政治角力、貿易往來、企業發展，甚至是鴉片到底是毒品或一般商品等問題上，忽略或低估了個體與家族這些社會最基本單位所發揮的作用，令渣甸家族與渣甸洋行的共生關係猶如月球的背面——大家都知道其存在，卻鮮能清楚現於眼前。

要深入研究洋人家族企業，所碰到的挑戰極為巨大，遇到的問題亦極多。最讓筆者揪心遺憾的，是研究期間，居於深圳的老父健康轉差，筆者卻未能盡人子之責時刻在身旁侍奉。父親一生辛勞，對子女管教嚴格、寄望甚殷，是筆者做人治學的榜樣，亦一直以不辱父命、爭取成績為目標，過去之所以堅持筆耕不絕，亦是因父親支持、鞭策所致。受新冠肺炎疫情影響，香港與內地通關中斷，筆者無法探望父親，雖憂心他的狀況日壞，卻只能每天以電話問候，並一直祈求兩地可早日通關。

不幸，到 2022 年 1 月 12 日中午，父親在家中安詳地走了，一家上下悲慟不已，筆者身在香港，無法趕及見他最後一面，更有撕心之痛。父親是個有思想、有目光，做事果斷公正的人，但其實他讀書不多，生於 1938 年那個日軍侵華、戰火連天的年代，小學未畢業便因祖父去世而輟學，擔起家計，與同代人一樣在連番波折中掙扎求存，由一窮二白的農民變成略有恆資的小商人，然後成家立室，再將子女撫養成人，他自己則在這段歲月中逐漸老去、健康日差。

父親雖已離開我們，但教導長記心中。他因祖父早逝而特別注重孝道，侍祖母至孝，這對我們影響尤大；他強調勤勞節儉，省吃省穿，在匱乏年代把僅有的資源留給我們，母親常嘆惜他因此「捱壞了身體」，令我們既感動又歉疚。父親曾對我們說，他沒有甚麼遺產，只因在家鄉及社會多行善，幫助過有需要的親友，代弱者主持過公道，因此留下一點名聲和德行。他曾寫下：「江深海闊源思長流細水，家興業旺念記祖宗德蔭」的對聯，告誡我們飲水思源、德行為先。父親一生的言教身教，可說是家族傳承裡一個平凡但卻十分根本的例子。

為了表達對父親離去的傷痛、思念和牽掛，筆者把此系列的出版獻給他，並會繼續努力，堅持家族企業等研究工作，以示不忘他的教導，報答他過去的

養育，以慰他在天之靈。

　　當然，本研究最終能順利完成，實乃獲得各界友好及機構鼎力協助之賜，在此謹向他們致以最衷心感謝。

　　首先，要感謝我們家族企業研究團隊黃紹倫教授、孫文彬博士、周文港博士、許楨博士、王國璋博士及閻靖靖博士，儘管過去一年，受新冠肺炎疫情影響，我們鮮能如過去般聚首談天論學，但幸好在科技幫助下，大家仍能坦誠分享、交流見解、互相鼓勵，實乃研究道路上的重要助力，令人感動。

　　同樣，亦要向前研究助理梁凱淇小姐、現任研究助理李明珠小姐和行政主任俞亦彤小姐表示謝忱，她們曾在不同層面給予幫助，令本書內容更加充實。當然，亦要感謝香港中文大學圖書館、香港大學圖書館、香港歷史檔案館、英國國家檔案館等提供資料，給予支援和協助，使本研究可克服種種困難，達至今天的成果。

　　最後，要向太太李潔萍表示衷心感謝。由大學相識相戀，然後組織家庭，承諾甘苦與共，她陪伴我走過崎嶇道路，經歷無數起落。在研究上，她總是第一位閱讀文稿之人，並多次協助校對及給予不少建言；在生活上，她大小家事一手抓，把孩子照料好、教導好，讓我不用操心，並在我身心疲累時為我打氣，令這項研究得以順利展開、維持和最終完成。

　　雖然得到各方友好和機構的大力幫助，但政局的急速轉變、歷史的曲折漫長、企業的興衰傳承和人生的順逆起落，始終沒法完全掌握，因此或令本書出現一些糠粃錯漏。對於某些疑而未決、模糊不清的地方，雖努力求證，但仍沒法做到完美無瑕，這雖是不願看見的，卻很難避免，但望讀者有以教我，指正批評，讓筆者的研究可以做得更紮實、更豐富。如對本書有任何意見，請致函香港新界沙田香港中文大學香港亞太研究所或電郵 vzheng@cuhk.edu.hk 聯絡。

鄭宏泰

第一章

英國商人

在帝國主義擴張中征戰四方

在羅貫中《三國演義》開首時，有這樣一句「話說天下大勢，分久必合，合久必分」鏗鏘有力的話，當中的「天下大勢」四字，十分濃縮地說明了一種個人難以抗逆的發展狀況，不但讓人覺得甚有智慧，亦引人聯想。放到世界近代史的層面上，尤其值得深思，因為自進入十九世紀，遠在千里之外的歐洲，自經歷了文藝復興、航海大發現、宗教改革、光榮革命、科技飛躍、工業革命、法國大革命等等重大歷史事件後，綜合國力已經脫胎換骨，主導全球秩序，而且已憑著船堅炮利向全球擴張殖民。可是，過去一直自視為天下中心的中國，那時卻昧於天下大勢已經出現巨變，仍沉醉於周而復始的封建帝制之中，不知那時天下大勢若何，尤其未能覺察強敵已把戰艦開到家門口，兵臨城下了。

一些很自然的問題是：歐洲為何能夠變得強大？他們發展出甚麼現代科技與制度？而那些科技與制度有何獨特之處？是甚麼力量促使他們四出擴張？要千里迢迢跑到中國來？他們來到中國後又做了甚麼事情？日後又如何影響了中國的發展？又怎樣牽動香港的命運？要回答這些不是三言兩語能說得清的問題之前，或許要先了解十八世紀英國一代經濟學巨匠阿當‧史密（Adam Smith）經典理論的精髓：在自由市場中追求個人私利，其實有助社會整體經濟發展。阿當的理論不但促使歐洲各國高舉自由市場旗幟，藉以配合不同背景的國民憑個人才智自力更生，亦促使他們走出自身國門，到世界各地全力開拓，成為推動西方帝國主義不斷前進的核心力量，是背後的資本主義財力來源與支撐。

帝國主義全球擴張的天下大勢

綜觀歷史，帝國急速崛起且可不斷擴張，版圖遼闊，並非甚麼罕見現象，惟十五、十六世紀的那波擴張浪潮，足跡遍及全球不同角落，則被形容為得力於資本主義擴張（黃仁宇，1997），與過去只憑軍事力量征服領土、吞併鄰邦的擴張，在本質上確實甚為不同。正因如此，若以上述「天下大勢」的角度論，便很自然地引伸出若干與上文多個問題都有關係的問題：何謂資本主義？在甚麼時候興起？又如何向全球擴張且形成一種滾滾向前的發展大勢？雖然學術界在這方面的探討汗牛充棟，亦有不少振聾發聵的理論和發現，但仍有不少空白或是未如人意之處，值得深入分析。

首先，對於何謂資本主義的定義問題，雖然不論是百科全書，或是教科書，均有就此名詞下定義，學術界至今的界線仍有不少未能清楚劃分的地方，惟三點是爭議較少的，那便是組織形態、生產分配與產權歸屬。本書採納黃仁宇的看法，他給資本主義下的定義是：

> **資本主義是一種經濟的組織與制度，內中物品之生產與分配，以私人資本出面主持。大凡一個國家採取這種制度以擴充國民資本為當前主要任務之一，所以私人資本也在其政治生活中佔有特殊的比重。（黃仁宇，1997：191）**

接著的問題是資本主義在甚麼時候興起，之後又如何向全球擴張的問題。雖然有關資本主義的定義，要到十九世紀才粗略定下來，之後討論亦漸興起，但有關資本主義的商業精神、工作倫理與社會意識，則早在十六、十七世紀已在某些地方不斷茁壯成長，較常被引述的例子，則是商業經濟盛極一時的意大利北部威尼斯，猶太商人更扮演了極吃重的角色，被視為乃現代資本主義興起

的重要力量（Sombart, 1962）。惟因有關猶太人在促進資本主義發展方面的問題，在筆者另一著作——沙遜家族（Sassoon family）——中有一定討論，這裡不深入展開。

　　有關資本主義興起或孕育的時間雖然甚早，但初期的擴散速度明顯緩慢，主要原因是受地理局限之故，背後與航海技術及科學尚沒取得很大突破有關。但當山川海洋阻隔被打破，科學技術有了突飛猛進之後，資本主義的擴張速度之急速，則令人咋舌，令全球每個角落迅即落入歐洲列強手中。由此引伸出來的，是那個滾滾向前的擴張大勢，以及其背後擴張力量源頭所在的問題。黃仁宇指出，相對於過去的社會，資本主義社會的最大特質，是強調高度爭逐財富的商業倫理，而這種商業倫理在流行起來後，會徹底顛覆過去社會的運作邏輯，令社會行為、價值觀念及社會制度丕變。他這樣寫：

在資本主義之前，人類是比較純潔的，各人以自己為標準，去衡量外界的事物。一旦接受資本主義就本末顛倒，採取一種數量上的計算（quantitative calculation），所有精力用於算計如何獲得財物，「用武力、用魔術、用計謀、用新發明和用金錢去獲得財物」。（黃仁宇，1997：11）

　　由於資本主義發源於歐洲，歐洲自然成為最具發展動力的地方。一方面，追求財富逐漸成為各階層目標，起碼不再如過去般視追求財富為庸俗、低級和難於啟齒之事；另方面是對發財致富的手段亦沒有太大的道德制約，所以黃仁宇特別提及資本主義初期是「用武力、用魔術、用計謀、用新發明和用金錢去獲得財物」，為求發財致富不擇手段，說明其侵略和剝削的本質。在這樣「全面向錢看」的不擇手段意識或背景下，資本主義在歐洲興起後便不斷壯大，並

刺激了航海及科技的進一步發展，兩者又促成了歐洲國家為尋求更大財富而走上了全球擴張之路，這種發展模式便是日後變成「潮語」的全球化，令歐洲成為主導世界的力量，而資本主義擴張則成為銳不可擋的天下大勢（Friedman, 2010）。

這裡要補充的是，踏上全球化初期，由於整個過程乃國家主導，民間力量較少，亦較多屬集體行動，個體單獨行事、自由摸索開拓者鮮見。簡單的擴張模式是歐洲強國憑著船堅砲利、科技先進等優勢，向那些仍然停留在原始發展水平的國家或部落發動侵略，將之佔領為殖民地後大肆掠取其資源以供本國運用和發展。歐洲各國之間有時又會因爭奪某些殖民地的資源互相攻伐，原則上仍是脫離不了「用武力、用魔術、用計謀、用新發明和用金錢」等不同手段以達其發展目的。

進入十九世紀，尤其當拿破崙在滑鐵盧戰役中大敗之後，英國、法國，乃至其他歐洲不同階層民眾均以自由市場之名，一窩蜂似地以個人身份向世界各地展開求財追夢的旅程，一股全新的發展浪潮與開拓意識於焉展開，因此又更為深層次地改變了全球商業經濟發展格局。確實點說，相對較早前以國家集體力量的殖民擴張，民間個體力量分散全球的尋找發展機會，這樣的發展或開拓模式，又給各地社會帶來無孔不入的深刻影響，因為他們在追求財富時，同樣是受那種「用武力、用魔術、用計謀、用新發明和用金錢去獲得財物」意識或倫理所驅使，當然亦受他們政府的支持和保護。

由此帶出資本主義的最大特質，在於為了爭取一國一家一己的成功，惟如何評定成功或是用何手段達致成功的問題，無疑存在文化、宗教與社會的差異，就如本研究焦點之一的吸食鴉片、走私鴉片，甚至發動鴉片戰爭，英國政府、商人及其人民與中國政府、商人及人民之間的立場看法便迥異：英國政府、英商認為鴉片與酒無異，走私鴉片到華是因中國沒把鴉片合法化之故，而

發動鴉片戰爭則是清政府沒收英商鴉片、威脅英人生命財產之故，其看法無疑與中國及中國人截然不同（Milligan, 1995; Grace, 2014）。

但是，為著爭取成功，可以不惜犯險或願意冒險的精神面貌則基本確立，黃仁宇甚至簡單地概括為「一為成功、一為賭博與冒險」的兩個重要思想面向，並指「自從羅馬帝國崩潰後，每一個國家都有兩種力量出現，一是對金子的貪婪，一是創設企業的精神，不久這兩種力量凝聚一氣」（黃仁宇，1997：11 及 192）。更形象化點說，是想盡各種方法、用盡各種手段以爭取成功，而量度成功的最好或最簡單標準，便是在最短時間內賺取最多的錢，用何手段獲取金錢則因有很大灰色地帶而常有爭議，可見創設企業的精神與冒險精神，其實是一體兩面的東西，互為表裡。

冒險意識瀰漫與冒險家東來

沿著追求利潤與冒險精神乃一體兩面的角度看，創業家或企業家被視為最好的代表人物，因為他們為了追求成功的各種舉動，帶有濃厚的逐利與冒險色彩，所以在不少社會中創業家與企業家變成了冒險家的代名詞。今時今日，我們對冒險家一詞或者並不陌生，但到底哪些人是冒險家？或者說甚麼是冒險精神？為何自進入十九世紀後歐洲會湧現那麼多的冒險家？這種行為又如何影響世界局勢？尤其觸發了鴉片戰爭？到香港落入英國之手後冒險家又為其發展帶來何種衝擊？

所謂冒險家，根據曾任教於香港大學社會學系的德裔社會學家 Lethbridge 引述法國大百科全書的定義，原本只指賭博者，後來演變為泛指具有某些特徵的社會群體，如碰運氣的士兵、投機者、騙子，甚至是一些用機智謀生的人，而這些人基本上則具兩個特點：其一是自願選擇犯險，其二是自願投身其中。即是說，冒險家的所作所為，是一切均由他們自己決定，既願意劍及履及地為

某種目的犯險，亦抱有若然失敗時大不了輸掉一切，或是一走了之的心態。其中的重要背景，必然是冒險的機會成本低，反而成功則可獲巨利，因此吸引無數人願意鋌而走險。對於這種特點，Lethbridge 再作如下補充：

> 冒險者並不因為共同信仰或意識形態 —— 如無政府主義者、布爾什維克者或女權運動者構成一個群體，而是極端個人主義者，他們的個人主義思想或自我主義思想促使他們在社會急速轉變、脫序、邊界模糊，甚至政治矛盾叢生時，採取野蠻手段。（Lethbridge, 1978: 260）

換句話說，當社會或所處環境出現急速轉變，又有社會脫序、社會邊界模糊的現象，加上政治制度又矛盾叢生時，很容易滋生各種各樣冒險行為，而那時的冒險舉動，很多時會採取野蠻手段，為正常情況下社會道德或法律所不容。

Lethbridge 進一步提到一個重要發展拐點：自滑鐵盧戰爭結束至第一次世界大戰爆發的一個世紀時間裡，由於歐洲戰火熄滅後經濟疲不能興，不少人面對著失業與生活無以為繼的問題，因此有往外闖的需要。至於英國、法國及歐洲其他地方的人民，亦掀起了一波持續不斷的往外闖浪潮，這些人不少都有「豁出去」的冒險意識與精神，既對自己滿懷自信，又覺得天大地大任我闖，他們踏足地球上不同角落——當然亦包括了被視為「遠東」的中華大地，那裡過去一直被塑造或描繪為尋金發財的天堂。

所謂「行船跑馬三分險」。從歐洲走向世界各地的航程無疑充滿風險，沒有很強的冒險意識，實在會給波濤洶湧、風大浪大的海洋嚇退。可是那時的冒險家們——哪怕部份人士自身的社會地位其實來自低下階層，教育水平有限——卻都並不十分害怕，背後相信又與當時社會自由主義興起，並有一種白

人至上種族主義，自信可以馳騁全球有關。即是說，他們一來自信本身文化、制度及科技等優越性，又有了較其他文化開闊的世界觀，二來則覺得自身的各種先進東西（科技或文化），有助開發那些被統治的落後地方，從而可以達至宗教及文化等輸出，最終讓那些地方被同化吸收。

不能否認的是，歐洲人大舉向世界各地進行冒險之時，全球大部份地方不是屬於他們的殖民地或次殖民地，便是生產及科技相對落後，基本上還是停留在相對原始的生產與生活水平，物質基礎相對薄弱，故衍生出一股歐洲白人屬優越民族，其他種族則屬次等的觀念（Huttenback, 1976）。正是在這樣的背景下，當那些歐洲冒險家在全世界相對落後的地方進行冒險，不同種族、文化與社會有了初步接觸交往時，受資訊不流通、溝通欠暢順等問題的影響，不少背景複雜、立心不良的冒險家容易以不良手法瞞天過海，哪怕是自吹自擂，或是散播一些扭曲的信息與價值觀念，亦不怕被識破，尤其是在一個遠離他們家鄉的陌生地方，利用他們所掌握的西方科技等優勢，容易在那些剛被西方殖民統治或尚未完全開發的地方指點江山，呼風喚雨。

更甚者是，為達求財致富的目的，他們不但敢於賭博冒險，亦不惜使用哪怕被視為野蠻、社會道德不容許，甚至違反當地法律的手段，因此滋生唯利是圖、弱肉強食，以及為達目標不問對錯、不擇手段的氣氛或意識，而那些懷著那種心態，並以那種手段突圍而出，最後發財致富的人，Lethbridge（1978: 261）稱之為「暴發階級」（parvenu class）。至於那些冒險家在賺得盆滿缽滿後，又會很自然地想到社會認同和社會地位的問題，於是又會追求頭銜、講求身份，原因則是那些社會榮耀和名聲，能給他們帶來更高層次的滿足。

韓非子曾說過：「千里之堤，潰於蟻穴。」從某個層面上看，鴉片便是挖空滿清皇朝長堤的蟻穴，最後導致戰爭，而放下蟻穴的，便是那些千里而來的冒險家，他們對華走私鴉片的行為，既導致了英國東印度公司與十三行這兩個

具專利約束的制度崩潰，亦觸動了鴉片戰爭，最後導致不平等的《南京條約》，改變了中國的發展大局。確實點說，由於不少冒險家只是孤家寡人、赤手空拳踏足「遠東」（東亞）追夢，為求發財，在一個陌生的地方，一般不會有太大的道德包袱與社會承擔，當然亦不會堅守那些用來約束社會或行業行為的規章制度。鴉片走私、發動戰爭，以及佔據香港等，均屬風險極高的冒險行為，因為當中有極多未知數，一般情況下不會發生，很多人亦不願見其發生，惟獨冒險家在巨大利潤驅使下，往往便會放手一搏。

另一方面，自割讓香港，這地方開埠後的發展，亦展示了無數冒險舉動與冒險家的身影，如那些具高風險且不符合傳統道德的生意大行其道，無論經營鴉片進出口及銷售、苦力勞工（俗稱「豬仔」）貿易，甚至是賭館及妓寨等，不少冒險家均樂意參與其中，當然亦不覺得這些是甚麼大逆不道的勾當，反而覺得是社會必然存在的自然問題，就如色有黑白、日有光暗一般，堂而皇之地大力發展，美其名是寓禁於徵，實質是不擇手段，藉著這些生意或專利加強掠奪，令自身盡快致富，將由此產生種種破壞個人、家族及社會的問題，轉嫁本身及周邊社會，情況直至經濟與社會制度逐漸成熟才有所改善。

這便帶出前文提及一個由貧而富，為求達成原始資本積累的過程或規律：開始時，為了脫離貧困，爭取成就，盡快達至心目中的目標，往往較易採取冒險行為，亦會較傾向不擇手段，「絕招」盡出，哪怕是欺詐、暴力、投機倒把等殘酷與旁門左道的方法。但當「富起來了」，發展水平到達某個高度，物質條件又十分穩固了，便會萌生較大的「發財立品」意識，要求取締那些不合傳統道德的生意，本身亦較不會從事那些較高風險的投資，當然還有樂意為善與強調美德等情操。無論香港整體社會，或是不少扎根這個社會的個體與家族，其發展進程總會呈現這些規律與特點。

家業傳承與永續發展之道

以爭取積累個人（家族）資本、保障私人產權為核心，私人資本又在政治、經濟及社會等不同層面的運行和組織中佔有特殊比重（黃仁宇，1997）。資本主義社會既有一分耕耘一分收穫的重要觀念，亦有高風險高回報的基本原理，當然還有企業發展動力源於時刻創新，不能固步自封，否則必然後勁不繼，失去活力與競爭力，遭市場淘汰等等規律。至於任何一個家族如何能維持其在政治、經濟、社會及企業中的影響力與地位，富過多代，除了取決於自身的努力耕耘，亦必然與各種冒險與創新狀況強弱多寡有關。

然則，因為肯幹、敢拚、不怕賭博冒險，並在得到幸運之神眷顧下，白手興家而成功創立基業的家族們，自完成原始資本累積後，原來的冒險精神或意識，會否逐步減退？因為原本冒險成本低，無後顧之憂，但到身家雄厚、事業豐盛後，冒險成本已經大增，若然還是時刻都「搏到盡」，又沒做好風險管理與切割，恐怕容易給家族和企業發展帶來巨大風險。問題是，若然失去了冒險精神，則家族與企業按理必然會變得因循，逐步失去發展活力，走向敗亡，可見冒險與固守之間必須取得平衡，方屬永續的發展之道。

另一方面，在爭取原始資本積累時，採取一些不容於道德的手段或無可避免，但到完成那個任務之後，繼續採取某些旁門左道、不容於道德的手段，顯然容易招來強烈批評指摘，尤其不利於爭取金錢以外的東西——如名望、地位、社會認同等，於是在生意經營或投資上亦不能太過「斤斤計較」、錙銖必較，即是不能「賺到盡」，或是純粹從經濟學基本原理的利益最大化角度看問題。但這樣的結果，同樣會影響家族和企業繼續積累財富的能力或競爭力，因此又會削弱其競爭力，阻礙其長遠發展。

除此之外，生意投資必然會從獨沽一味的高風險高回報逐步走向多元化，藉以分散風險，一方面會逐步退出那種被視為「不乾淨」——即不容於道德

——的生意，另方面則會轉投那些被視為正當且風險沒那麼高、但回報亦沒那麼高的生意上，例如工業生產、工程建造等，至於一些高資本投入但長期回報穩定的生意，例如交通航運、銀行保險、物業地產等，亦屬重要選項。種種生意及投資方向上的蛻變，能為家族與企業的永續發展帶來正面作用。

當然，更加值得關注的，是父權社會下的代際傳承問題，因為無論家族或企業，不但選取有才幹者作領導乃重中之重，傳承原則是否重男輕女、不傾向任何一方、傳承過程是否順利、不會出現內部鬥爭等，均會極為深遠地左右家族和企業的發展，窒礙其進程。若然家族不能唯才是用，將有才幹者放到最能讓其發揮所長的位置上，又或者一代傳一代時常有分裂、內訌和爭鬥，必然無助家族和企業的發展，更會造成內耗，削弱總體發展力量。

不同社會與文化的傳承制度或經驗，揭示兩大特點：一是繼承權利的優先次序、一是繼承財產時的或分或合。以下先說第一點。

一般而言，繼承權利優先次序的有效確立，乃傳承能否平穩進行的關鍵。至於確立繼承權利的共同特質，則在於到底是否父母的血脈子女，惟當中又有三種類別：一、有些文化只限兒子，女兒被排除於外，就算無子有女，也不傳女，只傳侄或過繼（養）子；二、有些文化只傳婚生子女，或分嫡庶，非婚生子女（私生）無權置喙；三、亦有些文化先傳子，若無子，才傳女。

從繼承權利優先次序的確立，到若然無子無女之後如何繼承等問題，自然會衍生不同模式的婚姻制度、人生追求和喪葬安排等，與家族內部關係及企業發展特質環環緊扣。簡單而言，各種安排背後必然反映了某種文化或社會對於哪些條件較受重視，某些條件則次之。例如在強調上帝救贖，把到天堂得享永生視為至高無尚的社會，俗世間的一切畢竟只如過眼雲煙，沒甚大不了，亦可有可無，只要自身能夠積累足夠功業，獲得上帝垂青，得到拯救上到天堂，便於願已足了，身後功業如何發展，已無關宏旨了，所以他們對傳承問題看得較

開，不執著遺產一定要傳給自己血脈，亦不在意企業是否要由自己家族成員領導等。

可以想像，若然家族財產不一定傳給自己血脈，企業領導又不一定要求是家族成員，那麼傳承的空間便會豁然開闊，限制可以大大降低，起碼血脈問題不會被視為無法迴避的沉重包袱，這樣既不會因為是否要結婚、是否要生育孩子，或當沒法生孩子時感到十分困惑，更不用為企業領導硬要交給沒興趣或才幹欠佳，甚至不肖的子女大為惆悵。即是說，當傳承問題可以放開，家族與血脈不再成為關鍵制約，那麼某些天然問題便能迎刃而解。

相反，若然是那些將血脈放在首位的文化，由於家產傳給自己血脈、企業由家族中人領導被視為理所當然之舉，其對婚姻、生育孩子等問題的看法，必是截然不同，傳承接班時的安排，亦會大相逕庭，因此會給家族和企業的永續發展帶來不一樣的挑戰，其中家族內部矛盾往往較為激烈，家族與企業領導因不能落入外人之手而存在領導者才幹不足等問題，均屬難以避免之現實。

接著說第二點。一般而言，繼承時採取單子繼承或諸子均分機制，是財產分合聚散的關鍵。原則上說，一人獨享的單子繼承，必能令家產在傳承過程中不被攤薄，可以較為完整地保持下來。相對而言，眾人利益均沾的諸子均分，則受兒子（子女）數目多寡所影響，即是子女數目愈多，均分後必愈少。由此可見，單子繼承有助財產集中，諸子均分則會令其分散，惟前者明顯有欠公平，後者則兼顧了大家都是父母子女的公平原則。

深入一點看，單子繼承——一般按血脈出生次序為原則——的方法，有助減少家族內部矛盾，因為誰人獨享早有天數，個人爭不了，只能認命。諸子均分人人有一份，而且不能厚此薄彼，因此必然容易引來矛盾與競爭，所以不但會產生攤薄財產效應，更會給傳承過程添加變數。惟由此衍生的一個不可不察的特點是，諸子均分有助促進「諸子」（可包括兄弟姐妹）之間的良性競爭，

因為均分後誰人表現突出、誰人變成「阿斗」一目了然，而這種有助促進競爭的情況，則能成為促進商業、經濟與各方面發展的重要力量，不容小覷。

由求財、聚財，到傳財、保財，儘管我們以為這些好財、愛財之舉均屬自然之事，但現實上卻受宗教信仰、社會文化等無形信念和價值觀所驅使制約。正因如此，一時一地的家族和企業的發展與傳承，必然各有特質，相信亦各有優劣，不能一概而論，或者不能以為在某一社會或文化行之有效的制度安排，原封不動地引入或嫁接另一社會後，立即可以發揮同樣效果。所謂一方水土養一方人，在探討家業傳承與永續發展之道時，我們實在不能低估山川地理、宗教信仰與社會文化所產生或發揮的作用。

渣甸家族的爭議和傳奇

對於香港的發展，學術界過去較多從制度與政府政策入手，資本主義制度、自由市場、積極不干預施政哲學、華洋企業各師各法各展所長等等，不一而足，鮮少從人物與家族如何奔走其中、辛勤灌溉的出發點著眼，當然亦甚少探討不同人物或家族與政府和社會之間的互動。就以聚焦企業貢獻視野為例，很多時都只從企業發展歷史、投資多元化與公司管治等層面作探討，較少深入分析那些創造企業，並且帶領企業不斷東征西討、持續發展的人物或家族。說實在，無論是近代中國的巨大變遷、鴉片戰爭，甚至是香港被割讓和日後發展等等，均是不同人物與家族在不同層面上開拓、拚搏、鬥爭、撕殺的結果。

在芸芸商業人物或商業家族中，牽頭創立被視作英資龍頭企業渣甸洋行（Jardine Matheson and Company）的威廉‧渣甸（William Jardine，全書簡稱渣甸）及占士‧馬地臣（James Matheson，全書簡稱馬地臣），無疑極具爭議，亦最受注目。因為他們乃對華鴉片走私的頭號人物，在林則徐查禁鴉片、沒收商人鴉片時受損最大，又是在遊說英國政府對華發動侵略戰爭一事上最為賣力

者；當然還有力主英國政府攫取香港作為殖民地，到真正佔領香港後又率先在此投地，建立據點，其洋行與家族更長期掌握香港政經命脈，影響力可謂無人能及。

對於兩人的發跡史，以及渣甸洋行的不斷發展與起落興替，儘管各種分析為數不少，但卻有如下多方面未如人意，值得再作綜合分析與補充的地方：

一、過去的討論絕大多數集中在走私鴉片的那段歷史上，尤其是觸發了鴉片戰爭一事，甚少深入探討促使他們及英國政府作出冒險行為的歷史大勢，以及冒險家在那個年代所扮演的重要角色。

二、過去的討論總是重早廢晚，即是大多數研究焦點側重於渣甸洋行創立之前及創立初期，對於日後不同年代的發展，則分析得不夠多。

三、多數討論其投資目光、多元化策略、貿易網絡與政商關係等，卻缺乏從宗教信仰的角度，剖析鴉片生意、唯利是圖與宗教信仰的關係。

四、重心人物總是集中於創業一代，尤其是渣甸和馬地臣兩人身上，對於他們俟後的多個接班世代，往往只是輕輕略過，尤其甚少思考其傳承特點。

五、雖略有提及渣甸與馬地臣各自的戀情婚姻及本身沒有血脈子女的問題，卻沒深入分析當中的深層次原因。

六、洋行的創立雖是渣甸和馬地臣兩人或兩個家族，但管控權日後卻落入渣甸家族手中，馬地臣家族退出，這種轉變，過去的研究甚少，但原因何在實在十分值得深入探討。

七、更引人好奇的是，渣甸家族日後亦全面退出，令控股權落到了凱瑟克（Keswick）家族手中，對於這種耐人尋味的傳承特質，學術界過去同樣甚少提及，當然亦沒從跨文化比較的視野作更好分析。

八、凱瑟克家族的控股比例其實不多，估計只佔一成多不足兩成左右，但卻能長期主導這家規模巨大的企業的發展，關鍵何在引人思考，惟社會過去的

了解實在甚少。

九、香港主權回歸前夕，渣甸洋行曾有連番重大動作：遷冊、轉移資產、要求更換港督及突然支持政制改革等，鬧得滿城風雨，背後真正原因何在，又帶來何種衝擊，社會同樣了解不多，值得系統分析探討。

十、過去的研究總是中國與英國（或東方與西方）視野截然不同，頗有各說各話的情況，尤其對鴉片走私、鴉片戰爭與渣甸和馬地臣二人所扮演的角色問題，難有較為客觀中立的分析。

基於以上各點，本書以人物及家族經歷為經，企業及投資發展為緯，進行交織分析論述，既探討各代人在其所處時代與環境下如何思考人生、打拚事業，甚至在碰到不同際遇與挑戰時的自處及應對之道；又會綜合多代人傳承接班的守成或開拓，砥礪競爭，檢視當中的得失教訓，尋找那些令這個家族或企業能夠穩居領導地位、富過多代，至今仍屹立不倒的原因——哪怕這個家族靠鴉片起家，又曾牽動中英之間的戰爭，更曾在新中國成立後失去了中華大地的龐大投資，到中國政府計劃收回香港主權時又率先公然宣佈把企業大本營遷冊他方，長期以來可謂備受爭議。

其次，本研究又會將渣甸洋行家族多代人的發展經驗和傳承特點，與中國家族企業的發展和傳承安排作文化上的簡單比較，看看彼此的異同，至於宗教信仰與繼承制度設計，則是比較的重要面向。從而說明這家創立於廣州、日後又在香港和上海等中國城市大展拳腳，但因文化基因的影響，其發展特質畢竟與中國家族企業大異其趣。

更為重要的是，藉著渣甸家族多代人的發展故事，尤其是放在天下大勢的角度，更能清晰地折射了中華民族曾經走過的曲折道路。扼要地說，渣甸等英人東來發財尋夢時，英國與法國的多年戰役以打敗拿破崙告終，令英國成為世界新興霸主，綜合國力可謂如日方中，海軍艦隊世界無敵；反觀遠在東方的天

朝大國，以經濟力量計雖然仍居世界之首，但無論生產模式或軍事國防，卻又仍然停留在十分落後的水平，屬於好看不好打的老帝國，而鴉片戰爭的不堪一擊，則是兩國無法走出「修斯底德陷阱」（Thucydides's Trap）的最好印證。戰敗後的中國，綜合國力從此迅速滑落，之後自然連番招來外敵侵略欺凌，利權盡失，人民顛沛流離，不少鄉民更加要飄洋海外，日軍的多番侵略，更曾令中華民族瀕於被滅絕的境地。

新中國的成立雖一度帶來希望，但之後又掉進了連番政治運動之中，全國生產幾陷停頓，直至上世紀末的改革開放，以及 1997 年收回香港主權，中華民族才算真正地踏上中興之路，大英帝國則風光不再。至新千禧世紀的第一個十年之後，中國的綜合經濟實力更躍居全球第二，僅次於全球霸主美國，惟這時卻又招來美國的多方遏制，尤其是掀起貿易戰，封殺華資企業的全球發展，以及限制民間及學術科研等等多方接觸交流，令「修斯底德陷阱」之說再起。2019 年的新冠狀肺炎疫情驟起，尤其衝擊了全球政經發展格局，中華民族復興之路的曲折多艱可見一斑。

在中華民族由大國滑落，到瀕於崩潰，再到重拾活力的中興，拾級而上後的收回香港，再到走向世界舞台並受到美國遏制的這個曲折歷程中，渣甸洋行家族亦有著起落興替的轉變，並在這個過程中不斷作出調整適應，揚長避短，從而保存了綜合實力和影響力。至於這家企業至今仍能保持甚為強大的發展力量、家族仍能在某程度上左右香港、中英，甚至世界政局，則揭示其必有過人之處，本研究焦點因此集中於此。

研究方法與本書結構

正如前文提及，有關渣甸洋行與其相關課題的研究實在汗牛充棟，為數甚多，當中不少甚具見地的分析（Mackenzie, 1882; Blake, 1999; Keswick, 2008; Le

Pichon, 2006; Greenberg, 1951 and 1969; Hanes III and Sanello, 2002; Grace, 2014; Gardner, 1971; Bowen, 2006; Lubbock, 1964; Fay, 1975; Milligan, 1995; Melancon, 2003; Wong, 1998; Cheong, 1979; Waley, 1958; 馮邦彥，1996；劉詩平，2010）。 它們最主要的研究方法是檔案分析，而最重要的檔案資料來源，則是渣甸洋行 及英國國會檔案，當中方方面面的發挖和應用，可謂極為充份，尤其是對渣甸 洋行所保存檔案的運用，更有讓人覺得對其太過依賴（Melancon, 2003: 1），得 出的成果難免予人見樹不見林，或欠缺其他層面思考之惑，誠為可惜。

正因如此，本研究便不再東施效顰，大花精力於這兩個最為重要的檔案 之中，寧可引述別人之資料，再作個人分析。事實上，一些分佈較廣、亦較零 散的檔案資料，由於沒有專案專條的分類，亦較難集中之故，長期以來均遭到 忽略，所以甚少採用。但這些資料其實亦能揭示家族和企業的發展軌跡，尤其 能補充主流檔案資料的不足，印證不同角度的分析，因此十分值得重視。基於 此，本研究除了參考主流檔案及過去的學術成果，更會盡量擴大資料來源，包 括蒐集如下不同資料：

- 其一是存放在政府部門的商業登記檔案，這些檔案記錄了公司董事、 股份及重要投資資料等歷年變化。由於是呈交政府部門的正式文件， 呈報方有確保準確的法律責任，可信性相當高。

- 其二是不同年代香港、中華大地及英國等地不同報章，就各種與家族 和企業相關的報導。這些資料最為零散，最難蒐集，所花精力亦最大。

- 其三是不同相關人物的專題訪問、傳記、回憶錄等資料。這部份資料 較集中，但需掌握某些人物與事件的重要關係與互動。

- 其四是散見於不同政府檔案的言論觀點、議政論道，因家族的不少成 員曾在不同政府諮詢組織中充當要職，尤其行政及立法機構，而這些 組織的檔案均存放於政府檔案處。

- 其五是企業年報、公司週年紀念特刊、公司官方網站。

由於各種檔案資料分佈零散，分類存檔又非以本書所關注的家族及企業為單位，要蒐集這些資料自然十分花時間與精力，研究起來實在亦艱難吃力，實難可以一蹴而就。雖則如此，由於這家企業及其不同年代的家族成員實在極具影響力，各種資料又確實不少，大花時間和精力後總能有令人驚喜的發現，因此更激發了埋首其中深入探究的意欲，最終亦能取得豐碩研究成果。

這裡要先交代一些名詞選用的問題。日後，渣甸洋行改了個中文名稱：怡和洋行（Ewo Company），但原來作為最高控股公司的地位與英文名稱（Jardine），則沒有轉變。由於本書從家族角度入手，尤其強調家族最高控股的性質，所以仍維持原來名稱：渣甸洋行——即這家控股企業的總稱，除非在直接引文中採用怡和洋行名字，才會保留。即是說，渣甸洋行是整個集團與家族集團的統稱，怡和洋行則是指引文提及或實質經營的生意。

另一方面，本書提及不少家族成員的名字，而英國文化則有子用父（或祖）名的傳統，因此很容易出現父子同名同姓，或名字與姓氏加在一起很長的問題，在翻譯時只能採取一些變通方法：若只牽涉兩代人（或兩個人），則年長者稱「老」，例如「老羅拔・渣甸」（指渣甸長兄 Robert Jardine）；年幼者稱「小」，例如威廉・凱瑟克之子為亨利・凱瑟克（Henry Keswick），到其曾孫又採用 Henry Keswick 之姓名時，則稱「小亨利・凱瑟克」。若牽涉太多家族成員，則只能採用他們名字的縮寫，再加上姓氏，例如渣甸家族的 John William Buchanan Jardine，便會寫成 JWB・渣甸，馬地臣家族的 Roderick Mackenzie Chisholm Matheson，便會寫成 RMC・馬地臣，以便區分。

本書內容分析牽涉很多貨幣與單位，白銀、黃金、金元券、英鎊、美元、國幣及港元等，除特別注明者外，沒有註明的泛指港元。受研究資源與能力所限，儘管本書未能提供不同時期的兌換率或購買力參照，但必須注意不同時代

貨幣的購買力及兌換率變化巨大的特點。

　　全書共有十二章，第一章重點勾勒分析視角，帶出自十六世紀以還資本主義在歐洲興起，令全球發展格局出現脫胎換骨變化的問題，並集中闡述促使資本主義興起及擴張的力量來源，進而把焦點聚合到冒險家身上，因為他們的東來，才導致了一直閉關鎖國的滿清皇朝迫不得已地開放門戶。至於家族企業如何崛起壯大、如何傳承、如何維持長久發展動力，亦是主要探討方向。

　　第二章的重點集中於渣甸和馬地臣這兩位大冒險家身上，他們為求發財致富，一踏出校門便東來冒險，在經歷一段個人獨自摸索的道路後，合夥創立渣甸洋行，憑走私鴉片發財，成為當時走私鴉片最大戶。而二人為求私利，更遊說並促使了英國對華發動鴉片戰爭，之後又建議英國攫取香港作為永久佔領地。毋庸置疑的是，無論接受與否，或是從何角度看，二人的所作所為，都給香港、中華大地，甚至英國、歐洲及全世界，帶來了不容低估的影響。

　　第三章的焦點放到渣甸和馬地臣的侄甥等人身上，他們當中部份人士自渣甸和馬地臣闖出名堂後已加入洋行工作，充當初級合夥人，參與營運管理，然後在渣甸和馬地臣退下火線時接任大位，成為領軍人。香港被佔領為殖民地後，他們更負起把洋行由廣州遷到香港的任務，為企業發展奠下重要地位。由於洋行在鴉片戰爭及佔領香港方面扮演重要角色，他們對港英政府影響力尤為巨大，日後更有代表進入行政、立法機關，令家族和企業與香港的發展更為緊密地連結一起。

　　第四章轉為探討血脈問題與英國的傳承文化，尤其會以英國皇室的傳承歷史，粗略講述對血脈繼絕的應變，然後重點探討貴族碰到這等情況時如何應對，以及為何他們會有較為突出的獨身文化現象問題。本章從信仰與宗教觀念作出思考，並會結合渣甸和馬地臣家族對絕後和獨身問題提出一些粗略觀察。

　　第五章重點探討馬地臣家族退出、渣甸家族不參與洋行直接管理，凱瑟克

家族接掌渣甸洋行後的重大發展轉變。全面退出不光彩的鴉片生意是其中一項重大且深深影響企業日後發展的舉動，投資其他諸如航運、貿易代理、工程製造、基礎建設投資、金融保險、貨倉碼頭、物業地產等，則是生意投資走向多元化的其中一些變調，領導權在凱瑟克家族內部的父子相傳，又屬另一重大發展特質。

第六章討論第二次世界大戰前後凱瑟克家族與渣甸洋行的應對及遭遇，作為凱瑟克家族第三代人的 DJ · 凱瑟克三兄弟，事業及遭遇可謂各有不同，又曾在不同層面上參與了軍事、政治及商業，而家族及企業在戰後的迅速重建，當然亦是討論的重點所在。

第七章聚焦渣甸家族退出渣甸洋行，以及渣甸洋行上市這個重大變動，因為此事標誌著渣甸家族本系的全面退出，凱瑟克家族則可名正言順地掌控這家企業。由於自 1950 年起，香港的轉口貿易地位不再，洋行過去扮演的代理或中間位置亦急變，經濟結構變為輕工業主導，亦促使渣甸洋行走上了工業與生產之路。至於凱瑟家族第四代開始走向領導前台，亦是其中一個討論焦點。

第八章主要分析 1970 至 1980 年代渣甸洋行所面對的機遇和挑戰。作為英資龍頭企業，過去總是獨領風騷的渣甸洋行，到了 1970 年代末卻顯得處處受制，原因是本身投資出現問題，過去備受抑遏的華資則因 1970 年代初股票市場開放獲得了巨大資金支援，因此有了更大發展動力，能夠挑戰渣甸洋行，與其「拗手瓜」（較勁），令凱瑟克家族寢食難安，常要疲於奔命地作招架。

第九章探討中國政府收回香港主權前與英國政府進行談判期間，渣甸洋行的連串綢繆舉動：遷冊、撤資，捲入政治爭拗等等，既給香港社會帶來了巨大衝擊，又牽動了中英談判神經，當然亦令投資市場無風起浪，左右了不少企業的發展決定。另一方面，為了抵抗華資企業狙擊，凱瑟克家族乃推行企業重組，藉以強化家族「以小控大」，穩抓洋行發展大權。

第十章闡述凱瑟克家族在香港進入後過渡期的另一圖謀：力求更換港督以爭取獲得上市豁免特權，並在連番努力而無所得後，做出了取消香港上市地位，改到新加坡的戲劇性舉動，引起國際社會的高度關注。惟退出香港後的投資表現，卻並不順利，其中因吞併英國特拉法加集團而蒙受巨大虧損，則屬很好的教訓。

第十一章的焦點放到進入千禧世紀以還，渣甸家族第七代（即凱瑟克家族第五代）登上前台的接班安排和企業發展狀況。由於凱瑟克家族一直採取「以小控大」及股權「互控」的方式，競爭者常會作出挑戰，惟這種機制明顯能讓其獲得一定保護，因此可擊退任何挑戰者。另一方面，為了確保傳承接班過程順利，家族亦作出了各種周詳安排，而確保本身血脈不斷，並有充足才能等，顯然成為其中的核心所在。

第十二章乃全書總結，主要探討家族企業的發展動力、政經人脈關係網絡、傳承接班特點，以及內外發展環境和信仰文化觀念等不同因素對家族與企業的衝擊，從而整理某些值得汲取的教訓與經驗，讓其他家族與企業可以學習參考，或者是獲得一些啟示。

透過縱向和跨世代的深入研究，聚焦人物、家族和企業的經歷遭遇，本書展示了圍繞渣甸洋行多個家族在接近 200 年間的重大變化，並藉此勾勒了中英兩國的碰撞互動，折射世界大勢的起落興替。至於無論個體、家族或企業等，如能看清大勢，緊抓機遇，或是適應大勢，知所應變，才可為家族與企業創造有利持久發展的條件，維持活力，經歷多代而不衰。

結語

身材矮小但雄才大略的拿破崙（Napoleon Bonaparte），曾嘲笑英國「全國都是店員」（a nation of shopkeepers），意思是英國人十分市儈，只顧賺錢，唯

不無諷刺的是，他最後敗於這個「全國都是店員」的國家（Grace, 2014: 58）。更為重要的是，自打敗拿破崙後，英國國力日強，躍升為世界霸主，號稱「日不落國」，殖民地遍及全球每個角落，直至二次世界大戰後，才形勢急轉，迅速衰落。二戰結束不久出任香港總督的葛量洪（Alexander Grantham），雖感到大英帝國已風光不再，但在重建香港經濟時還是祭出了當年拿破崙那句反而能激發英國人奮鬥心的話，表示他對「全國都是店員」的觀點「引以為傲」。他於 1949 年某次立法局會議上演講時曾說出了如下一段話：

> **我記得拿破崙曾經嘲笑英國人，說他們人人皆是店員，唯利是圖，但這種嘲弄卻是所有英國人皆引以為傲的。在此，我也以做為滿街都是店員的總督為樂。貿易只會在和平的環境下繁榮起來，搞貿易的人是和平的推動者，可惜這些人，在今天動盪的世界卻是最少的。（Hong Kong Legislative Council, 1949: 59）**

誠然，在今天物質充裕的社會，只顧每日吃得飽，埋首賺錢生活者，已被部份人批評譏諷為與豬狗禽獸沒分別了（《自由時報》，2019 年 4 月 1 日及 2 日）。但說實在，就以香港為例，正是一個多世紀以來多代人在香港開埠後代代相繼那種「人人皆是店員，唯利是圖」的精神，埋首不斷打拚，才能把這個「荒山野嶺」的小漁村打造成「東方之珠」，建立起作為國際金融都會的地位，將那些時刻不忘大搞政治運動，政治鬥爭無日無之的左鄰右里比了下去（高承恕，1997），就如英國當年最終打敗拿破崙一樣，結局自然十分引人深思，亦很是耐人尋味。

概括而言，一個值得注意的探索方向或問題是，雖然坊間有關香港由「荒山野嶺」發展成國際都會的論述不少，亦曾觸及滿清綜合國力滑落、華洋交

往、鴉片走私、鴉片戰爭等問題，並提及外資洋行對中國近代史的衝擊與影響，但鮮有剖析背後的動力來源，因此亦缺乏從人物與家族牽頭的角度，思考其發展特質，令人難以對歷史或社會前進規律有較全面和準確的掌握。本書聚焦這個家族的研究，希望能補其不足，藉此思考各種當前主流社會常會忽略的問題，尤其是家族創業與傳承方面，並會兼顧各個接班世代的承先啟後，當然亦會探討不少私下領域的安排和轉變。下一章且從渣甸洋行創辦人渣甸和馬地臣為何東來尋夢、如何引起鴉片戰爭，以及香港割讓為英國殖民地等重大歷史如何造就其家族與企業發展的面向談起。

第二章

大冒險家

渣甸與馬地臣

一提起大冒險家，相信不少人會馬上想到歐洲的達伽馬（Vasco da Gama）、麥哲倫（Fernão de Magalhães）、哥倫布（Cristóbal Colón），或是中國的張騫、法顯及鄭和等重要歷史人物，對他們隻身冒險，前往前無古人踏足的地方，探索未知世界，死生難料的事跡甚為敬佩。但其實，冒險家不只是那些膽色過人、揚航出海尋找新大陸，並因取得成功而書寫傳奇的偉大人物，而是包括各種類別、各種行為，亦不一定以成敗論英雄，當然亦包括那些具爭議性的不同人物。渣甸與馬地臣則屬後者的類別，因為選擇冒險後他們本人大獲其利，但無數中國人卻因其冒險行為，包括走私鴉片及挑起鴉片戰爭等而受盡苦難。

正因兩人的冒險行為極富爭議，中外社會有關他們的研究和分析亦可謂十分紛紜多樣，亦褒貶不一。本文既從冒險家的角度剖析其迅速崛起的因由，過程中的起落跌宕與鴉片走私的巨大利潤如何支持其持續冒險；[1] 然後會在另一章中從傳承接班問題入手，深入說明宗教信仰與文化因素如何決定家族的傳承特質和企業的管治彈性，進而思考當中永續發展的問題。

隻身東來的發財冒險

在十九世紀，歐洲人以各種方法試圖敲開滿清閉關大門時，渣甸和馬地臣無疑乃不容忽略的極為關鍵人物，因其一生的不少行為舉止，均染有冒險家的種種色彩。他們到底是何許人也？甚麼時候及以何種形式東來冒險？在華經歷了何種階段的摸索？又如何給他們找到了撬開中國緊閉大門的亞幾米德支點？他們在中國及香港歷史上又佔了一個甚麼地位？

綜合各方資料顯示，渣甸在 1784 年生於蘇格蘭鄧弗里斯郡（Dumfriesshire）一個農戶家族，父母親靠租田種地為生，家庭條件一般。渣甸上有二兄（Robert 及 David）、[2] 三姐（Jane 及 Margaret，另一姐名字不詳），下有一妹（Elizabeth）。[3] 當他九歲時，父親去世，在兄姐的照料和財政資助下，他的生活沒受大影響，並得以繼續求學，後來更考入當地著名的愛丁堡大學（University of Edinburgh）醫學院，修讀醫學文憑。1802 年，還未滿 18 歲的他取得文憑後，有感於家鄉缺乏發展空間，他決定到倫敦這個機會處處的全球大都會找工作，並到英國東印度公司（East Indian Company）毛遂自薦，也幸運地一如所願，獲聘為隨船醫生助手（ship's surgeon's mate），隨即於同年開始他第一次的冒險之旅，啟航往神秘的東方帝國一個商業活躍的都市——廣州（Grace, 2014）。

英國東印度公司早於 1600 年獲皇家授予特許狀，自此擁有英國對東亞貿易的壟斷專營權，是開拓東方世界的旗艦企業（Robins, 2015）。不過，該公司付予僱員的工資並不豐厚，以渣甸的學歷，相信有機會找到薪金更優的工作。但他一意向東印度公司謀職，著眼的應該不是眼前的薪酬，而是另有盤算。原來，作為隨行船員，可獲分配免運費的「私人噸位」（privilege tonnage）運載個人物品，不少人都會利用這些「私人噸位」運載貨物，到達目的地後出售謀利，也可以在出行前把這些「私人噸位」出讓他人，直接套取現金。渣甸可

能和其他船員一樣，看準這份額外的收入，但對他而言，更重要也更具吸引力的，相信是「冒險的前景」（prospects of adventure）——即是東方世界乃尋金發財之地，所以才會毫不猶豫地投身其中（Gardner, 1971; Bowen, 2006; Grace, 2014: 32-35）。

放到大歷史的角度看，自十六世紀起，歐洲經歷了思想及知識上翻天覆地的變革，不少歐洲人對前赴東方尋金冒險都躍躍欲試，整個歐洲社會瀰漫一股往外闖的冒險精神。而達伽馬、麥哲倫、哥倫布等人在王室或政府支持下進行航海大冒險，為歐洲開拓大量殖民地而名利雙收，更令無數人艷羨不已，不少人相信已枕戈待旦，期待有朝一日亦能闖蕩他方。至十六、十七世紀以還，科技突飛猛進下的工業革命，令歐洲的生產力發生脫胎換骨的巨大轉變，其中船隻載重、航行速度及航海技術不斷提升，更為民間及以商業為主導的遠航帶來巨大的後續推動力。

而據 Lethbridge（1978）的分析，那些敢於遠渡重洋、前赴他方冒險的人士，其實不一定都是社會低下階層。部份或許是身份不高的青壯年人士，期望放手一搏能換回巨大回報，但也有不少是失意王孫、落難貴族，或自覺懷才不遇的工匠、生意人或讀書人，他們都想在海外一展所長，創出一番事業。雖然這些參與遠航者的社會背景有別，但都有一些相似特點：孤家寡人、冒險意識高，亦覺得自己在本身社會的發展空間狹窄，外面的世界有更多拚搏機會，而且擁有很高的成就動機，渴望能突破，人生事業能夠有所作為，證明自己的才智與能力優於同儕。當然，他們也期望在冒險的過程中能積累財富，買田買地創立事業，以供養家人及安享晚年。而渣甸決意投身東印度公司，無疑也具有這種想建功立業的心態。

1802 年 3 月初，渣甸首次出航的商船 Brunswick 號在倫敦開出，受航海科技所限，加上蘇彝士運河尚未開通，由英國至南中國（廣州）行程需時約五

威廉‧渣甸畫像 ————

至六個月,故渣甸抵達中國澳門時已是同年的 9 月 4 日。由於當時中國政府限定洋人洋商以澳門為指定居住地,令這個由葡萄牙人管治的彈丸之地成為華洋生活聚集的地方,也是聯結歐洲與中國的主要管道。渣甸所屬的商船亦按規定先於半島登陸,在那裡稍作停留補給、辦理赴華手續,於三天後轉赴廣州,渣甸那時才算正式踏足中華大地(Grace, 2014)。

遠洋輪船到華後,商隊一般會透過十三行採購各種絲綢、茶葉、陶瓷等計劃運回歐洲銷售的中國貨品,[4] 也要籌備遠航回程時各種生活必需品,然後依物品的種類及輕重性質搬裝上船,這段採購及裝船的時間可以長達三數個月。渣甸在公餘時都會四出活動,增加對這個神秘古國民風民情的認識,又會觀察商貿情況,盤算各類貨品的市場銷量。此外,他也積極拓展自己的人脈,主動接觸華洋商賈,期間他便結織了湯馬士‧威丁(Thomas Weeding)[5] 及查理斯‧麥尼克(Charles Magniac)[6] 等人。

完成第一次東方行程返抵英國後,Brunswick 號的船醫決定退休,並推薦本來只是助手的渣甸擔正出任船醫(Grace, 2014: 45)。結果,渣甸第二次出航便升職為正式船醫,不但令他權力大增,工資上揚,更重要的是獲分配的「私人噸位」也大幅增加,他可以攜帶更多貨品出售,更快賺取從商的資本。在這次行程中,渣甸結識了年齡較他大一歲的巴斯商人吉吉貝(Jamselijee Jejeebhoy),由於二人同樣抱著前往東方冒險找機會的心態,彼此一見如故,甚為投契,日後成為了生意夥伴(Grace, 2014: 50)。

為了積累更多資本，渣甸馬不停蹄地往返中英兩國之間。有研究指在1802到1817年他棄醫從商的15年間，他曾為東印度公司六次踏足廣州（劉詩平，2010：26）。[7] 雖說旅途艱苦又漫長，更常遇波浪風雨，但渣甸不但從中賺得從商的本金，更重要的，是在與不同人物及環境的接觸與觀察中，認識到生意門路、經營技巧，也結識了不少有助他事業發展的朋友，這些人脈關係資本對他日後從商助益很大。

　　粗略地說，在那15年的隨船行醫過程中，渣甸除結識了前文提及棄醫經商的湯馬士・威丁，以及吉吉貝、查理斯・麥尼克等人外，還認識了東印度公司的董事約翰・索希爾（John Thornhill），又經查理斯・麥尼克引薦，結交了從事輸華鴉片生意的大衛・雷德（David Reid）及丹尼爾・比爾（Daniel Beale）等。多次往來廣州的渣甸，顯然看出鴉片貿易的潛力，相信這項生意能為他帶來巨富，故他雖身為醫生，仍昧著良心，無視鴉片對人的損害，決定全情投入販賣鴉片。

　　至1817年，渣甸33歲時決定放棄船醫的工作，自行創業。令他毅然放棄東印度公司這棵大樹，是因為自1813年東印度公司對印度的貿易壟斷地位被終結後，公司生意迅速走下坡，不少「散商」或「自由商」——即是那些不隸屬於東印度公司的小商號、個體戶——紛紛乘勢而起。而渣甸有豐富的遠航經歷，多次親身接觸中國的市場，掌握了營商知識與人脈關係，又積累了一定資本，顯然亦覺得這是突圍的好機會，希望憑藉自己更靈活多變的商業手法取勝。而他就在這樣的環境下，開展了新一階段的冒險之旅。

　　就在渣甸籌劃思考創業之時，他的最主要商業夥伴馬地臣也開始加入了遠赴東方冒險尋金的大軍。馬地臣於1796年在蘇格蘭修打蘭郡（Sutherlandshire）出生，有兄弟各一（Thomas及Duncan）及姐妹三人（Margaret、Elizabeth及Johanna）。馬地臣除較渣甸年輕12歲外，家族背景也較佳，他的父親乃皇家

兵團的團長，雖在馬地臣 14 歲時去世，不過留下充裕財產讓他可以無憂無慮地成長。之後，馬地臣考入愛丁堡大學醫學院，並在 1815 年 19 歲時取得醫學學位。

與渣甸一樣，馬地臣畢業後旋即離鄉到倫敦尋找發展機會，並於同年與東印度公司簽訂合約，成為一名自由商，隨商船遠赴東方，展開他的尋金之旅。當輪船到達印度加爾各答後，馬地臣聯絡上在當地工作的叔父，得悉叔父是麥景陶洋行（Mackintosh & Co）的合夥人，而且願意推薦他加入那家洋行。雖然麥景陶洋行的實力遠不如東印度公司，但馬地臣相信在叔父庇蔭下，他能在新公司獲得更大的自由度及空間讓他發揮，最終決定離開東印度公司，加入了麥景陶洋行（Blake, 2004: 58）。

不過，雖說朝裡有人好做官，但馬地臣在洋行的發展卻沒如他所願一帆風順。在 1818 年，據說他因犯錯遭叔父重責，將他辭退並命他返鄉。心灰意冷的馬地臣原本打算依叔父所言返回倫敦，放棄他的東方尋金夢。但在友人鼓勵下，他決定再次放手一搏，不過這次不再依靠別人，而是到一個新地方重新開始。於是他離開印度轉赴廣州，打算在這個東方大國繼續他的冒險之旅。而他與渣甸也在此地結識，並合夥打拚出一番事業（Lubbock, 1964: 32）。

渣甸和馬地臣有著相近的背景，如他們都生於蘇格蘭、父親早喪，同樣在愛丁堡大學修讀醫學，而他們之間最大的差異是社經地位，一個來自農民家庭，一個是中上階層。但二人卻懷抱著相同的夢想，想在東方揚名立萬，才會一畢業即離鄉跑到倫敦，加入東印度公司到東方發展。由此看來，十九世紀初的英國，特別是北部的蘇格蘭地區，無論貧富，年輕人似乎都有一股往外闖的冒險精神，而東方世界則成為他們理想的尋金發財之地。他們當中部份或許鎩羽而歸甚至客死異鄉，也有少數如渣甸和馬地臣般，在東方世界賺到盆滿缽滿，成為一時巨富。惟出發前他們一定想像不到，他們的尋金夢會給東方世界

帶來多大的衝擊，甚至改變了亞洲歷史的進程。

投身商海的起落分合

我們常說經商如下海，原因是商場環境複雜多變，上一刻風平浪靜，下一刻卻會突然因貨物供需波動、兌換率起落，乃至於政治社會等因素掀起翻天巨浪，把經營者殺個措手不及，一旦準備不足或反應不及，輕則會蒙受虧損，賠本而回；重則會沒頂破產，甚至把經營者逼上絕路。當然亦有少數幸運的弄潮兒，憑藉準確的眼光、敏銳的觸角，以及膽大心細的營商策略，能在商海中穩站浪尖，開創自己的商業王國。

從某個層面上說，渣甸在 1817 年時決心投身商海，或者正是嗅到有利的商機。當時，歐洲經濟因與拿破崙戰爭之後出現巨大變化，導致歐洲乃至全球經濟自 1818 至 1827 年間出現危機，貿易陷入低潮（Grace, 2014: 91）。與此同時，1810 年代中至 1820 年代初，中國經濟同樣出現了不景氣，西方進口的高檔貨如自鳴鐘、珠寶等玩意首當其衝，價格大跌，就連棉花市場亦疲不能興，價格不斷尋底（Pagani, 2004；劉詩平，2010）。可是，當經濟不景時，鴉片生意卻一枝獨秀，當中原因可能是不少失意人借「煙」消愁，亦相信與鴉片價格相對以往「便宜」有關。

這樣的經濟大環境無疑是暗湧處處，危機重重，但亦會出現不同生意的潛能與空間。由於經營環境欠佳，所以極考驗經營者的投資目光、經營手段、成本控制，故不少欠實力或冒險精神不足者會選擇急流勇退，在汰弱留強後，那些不擅經營者退卻，便會有市場空間讓那些有實力者迎難而上，渣甸和馬地臣便是在這樣的環境下乘勢而起。

不過，單憑勇字並不能令渣甸和馬地臣脫穎而出，因為在市場衰頹的時期，選擇販賣哪類商品至為關鍵，因為當大家都勒緊褲頭、錙銖必較地過日子

時，能吸引顧客購買才是勝出之道，而他們選擇的便是鴉片貿易。或許正因渣甸和馬地臣均有醫學背景，故清楚吸食鴉片會令人上癮，不易戒除，故銷售鴉片可謂長做長有，不愁客源。當然，對他們而言，鴉片對吸食者的禍害並非他們考慮之列，相信在他們眼中只是願者上釣，甚至是個人選擇或自由經濟的體現。

這裡需要對渣甸和馬地臣的背景資料作出一些補充。在渣甸和馬地臣下海從商之前，東方貿易其實已經歷了不少你死我活的競爭，主要是那些自由商之間相互較勁。正如前述，渣甸首次踏足廣州時曾與雷德比爾洋行的多名合夥人接觸。其實，此洋行屬於當時數一數二的大行，其發展過程的起落分合，尤其見證了自乾隆朝以還華洋貿易的轉變，值得再作深入一點的介紹。

由於中國地大物博，經濟結構自給自足，所以華洋貿易其實是以出口中國貨品為主，茶葉、絲綢、陶瓷等更屬大宗。洋貨能夠打入中國市場並獲得注視的，主要是西洋鐘。西洋鐘乃西方新發明，由於製作技術複雜，用料奢侈，在當時歐洲也屬奢侈品。早於明朝利瑪竇（Matteo Ricci）來華時，已帶同西洋鐘等物品獻予萬曆皇帝，以籠絡皇室，便利傳教。至清乾隆年間，據稱宮廷內「充斥鐘錶、鐘樂器、發條自鳴鐘、風琴、地球儀以及各式各樣的天文鐘，總共有四千多件，都出自巴黎和倫敦的名工巧匠之手」（趙翼，2012：44-45）。所謂上行下效，對富裕人家而言，西洋鐘不只是計時之用，更能裝點門面，突顯身份。一些歐洲商人如占士・覺士（James Cox，創立了覺士父子洋行，James Cox & Son）、湯馬士・比爾（Thomas Beale，創立了比爾洋行，Thomas Beale & Co）、約翰・雷德（John Reid）及查理斯・麥尼克（Charles Magniac）等看出它大有市場，將一座座昂貴精美的西洋鐘運華銷售（Pagani, 2004）。

至 1787 年，占士・覺士的兒子約翰・覺士（John Cox）與湯馬士・比爾的兄弟丹尼爾・比爾（Daniel Beale）合夥創立了覺士比爾洋行（Cox Beale &

Co），惟經營過程卻波折甚多，於是常有合夥人心灰離場，也有人認為大有可為而加入，導致寶號屢變，[8] 例如 1792 年因合夥人轉變，易名覺士比爾劉蘭洋行（Cox Beale & Laurent Co）；1799 年因相同原因轉為咸美頓雷德比爾洋行（Hamilton Reid & Beale Co）；1800 年再改為雷德比爾洋行（Reid Beale & Co）及 1803 年則轉為比爾麥尼克洋行（Beale Magniac & Co）。

到 1817 年，即渣甸下海經商那年，洋行名字是辛克斯麥尼克洋行（Shanks Magniac & Co），主要合夥人改為亞力山大・辛克斯（Alexander Shanks）及查理斯・麥尼克（Cheong, 1979; Pagani, 2004; Grace, 2014）。而經過多年發展，洋行雖然不斷重組，合夥人屢變，並不反映它經營欠佳，相反，它其實已在市場站穩陣腳，甚至享有重要的領導地位。至於合夥人的來來去去，主因是當時商海的風高浪急，冒險者有所取捨，又或受其他生意成敗牽動而已。

當時，能與麥尼克洋行分庭抗禮的是麥景陶洋行（Mackintosh & Co）——即馬地臣曾工作的洋行。它的總行設於倫敦，在加爾各答設立分行，後來亦經營擴充至廣州。麥景陶洋行規模相當龐大，合夥人不少，而他們往往又各有生意，例如戴維遜（W.S. Davidson）於 1817 年成立了戴維遜洋行（Davidson & Co）、羅拔・泰勒（Robert Taylor）在同年創立了泰勒洋行（Robert Taylor & Co）、西班牙商人伊沙瑞（Xavier Yrissari）則創立了伊沙瑞洋行（Yrissari & Co）等（Cheong, 1979; Grace, 2014），這些洋行都曾參與走私鴉片到華的活動。

了解當時的西方商人在華的大致勢力分佈情況後，現在將焦點放回渣甸及馬地臣的發展進程。先是渣甸方面，據悉他與早年結識的湯馬士・威丁及吉吉貝合夥，於 1818 年在加爾各答建造了一艘乘載量達 488 噸的「薩拉號」（Sarah）飛剪船，並在 1819 年春天駛往廣州，正式開始打造他的商業王國（劉詩平，2010：29；Grace, 2014: 71-72）。到達目的地廣州後，渣甸與辛克斯麥尼克洋行的查理斯・麥尼克合作，開展鴉片走私生意。初期他的生意並非每戰

皆捷，但憑著他過人的拚搏鬥志，以及其對鴉片市場的深刻了解，當然還有對貿易的敏銳觸角，生意發展基本維持輾轉向上的局面。亦有分析指渣甸從商初期，主要做左手交右手的代理生意，其目的在於積累經驗、建立網絡、了解行情（Grace, 2014: 78）。

到了 1820 年，與渣甸合作無間的辛克斯麥尼克洋行再次發生變化，因為合夥人之一的亞力山大·辛克斯去世，查理斯·麥尼克因此把寶號改名查理斯麥尼克洋行（Charles Magniac & Co）。後來，他再加入自己的兄弟，並在 1825 年再易名為麥尼克洋行（Magniac & Co）。[9] 同年，他還將渣甸吸納為合夥人之一（Grace, 2014；劉詩平，2010）。渣甸之所以獲這所大行青睞，主要是因 1822 年十三行遭到祝融，所儲存的貨品付之一炬，損失之大甚至影響到當時的經濟（Greenberg, 1969）。當其他行商損失慘重時，渣甸卻幸運地逃過此劫，還乘時增加鴉片輸入而獲得厚利，令他成為點石成金的鴉片新貴，在廣州的洋商圈子中嶄露頭角。查理斯·麥尼克看中渣甸的才能，故特別提拔他，不過從渣甸的姓氏沒出現在洋行的名字中，反映他在洋行雖有一定地位，但明顯仍非主要合夥人。

至於馬地臣方面，他於 1818 年毅然到華尋找機會後，便憑其家族關係於 1819 年獲得「丹麥駐中國領事」的名銜——一個方便他居於中國並進行商業活動的身份。[10] 之後他加入泰勒洋行成為合夥人，並旋即與泰勒開始最易賺錢的鴉片生意。豈料涉足鴉片貿易初期，便遇上鴉片價格大跌的困境，洋行因手持大量鴉片令資金出現問題，泰勒更因此打擊突然於 1820 年 8 月去世，馬地臣自然面對巨大壓力。幸好不久後鴉片價格大幅反彈，馬地臣因此迅速翻身，賺了人生的第一桶金，亦領略了這門生意可以令人暴富的威力。於是他決定在華作長遠發展，並仿傚其他有此打算的洋商，在澳門置業買屋（Grace, 2014: 76; 劉詩平，2010）。

在鴉片生意中嘗到甜頭的馬地臣名聲及身家驟起,他亦雄心萬丈,並於1821年與伊沙瑞組成合夥公司,期望有更充裕的資本搶攻鴉片市場。因為經營鴉片之故,他與同樣染指鴉片的渣甸有了接觸的機會,並因大家擁有不少共同之處而惺惺相惜。至1827年,馬地臣的合夥人伊沙瑞去世,渣甸於是遊說馬地臣加入實力更強的麥尼克洋行,馬地臣亦欣然同意。經渣甸從中牽紅線,麥尼克諸兄弟亦敞開胸懷樂意讓馬地臣加盟。此舉不但加強了麥尼克洋行的實力,令它在鴉片貿易中穩居龍頭地位,也是渣甸與馬地臣正式合作的開端。

當然,渣甸與馬地臣除了在麥尼克洋行大做鴉片生意外,他們亦有獨立營運的公司,如馬地臣便成立自己的馬地臣洋行(James Matheson & Co)。隨著生意日漸發展,要處理的事務亦日見繁重,未婚也沒有子女的渣甸和馬地臣自然分身不暇,於是開始安排自己的侄甥東來,協助其打理業務。資料顯示,渣甸眾侄甥中,安德魯‧渣甸(Andrew Jardine)及安德魯‧莊士通(Andrew Johnstone)最先來華;馬地臣的侄甥如曉‧馬地臣(Hugh Matheson)、當奴‧馬地臣(Donald Matheson)、亞力山大‧馬地臣(Alexander Matheson)及表兄約翰‧

占士‧馬地臣

麥奇(John MacKay)等亦先後東來,進入馬地臣洋行工作(Grace, 2014,深入討論參考下一章)。可見當生意做大之後,營商者便會吸納家族親人參與其中,成為輔弼,這種做法中外皆然。

這裡補充一些當時其他洋行的發展情況。當時在華貿易做得火紅的,還有前文曾提及的戴維遜洋行,此洋行由戴維遜成立,後來他離華返英,其生意

由有「撒丁領事」頭銜的合夥人托馬斯‧顛地（Thomas Dent）接手。顛地再與柏馬麥奇立洋行（Palmer Mackillop & Co）的合夥人韋特文（J.C. Whiteman）合作，組成了顛地韋特文洋行（Dent Whiteman & Co），大力開拓中國鴉片市場，生意興旺，在眾多洋行中表現出色。日後，隨著韋特文等合夥人逐步淡出或離開中國，顛地則日見強勢，最後一人獨大，洋行易名為顛地洋行（Dent & Co）。此洋行日後曾叱咤一時，與後來成立的渣甸洋行分庭抗禮，是它最強的對手（Cheong, 1979; Grace, 2014；劉詩平，2010）。

其實，當時的洋行在那個波濤洶湧的商海中分分合合、起落不定，都是十分平常之事。例如霸凌洋行（Baring & Co）由佐治‧霸凌（George Baring）創立，日後再吸納同道，擴大為「霸凌莫朗尼羅拔士洋行」（Baring, Moloney & Roberts Co），惟後來佐治‧霸凌轉與諸兄弟合作，再更易為霸凌兄弟洋行（Baring Brothers & Co），此洋行日後亦成為實力雄厚的國際級洋行（Cheong, 1979）。無論是麥尼克洋行、顛地洋行，乃至於霸凌洋行，他們的運作和經營其實都有濃烈的家族色彩，難怪有論者指當時英國的東方貿易洋行，「大部份由家族或宗族集團所開拓……血統關係正是一種凝聚和團結的力量」（劉詩平，2010：30）。

在 1810 年代中至 1820 年代末的十多年間，大小洋商在東方無疑曾遇過不少風高浪急的挑戰。由於不少人經營的是非法的鴉片走私生意，若能看準形勢，敢於冒險，又有運氣配合者，便能迅速致富，賺個盆滿缽滿；但若偶有不慎，看錯形勢，則難免中箭下馬，最終破產收場。渣甸和馬地臣無疑屬於幸運的一群，所以不但財富持續急升，在商場上的名氣日大，各方面的影響力亦不斷擴大。

另組渣甸洋行的更大圖謀

在渣甸及馬地臣先後加入了麥尼克洋行後，麥尼克洋行的綜合實力是壯大了，但麥尼克家族在洋行的領導地位卻不斷弱化，這個此消彼長的過程始於1825年。就在渣甸成為洋行合夥人不久，洋行創辦人查理斯·麥尼克去世，身為長兄的他甚有領導威信，又具冒險精神。至其弟荷林華斯·麥尼克接棒，但可能因經驗尚淺，未能準確掌握市場形勢，只屬弱勢領導人；至於查理斯·麥尼克另一位弟弟丹尼爾·麥尼克，他雖同樣是洋行主要合夥人，但對生意缺乏興趣，亦才幹欠奉，結果自1828年起，操盤大權開始落在渣甸手上，洋行的領導權亦逐步由麥尼克家族過渡至渣甸身上。

事實上，自馬地臣加盟麥尼克洋行而渣甸則成為真正領軍人後，麥尼克洋行的業務便有起無落，實力節節上揚。到了1832年，當荷林華斯·麥尼克的合夥人合約期滿，他決定退休返英，只繼續任洋行的「不活躍合夥人」（sleeping partner），領導層的空缺便由渣甸和馬地臣取而代之。他們當然不會再以麥尼克洋行的名號經營，於是在1832年7月1日，他們將洋行正名為渣甸馬地臣洋行（Jardine Matheson & Co，簡稱渣甸洋行）。渣甸馬地臣洋行的成立無疑是中國近代史一件標誌性事件，對中國發展影響深遠，故無論是洋行本身，或是渣甸與馬地臣本人，其名字必會留在歷史上，其作為亦自有公論。

從麥尼克洋行變為渣甸洋行的進展，不難看到渣甸老謀深算的一面：先是邀請馬地臣進入麥尼克洋行為合夥人，壯大自己一方的實力，然後漸漸樹立自己的領導形象，當麥尼克家族逐步淡出或被擠出領導核心後取而代之，將公司變作自己名下產業。顯然，在渣甸眼中，儘管麥尼克家族人丁眾多，但自年長的查理斯·麥尼克去世後，其他成員實在不成氣候，除荷林華斯·麥尼克略有才幹外，其他人對享樂的興趣大於做生意，均非他的競爭對手。於是在麥尼克家族逐步退居二線後，他便反客為主，連番動作不著痕迹，手段之柔軟精巧，

可見一斑。

對麥尼克家族成員而言，選擇退出當然是因為覺得洋行從事的貿易沒有甚麼獨特之處，而且雖然能獲巨利，但一次不慎即會虧損極大，甚至傾家蕩產，故他們選擇見好就收，認為放棄了亦不足惜。他們著眼帳面的交易盈虧，卻忽略了洋行具有不容低估的「軟實力」，而這些軟實力並不會反映在資產負債表上。這裡所說的軟實力，其實是這家老牌洋行在銀行界長年累積下來的信貸評級、與貨物供應商戶的緊密關係，以及貨物批發銷售網絡，更加不要說洋行擁有一支規模不少的船隊和運作成熟高效的營運體制。

由於鴉片貿易風險高、利潤厚，市場則十分波動，加上走私活動會受到清政府時嚴時弛政策的制約，所以極需靈活而雄厚的資本配合，鴉片由採購、運輸到分銷的整個過程，更十分強調信賴、速度和效率，資本回籠的過程更需確保準時可靠，不會斷裂。麥尼克洋行過去數十年建立起來的成熟高效運作體制，恰能為渣甸和馬地臣進一步開拓這門生意提供強大後盾。事實上，不少規模細的小鴉片煙商雖在一時間能獲巨利，但一旦遇上市場逆轉或交易過程出現波折，資金或貨物周轉不靈，便會迅即在商海中沒頂，這正是因為其資本後台不強，採購銷售環節欠暢，而資金回籠又不順之故。

渣甸洋行創立翌年，英國國會宣佈終結東印度公司對華貿易的專營權（Fay, 1975; Grace, 2014），這舉動被視為一直提倡自由貿易商人群體的重大勝利。原來，自阿當・史密在十八世紀提出自由市場理論後，自由貿易的概念深受商人歡迎，因此有了自由商人群體。他們認為，所有限制商業活動的規章，都違背開放市場的自由貿易原則，干預了市場的有效運作，所以都應消除。他們據此不斷向英國政府進行遊說，要求執行毫無限制的自由貿易（Melancon, 2003: 19）。

不難想像，當東印度公司失去了領導或統籌地位之後，那些自由商們便一

湧而上，以各種手段或途徑各展神通，爭取市場佔有率。輸華的鴉片走私自然一發不可收拾，大量鴉片輸入，出現泛濫局面，價格回落，一般百姓因更容易取得及負擔而加入吸食行列。當然，對於鴉片走私商而言，無論是取消東印度公司對華貿易專營權，或是中國人吸食鴉片者日多，均有利他們的生意發展，自然樂見其成，所以更全力投入其中，盡取其利。渣甸和馬地臣亦把握這個大好時機，大量輸入鴉片販售，由於他們較其他自由商更進取積極，故在市場中所佔的份額不斷提升，身家財富更為豐厚，所以有分析指：「敢於冒險和先人一步，是渣甸·馬地臣行（即渣甸洋行）在鴉片買賣上的成功之道」（劉詩平，2010：71）。

其實早在 1729 年，清政府已發出聖諭禁止鴉片入口，之後（如 1780 及 1796 年）又曾不斷加重刑罰，決意禁絕鴉片入境，惟問題不但未見改善，反而更趨熾烈。背後核心原因，是一批不怕犯禁又極願意冒險的自由商群體，想方設法突破清政府的禁令，賄賂官員乃方法之一，組織高效走私船隊及輸送網絡則是方法之二。至於被視為「鴉片走私首要運作中樞」（the hub of the primary opium-smuggling operation）的伶仃島（Grace, 2014: 91），則可說是整個高效走私船隊及輸送網絡的中心點。

具體點說，既受法例嚴禁鴉片入口之限，又受遠洋貨船難覓停靠碼頭所阻，將鴉片點對點直接輸華自然是此路不通，以渣甸和馬地臣為首的那些自由商，想出了利用位於珠江口、香港以西水域的伶仃洋一帶，作為走私鴉片的集散地。這個偏遠小島由於遠離大陸，清政府亦鞭長莫及，自然成了遠洋走私者的樂土，而且那裡海域有足夠水深，能讓遠洋貨輪停泊。

無疑，渣甸和馬地臣屬高智商商人，而且渣甸有十多年「行船」的經驗，對於航運了解透徹，加上洋行擁有深厚的軟實力，所以他們能充份善用各類船隻與航運的特性，令旗下鴉片供應鏈可以更好配合，發揮更大效果，而這一

點則可以渣甸洋行在 1835 至 1836 年間擁有的船隊的強大力量作說明。據粗略估計，在 1835 至 1836 年時，渣甸洋行擁有 11 艘大小貨船，[11] 其中六艘——即 Governor Findlay 號、Hercules 號、Austin 號、Lady Hayes 號、Dom Manoel 號、Harriet 號，主要作為珠江口的轉駁船（Cheong, 1979: 128-137），即是當遠航大貨船運輸大量貨物到華時，由於不能停靠近岸較淺水地區或碼頭，便停泊在較深水海域，改由載重較細的貨船接駁。

其時走私的路線及運作並不複雜，渣甸洋行會先安排那些遠洋貨輪如 Colonel Young 號等，在加爾各答等地採購鴉片再運回中國。當貨輪停泊在伶仃島後，便將鴉片卸至當時俗稱「快蟹」（fast crabs）的輕便船隻如 Hercules 號等轉駁船，再趁海關邊防鬆懈時快速開往沿岸不同地方交收，完成整個走私鴉片的過程。即是說，利用大船配小船，加上伶仃島的天然地理及珠江口沿岸的交收點，渣甸和馬地臣組織起一個無懈可擊的鴉片走私網絡，鴉片走私活動變得更為猖狂，亦極難處理，自是不難理解。

或者可以這樣說，滿清政府的官僚體制本來已百孔千瘡、欠缺效率（Van Dyke, 2005），加上管理未能跟上快速轉變的時代步伐，雖或者能勉強應付一般商業罪行，不會出現嚴重亂子，但當遇上像渣甸和馬地臣這類高智商且具高冒險意識商人「捐窿捐罅」的直接衝擊，則變得毫無作用，這正正是滿清政府三令五申加大力度嚴打鴉片，量刑亦不斷加重，但鴉片走私仍沒有停止的原因。鴉片入口節節上揚，煙民數量自然亦持續大幅增加。

從以下三組數據資料，可說明中國對外貿易與鴉片輸華情況的變化。首先是外國船隻到中國的數目，據粗略估計，在 1760 年代，每年約有 20 艘外國船到中國，1790 年代上升至每年 50 艘；至渣甸和馬地臣投身商海的 1810 年代，上升至每年 70 艘，到他們自立門戶，創立渣甸洋行的 1830 年代，每年外國船開到中國的數目則急升至 180 艘（Van Dyke, 2005: 53）。必須指出的是，船隻

的速度和載重（俗稱噸位，即承載量）亦與時並進。即是說，1830 年代的每年 180 艘，其實還應包括了每艘船的噸位同樣有了大量提升的轉變，反映當時的對華貿易持續攀升，進入十九世紀後步伐尤急。

其次，是鴉片輸華的數量。表 2-1 列出了 1808 至 1839 年間鴉片輸華的轉變。簡單地說，在 1808 至 1821 年間，每年輸華鴉片只維持在 3,700 至 5,100 箱之間，變化不大。但自 1821 年起則開始拾級而上，1829 年後又有另一波快速增長，然後是 1832 年突破每年 20,000 箱，英國取消東印度公司對華貿易專營權後突破每年 30,000 箱，到 1838 年再升穿 40,000 箱。從鴉片入口的升幅可以推斷，鴉片問題日趨嚴重，對國民健康及清朝經濟的負面影響也與日俱增。

第三項數據是渣甸洋行創立前後的每年盈利表現。由於洋行生意以販賣為主，故大部份盈利相信都是來自相關交易，從中可看到渣甸與馬地臣在走私鴉

表 2-1：1808 至 1839 年間鴉片輸華數量變化（單位：箱）

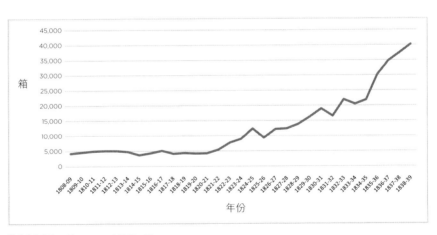

資料來源：Cheong, 1979: 21

53

片所獲的利潤，同時又能揭示此項生意的風險。表 2-2 可以清楚地看到，1832年前，販賣鴉片利潤不算很高，而且甚為波動，到 1832 年起，便逐年上揚，至 1836-37 年度，更穿越 100 萬元（當時貨幣，原文沒注明）的水平，在那個年代實在屬於天文數字，可見其盈利之豐厚。

表 2-2：渣甸洋行創立前後盈利走勢（單位：元）

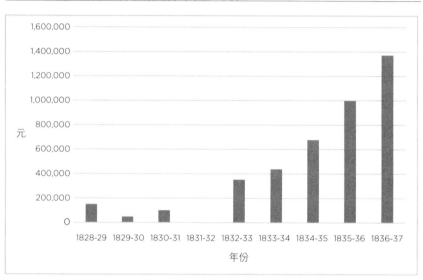

* 1831-32 年數字出缺
　資料來源：Cheong, 1979: 264

　　以上這些數據，既說明了中國對外貿易自進入十九世紀後的大幅急升，亦揭示了鴉片輸華數量在 1830 年代的日趨熾烈，令鴉片問題急速惡化。至於渣甸和馬地臣自 1810 年代末投身該生意後，所扮演的角色自然極為吃重，他們每年走私到中國的貨品──絕大多數為鴉片──金額高達 200 萬英鎊（Melancon, 2003: 19）。難怪渣甸洋行日後在林則徐嚴查鴉片走私時被列為首家鴉片販子，渣甸則被形容為「鐵頭老鼠，狡猾的鴉片走私頭目」（iron-headed rat）（Fay, 1975: 119; Grace, 2014: 106, 183; Melancon, 2003: 70）。

　　這裡要補充一點渣甸和馬地臣在開拓鴉片生意上的突出努力。據說，在創立渣甸洋行翌年，為了開拓北方生意，他們曾花巨資找作為傳道人的郭士立（Gutzlaff）充當渣甸洋行的翻譯，讓他可以走出珠江口，到更北的地方，一來了解當地地理形勢，二來了解市場，三來則是傳播郭士立心目中的福音，同時為渣甸推銷鴉片。

　　對於這一舉動，學者 Alan Reid（1983: 28）曾作出了中國人所說「有錢能使鬼推磨」的嘲諷及西方人的黑色幽默，因為他指郭士立和渣甸所乘坐的貨船（Sylph 號），「是一邊向中國傳福音，另一邊則傾銷鴉片」（pouring a torrent of tracts over one side of the Sylph as the drug went over the other）。即是說，哪怕過去一直被視作道德情操較高的傳教士，在巨額金錢面前，還是要接受他們的指令，為其出力，聖經上「你不能事奉主又事奉馬門」的教訓，自然拋諸腦後。

　　可以想像，連立志終身事奉上帝的虔誠傳教士，亦甘心誠意受其指揮，更不要說那些腐敗的滿清官員。此點尤其可以十分清楚地說明：渣甸洋行的鴉片走私生意，實質上不會受到任何阻攔，因為在他們心目中，所有限制商業活動的規章，都違背普世自由貿易的自然法則，所以都要消除（Melancon, 2003: 19）。[12]

　　正如前述，商場就如海洋，有時波平如鏡，有時卻狂風暴雨、波濤洶湧，投身商海便難免受經濟環境、市場供需及價格變動影響，更不用說走私鴉片，還會受滿清政府政策上時禁時弛或明禁暗弛的制約，風險更為巨大，所以有分析這樣說：「他們的企業要在充滿不穩定的環境中謀生存」（their firm to survive in a scene so fraught with uncertainty）（Grace, 2014: 177）。雖則如此，本身不怕冒險的渣甸和馬地臣，似乎樂此不疲，亦因其能夠充份掌握市場節奏和運作而大獲其利，當然那些實力不夠、眼光欠準者，則難免在風高浪急的商海被吞噬

沉沒。相對而言，自立門戶後的渣甸和馬地臣，不但能一一克服各種風浪，還能在低買高沽中獲利豐厚，反映他們的眼光、能力和運氣都較人優勝。而在順風順水下，他們自然想趁勢頭甚好而乘勝追擊，希望進一步大展拳腳。

律勞卑事件後的鴉片走私轉熾

渣甸洋行創立翌年（1833 年），東印度公司對中國貿易的壟斷地位被廢止，這意味著英國在華經商與一切民間活動（Robins, 2015），須由另一所法定機構接手管理，故設立了對華「貿易總監」一職（Superintendent of Trade），藉以統管其事（Cheong, 1979），而第一個獲委任的人，便是律勞卑（William J. Napier）。他於 1834 年攜同妻女等滿懷信心地東來，一心希望開展英國在華貿易的空間，揚名立萬，渣甸和馬地臣應曾與他有深入接觸，希望他能對華採取強硬政策，為英商爭取平等地位，並開放貿易，容許鴉片自由入口（Fay, 1975）。惟英國單方面改變制度，又沒事先循外交途徑與中方溝通，給雙方帶來誤解，結果自然衝擊及破壞了兩國關係，埋下了日後戰爭苦果，律勞卑本人更死於任上。

律勞卑屬蘇格蘭人，據說乃時任英國外相巴麥尊（Harry Palmerston）的好友，青年時期曾參與特拉法加海戰（Battle of Trafalgar），打敗拿破崙進侵英國（Fay, 1975: 69），獲委任貿易總監時，他已擁有勳爵頭銜，屬於貴族，地位不低，他在遠渡來華前，曾獲英王威廉四世祝福，巴麥尊則曾指示他應與中國和善修好，不要做超出原來外交政策的舉動。惟他本人卻過於自信，一心以為可以大顯身手，但抵華後發現活動空間有限，更認為自己遭到不平等及不禮貌對待，尤其當發現清廷給他改了個不好的中文名字「律勞卑」──既要受「律」（規管），又屬「勞」的工作，地位「卑」下，並被貶稱為「夷目」（Barbarian Eye）──即洋人的頭目，因此更加不高興，產生了抵觸情緒（Fay, 1975: 70-

75）。

由於東印度公司掌握專營權時，擔任相同工作的是商人，而且嚴格根據公行制度運作，公函往來有尊卑之別，中國文化重農抑商，向來視商人為四民之末，對商人態度一向不好。可想而知，律勞卑上任後想以官員身份獲清廷平等相待，卻未做好自身體制改變，提出新要求前也沒有做足溝通；更甚的是他到華後，與渣甸等要求英國對華採取更強硬手段的商人過從甚密，故先入為主，對清政府抱有成見，所以一改過去交往慣例和禮節，堅持清朝必須按一般外交慣例接見，對他平等相待，為此與兩廣總督盧坤發生重大衝突，互不相讓下，令兩國關係掉進谷底，甚至一度劍拔弩張。

更為不幸的是，由於不太適應亞熱帶地區潮濕悶熱的天氣，工作欠順的律勞卑不久染病，但他一方面與盧坤的關係則愈扯愈緊，另一方渣甸和馬地臣等急進英商卻不斷要求他採取強硬政策，不要退讓。多方壓力令他身心俱疲，結果，不但在中國推展貿易空間的工作未有寸進，病情反而急速轉壞，至 1834年 8 月因病情惡化去世，享年 48 歲（Greenberg, 1951 and 1969; Waley, 1958; Fay, 1975）。

律勞卑病逝異國，某程度上引起英國朝野對滿清政府的不滿和仇恨（Fay, 1975: 78-79），給中英兩國關係帶來不少衝擊。其中渣甸和馬地臣的反應尤為激烈，馬地臣更曾親自返回倫敦，向英國國會進行遊說，指英國在事件中受到侮辱，必須以強硬手段——即戰爭——維護國家光榮（Melancon, 2003）。他們要求國會向中方提出交涉，要求清政府按中國律法讓英商享有與華商同等的保障，取消各種對外商的禁制，並放下對商人傲慢、高高在上的語言和姿態，以及對律勞卑之死及由此引致的貿易停擺作出賠償（Grace, 2014: 169）。除向官方施壓外，他們又促使律勞卑遺孀致函英國外相巴麥尊，指事件讓人看到中國的卑鄙、貪婪和冥頑不靈（Lady Napier to Palmerston, 14 April 1835），要求

英國政府以強硬手段教訓清廷，逼其屈服。

渣甸和馬地臣對律勞卑之死的反應如此強烈，部份可能是源於義憤填膺或物傷其類的感情，但恐怕更主要的原因，是他們想借故生事，藉此迫使中國開放市場，減少對英商及鴉片貿易的限制。他們有開闊的國際視野，又在華多年，對清政府的腐敗及外強中乾顯然知之甚詳。經他們的評估，中英軍力強弱懸殊，若然英國向中國發動戰爭，必能將其擊倒，故英商根本不用忍受中國對外貿易的規條，何況在他們心目中，禁售鴉片或限制通商等都違背了他們信仰的自由貿易理想，所以才會一而再強調中英關係惡劣，到了需要用戰爭手段解決的地步。說到底，他們不過是覺得中方勢弱卻擺高姿態阻其發達，自然心有不忿，打算鼓動國家以武力替他們出頭。

然而，儘管渣甸和馬地臣出盡全力，但英國政府似乎暫不為所動，仍然抱持觀望態度。律勞卑死後，貿易總監一職由副手戴維斯（John Davis）接任，不過他採取了沉默低調的政策，不更動過去對華的慣例和禮節，並在兩三個月後便離華返英。英政府之後安排羅賓遜（George B. Robinson）頂上，羅賓遜同樣採取沉默路線，而且他在位時間亦不長，大約一年光陰便返回英國。下一位接任者是只有 35 歲的義律（Charles Elliot），他繼續蕭規曹隨。在清政府方面，對外商及鴉片問題堅持強硬立場的盧坤於 1835 年去世，其職位由主張開放鴉片入口的鄧廷楨接任（劉詩平，2010），由於有了這些主事官員轉變，原本甚為緊張的中英關係乃略為緩和，而渣甸等人的鴉片走私活動，自然亦繼續肆虐下去。

在律勞卑事件鬧得風風雨雨的 1834 至 1835 年間，渣甸和馬地臣兩人的健康似乎都不太好（Grace, 2014: 163-164），雖則如此，渣甸洋行旗下的生意，因煙民數目不斷增加，市場向好而不斷取得突破，二人的財富也不斷上升。惟當吸食人數日眾，甚至向中國北方和內陸地區擴散蔓延，連皇宮內的太監宮女

亦吸食上癮時（Fay, 1975），則必然令最高統治者震驚，覺得已經到了必須動手認真整治的地步了。

　　資料顯示，自 1837 年起，本來對鴉片偏向採取弛禁政策的鄧廷楨，因察覺到中央對禁煙變得堅定，因而亦改行強硬路線，一方面加強海防，嚴拒鴉片走私入口，另一方面則大力打擊，加強偵察捉拿大小走私船，一經緝獲甚至會將之毀掉。政策突然改變，自然打擊到渣甸和馬地臣，二人的資金鏈甚至出現瀕臨斷裂的情況。為了拯救財政危機，渣甸四出奔走，曾向在倫敦從事銀行工作的老朋友湯馬士‧威丁求救，甚至需依靠親友的財政幫助，過去的風光形象一掃而空，巨大的財務壓力不但令他擔憂焦慮，據說更一度影響到他的健康（Grace, 2014: 211-212）。

　　不過儘管壓力極大，久經風浪的渣甸仍能沉著應對，除四處尋找財力支援外，他還開始轉移鴉片走私基地。就在 1837 年那波嚴厲打擊鴉片走私的行動中，他將本來集結在伶仃島的船隻轉移到香港，認為那裡的海港較安全（Van Dyke, 2008: 139-140）；另一說法指在 1837 至 1838 年時，渣甸洋行將其船隻的停泊點轉移到鯉魚門和九龍灣一帶（Fay, 1975: 135）。至 1838 年，當馬地臣完成加爾各答的業務考察重返廣州，與渣甸見面後亦認為渣甸的「健康狀況良好」，並指「一如我經常提及的，他看來真是鐵鑄的」（He seems really made of Iron, as I often remark to him）（Grace, 2014: 187）。

　　雖說眼前難關暫時平復，但渣甸察覺這次嚴打鴉片走私的力度不輕，意識到政府態度有根本的轉變。過去清政府雖曾多次禁煙，但因地方官員貪污成風，上下其手，相關政策往往無疾而終，或雷聲大雨點小。惟這次氣氛緊張，令他覺得清政府應是對問題「動了真格」，所以時刻關注著清政府的一舉一動。事實上，道光皇帝確實明白鴉片問題嚴重，認為不能讓其惡化下去，他多次與對嚴查鴉片採取強硬立場的林則徐商討，最後於 1839 年 1 月任命他為欽差大

臣，全力主持禁煙事務。接獲任命的林則徐，隨即由北京前往廣東（郭廷以，1979）。

當林則徐離京赴粵時，一直注意著朝廷局勢的渣甸決定離華。渣甸離開與林則徐上任的時間如此吻合，相信並非「巧合」，較合理的推斷是他的情報網絡早已上達朝廷，當他收到「線眼」通知主張嚴打的林則徐到任在即，自然溜之大吉。因為他對自己所作所為心知肚明，也清楚自己將是清廷針對的頭號目標，若他仍留在廣州，恐怕一定會被捉拿究辦。

的確，不同資料均顯示「林則徐早已打算先要捉拿渣甸，因他被視為乃最為無恥的洋商，本性狡猾且詭計多端」（Grace, 2014: 231），有意「擒賊先擒王」，所以在走馬上任時已有先捉拿渣甸的想法（Waley, 1958: 28-31）。為此，他曾與公行及洋商聯繫，了解渣甸的情況，亦曾寫信給維多利亞女王（可惜該信一直沒有可靠渠道送出），指責英國公行縱容鴉片走私，並表示會捉拿犯禁者，將之斬首（James Matheson to John Abel Smith, 18 March 1839; Waley, 1958: 144）。

或許是要顯示自己走得光明磊落，不是落荒而逃，渣甸洋行 1839 年 1 月 23 日為渣甸在廣州舉辦了一場大型歡送會，除渣甸、馬地臣的侄甥等洋行中人外，大多數在當地的洋人也獲邀出席，據說參加人數過百人，氣氛熱鬧（Fay, 1975: 138; Grace, 2014: 186）。不過六個月後的 1839 年 6 月 30 日，渣甸洋行在《廣東紀事報》（Canton Press）上刊登一則啟示，指「威廉·渣甸先生已終止與本洋行的利益和責任」（Canton Press, 5 September 1840），即是說渣甸與渣甸洋行之間再沒「華洋轇轕」了（Grace, 2014: 278），此舉明顯是想撇清渣甸與洋行的關係，以免影響到洋行在華生意。渣甸離華後，先到孟買（Bombay）查看業務，並曾與吉吉貝見面敘舊，然後經紅海返回英國。可以這樣說，具有極高智商的「鐵頭老鼠」渣甸，在獲悉自己被清政府列為鴉片走私的罪魁禍首後，

即時作出部署，在林則徐未到之前先走一步，又主動與洋行割蓆，自然是懂形勢、識時務之舉。

至於身負重任的林則徐，為了禁煙一事連夜兼程南下廣東。同樣意識到這次禁煙行動非同小可的十三行領導人浩官（伍炳鑒），據說曾要求時任渣甸洋行大班的馬地臣，撤走停泊在香港水面的鴉片船隻。為此，馬地臣命令其鴉片船隻轉往大嶼山南面，因那裡被視作「處於『中國海域』之外」（outside China's "inner waters"）（Grace, 2014: 229; James Matheson to Jamsetjee Jejeebhoy, 28 February 1839）。

渣甸離華，而林則徐嚴厲打擊鴉片的行動又如箭在弦，牽涉其中的官員與洋商均人心惶惶，鴉片市場亦變得十分低迷，馬地臣甚至覺得「鴉片市場已名存實亡」（the opium market was virtually dead）。據說，他認為已沒可能透過遊說令清政府同意讓鴉片合法化，只有採取戰爭手段才可迫使清政府就範，維護他們傾銷鴉片的利益（Grace, 2014: 222-223）。在一封寫於 1839 年初的私人信函中，馬地臣向吉吉貝提及「與中國開戰將是下一步」（war with China will be the next step）（James Matheson to Jamsetjee Jejeebhoy, 3 April 1839）。顯然，當清政府決意禁絕鴉片時，像馬地臣般的鴉片商人為了自身利益之故，已下定開戰的決心。

禁煙爭端中的戰爭挑動者

一如不少學者所分析的，引發鴉片戰爭的原因不單純是吸食鴉片帶來的問題。固然，鴉片令人成癮，傷害健康，對個人、家庭和社會造成無數禍害，但這些問題尚不致會令兩個大國掀開戰幔。它還牽涉到中國白銀持續外流，打擊中國金融與經濟，也大大影響到吏治和治安，因走私賄賂不但腐蝕官僚體系，亦令私梟海盜問題肆虐，後者尤其會影響沿岸治安及邊防，打擊社會穩定。簡

而言之，走私鴉片帶來的問題已「動搖國本」了。

當然，道光皇帝與林則徐商討嚴禁鴉片時，或者只著眼於鴉片給清朝和人民帶來的影響，沒有察覺問題其實亦牽涉英國利益，因為據不同學者分析，當時的英國經濟（尤其稅收），甚為依賴鴉片貿易，其屬土印度，以及那些鴉片種植和生產地，更高度依賴鴉片出口。即是說，若然清政府全面禁止鴉片貿易，必會大大打擊英國及其殖民地的經濟。所以英政府明知鴉片存在令人成癮與損害健康等問題，仍不肯放棄鴉片輸華。再加上那些基於個人私利而大力鼓吹戰爭者的遊說與慫恿，一場不義之戰因此被挑動起來。

回到林則徐銳意禁絕鴉片的問題上。據說，在未抵達廣州前的 2 月 24 日，林則徐已發出命令，要捉拿當地那些與鴉片走私販子有聯繫的人，當中有不少屬地方官員（Grace, 2014: 230）。3 月份，林則徐抵粵，其中的重要宣佈，便是通令所有鴉片煙商，必須交出他們手上所有鴉片，並簽下俗稱「甘結」的承諾書，答允不再向華輸入鴉片，否則一經捉拿，貨則充公，人則正法，絕不姑息（Waley, 1958: 28-9）。

面對雷厲風行的政府指令，不少鴉片煙商只好聽命，將手上的鴉片交予政府。據估計，林則徐當時沒收了 20,383 箱、約值 240 萬英鎊的鴉片（當中 5,315 箱屬巴斯商人），其中 7,141 箱屬渣甸洋行所有，佔總數超過 35%（Cheong, 1979: 143; Grace, 2014: 238）。當然，早對鴉片問題調查清楚的林則徐，明白那個數字並非當時輸華鴉片的全部，因此再警告鴉片商要向政府繳交手上鴉片，並指會捉拿或驅逐那些犯禁的鴉片商人。為了躲避風頭，馬地臣等英商那時紛紛退往澳門。

不過，儘管林則徐聲勢嚴厲地包圍廣州的洋商，逼其轉往澳門，甚至沒收鴉片，但仍沒法令鴉片走私絕跡，因為嚴禁鴉片反令鴉片價格高漲，有吸食者在毒癮難耐下只好出高價、冒風險搶購。渣甸洋行眼見有利可圖，自用盡方

法手段，在 1839 至 1840 年禁煙期間繼續輸入鴉片，路線主要是經香港轉運廣州，進入大陸。這一方面反映鴉片商人火中取栗的冒險個性不改（Grace, 2014: 259-262），又進一步揭示鴉片走私問題已深入骨髓，不易根治。

令中英雙方關係雪上加霜的，是 1839 年 7 月初，英國水手在九龍尖沙咀酗酒滋事，騷擾當地婦孺，並打傷村民林維喜，而林氏則在受傷翌日不治去世。事件發生在中國領土又關乎人命，林則徐即時要求英方交出兇手，但義律斷然拒絕。林則徐大為不滿，為迫使義律讓步，於是採取進一步管制英人的措施。義律沒有退讓，反而於 1839 年 8 月 26 日乘坐 HMS Volage 戰艦到澳門四周游弋，以示實力，同時又指示英人及鴉片船前往香港暫避。不過英方的行動受清兵監視上報（Hoe and Roebuck, 1999: 92-3），林則徐於是下令香港附近村民不要提供食物食水等物品予避居香港海旁的英國人（Fay, 1975: 172-6），雙方對抗氣氛凝重，關係緊張。

林則徐雷厲風行打擊鴉片走私，力求連根拔起，華洋關係緊張之時，正在回國途中的渣甸即啟程前往倫敦，並在知悉問題、了解關鍵後，立即馬不停蹄地遊走於英國政圈之間，遊說英國政府向中國開戰。分析指在此之前，英國政壇其實沒想過要因鴉片一事與中國開戰，他們反而較擔心近東與中東的政局，正準備要為東地中海問題與法國開戰（Grace, 2014: 248）。而位處遠東的中國，由於之前衝突並不特別激烈，故並未引來英國政府太多的關注。

說實在的，國家與國家之間當碰到貿易或走私罪案的爭端，必然是透過外交途徑談判解決，但對中英兩國社會及軍事力量有深入了解的渣甸，自恃英國具壓倒性實力，一再遊說英國對華用武，並憑個人對中國地理環境、軍事力量及邊防形勢等等一手資料作綜合分析，成功說服時任英國外相巴麥尊，作出向中國開戰的強硬決定（Memorandum from William Jardine to Lord Palmerston, 5 December 1839; Grace, 2014: 250）。目的已達的渣甸，隨即修書告知馬地臣這

個好消息，著其好好應對變局，然後離開倫敦北上蘇格蘭，於 1839 年 12 月底回到闊別近 20 年的家鄉鄧弗里斯郡。

有了對華開戰的決定後，巴麥尊寫了親筆密信，於 1839 年 10 月 23 日交由渣甸洋行旗下的快船 Mor 號迅速送往中國，經 114 日航程，於 1840 年 2 月 15 日抵達珠江口，並交到義律手中（Fay, 1975: 194-200）。其中除告知英國決定向中國開戰一事外，還提及封鎖港口、佔領一些海島、賠償損失、開放港口等細節，亦要求義律「獲取一個在中國海域內可作永久控制的地方，讓英國臣民與財物獲得英國保護」（Grace, 2014: 250-1）。

1840 年 2 月 6 日，渣甸再次回到倫敦與巴麥尊見面，應巴麥尊要求，再次深入講述中國軍事與防衛問題。渣甸也就自己最關心的賠償問題提出意見，特別要求巴麥尊代表英商向公行追討損失，而據渣甸所言，清政府沒收了英國近 300 萬英鎊的財物（Grace, 2014: 251-254）。

之後，巴麥尊決定對華開戰的消息外洩，迅即引起傳媒關注，Melancon（2003: 44）引述當時（1840 年 2 月 22 日）英國報章指「沒有真正的基督徒會支持以戰爭手段保護這樣的暴行」（no true Christian could support a war that protect such an atrocity）。顯然在他們眼中，支持或鼓吹對華開戰的渣甸及巴麥尊等人並非「真正的基督徒」，而且不少英國人知悉鴉片毒害，所以言簡意賅地指出，走輸鴉片到華本身屬暴行，英國政府卻為暴行背書，給予保護，甚至發動戰爭，因此招來他們反對。

同年 4 月，因應有國會議員質疑巴麥尊開戰的決定，國會曾進行辯論及投票。但因巴麥尊所屬政黨掌控了國會，自然成功通過了開戰決定，反對動議的議員自是失望不已。其中的格德斯通議員（William E. Gladstone）表明「鴉片貿易令全英國掉進尷尬局面」，並尖銳地指出向鴉片受害國開戰，是難以令人信服。他這樣補充說：「一場更多是源於不正義的戰爭，一場屬於持續精心計

算以隱藏本國永久恥辱的戰爭，我不知道，我也看不懂」（House of Commons, Debates — war with China, 7 April 1840）。

對於英國國會於 1840 年 4 月 9 日最終通過對華開戰一事，當地報紙《時報》（The Times）在報導這一消息時指稱，英國政府將會對華採取一場「鴉片戰爭」（opium war），對政府的批評可謂不講自明，但卻改變不了結局（The Times, 25 April 1840），而鴉片戰爭一詞，從此深深地烙印在歷史中。

歷史無疑是無情而殘酷的，弱肉強食屬鐵律，國弱必然招來外侮。本來只屬嚴打販毒走私的一場行動，卻被扭曲成是遏抑自由貿易、侮辱英國尊嚴，甚至是危害英人生命財產安全的事端，更藉此發動戰爭，以教訓受害國（Melancon, 2003）。在那場軍力強弱懸殊的戰爭中，清兵一敗塗地，最後被迫簽訂喪權辱國的不平等條約——《南京條約》，割地賠款，開放五口通商，更要給予英國最惠國待遇。從此不但香港成了英國的殖民地，也令滿清皇朝的弱勢暴露於人前，招來更多外侮，國力逐漸走向衰落，經濟備受衝擊，農村經濟所受的打擊尤甚，無數人民與家族從此顛沛流離，甚至被迫飄洋海外。對於中國人民即將面對的苦難，相信渣甸未必能預見，惟對他而言，就算有所察覺也不會放在心上。

正如前述，在渣甸未遊說巴麥尊發動戰爭之前，有分析指出，當時無論保守派或自由派，均支持與中國維持和平友好的關係，但商人則持相反看法，高呼英國政府應採取強硬手段，迫使中國屈服，巴麥尊在渣甸的遊說後接受了這一看法，於是發動了鴉片戰爭（Melancon, 2003: 42-44）。正因如此，有分析指雖然巴麥尊是發動戰爭的總司令，但那場戰爭的「建築師」（architect），其實是渣甸（Cassan, 2005: 106），亦有研究指渣甸實乃戰爭背後的「主腦」（mastermind）（Wong, 1998: 210）。當然，亦有論者指渣甸只屬協助角色，真正主導者還是巴麥尊，不過有一點十分值得注意，打完勝仗後，巴麥尊曾就

渣甸提供的資料及意見，給予高度評價與感謝（Grace, 2014: 294; 劉詩平，2010：122），此舉揭示渣甸在戰爭中扮演了重要角色，亦說明那場戰爭令英國攫取得巨大利益。

收割戰爭果實的名成利就

戰爭除了造成生靈塗炭，必然是戰勝一方如取如攜，戰敗一方任人魚肉，鴉片戰爭的結局自然沒有例外。作為戰爭的「建築師」或「主腦」，又深得巴麥尊高度評價的渣甸，以及作為英國在華走私巨頭的渣甸洋行，自然亦能與英國政府一道，分享勝利果實。其中最為直接的得益，是獲得清政府就沒收走私鴉片以及十三行與他們債務轇轕上的賠償（Grace, 2014: 251）。儘管本研究沒法獲得渣甸洋行所獲的確實賠償數字，但可以想像，作為趾高氣揚的戰勝一方，計算時絕對不會以林則徐沒收鴉片時極為低迷的行情作準則，所以渣甸洋行變相是以高價盡售手上存貨，獲利之豐厚自不待言。

當然，對於渣甸而言，他亦因為戰爭而名利雙收。因為他在這次挑動英國發起戰爭的過程中染指了政治，不但接觸了不少英國政壇重量級人物，建立了個人政治網絡，亦清楚參與政治運作，能提升個人的政治能量。所以在 1841年，他決定投身政圈，參選國會議員選舉，並成功獲得不少合資格選民的支持，進入了英國國會的議事堂，令他的影響力可以名正言順地由商而政，得以更好地維護自身利益，而這種政商緊密連結的策略，日後一直為該洋行領導層所沿用。

另一方面，於 1841 年，當鴉片戰爭去到尾聲、英軍勝利已定時，英國駐華最高指揮官義律參照馬地臣建議，率領英軍登陸香港島，豎起英國國旗，[13]並宣佈其為大英帝國的殖民地。其後，馬地臣又響應義律的號召，率先參與「競投」香港島土地，買下大片土地作渣甸洋行在港發展的根據地，並隨即著

手興建貨倉、碼頭等建築物，為進一步發展在華鴉片業務作準備。

後來，由於中英雙方不滿耆英和義律的協議，兩人同被撤職，英方轉派立場更強硬的砵甸乍（Henry Pottinger）接替義律。而砵甸乍在赴中國前，渣甸曾與他見面兩三次，並曾一起晚飯。渣甸告訴砵甸乍不少中國沿岸的地理及連串棘手問題（William Hardine to James Matheson, 31 May 1841），同時大力遊說砵甸乍必須對華採取強硬手段（Grace, 2014: 281-282）。

到了 1841 年底，當馬地臣得知渣甸已成為國會議員後，加上鴉片戰爭大局已定，渣甸洋行的利益得以確保，他於是離開香港返回英國，洋行的管理大權乃交到渣甸和馬地臣的侄兒或外甥手中。翌年夏天，馬地臣回到英國與渣甸再次聚首，惟那時的渣甸，已獲確診患上了大腸癌。據說，他在惡疾面前表現堅強，並積極接受各種深入治療，但病情的持續惡化，令他極為痛苦，也備受折磨。到了 1843 年 2 月 27 日，渣甸在倫敦家中去世，享年 59 歲（Grace, 2014: 295）。

渣甸去世後，其國會議員席位，於 1843 年 3 月由馬地臣填補，延續了渣甸洋行對英國政治的影響。至於同樣由商而政的馬地臣，取得國會議員資格後不久，再有喜事臨門，他於同年 11 月在愛丁堡宣布結束王老五生活，成家立室，妻子為 Mary Jane Spencer Perceval（亦寫作 Percival），[14] 她較 47 歲的馬地臣年輕 23 年，只有 24 歲。然而，馬地臣妻子婚後並無所出，即是說，他和渣甸一樣均沒有子嗣。

順帶一提的是，鴉片戰爭之後，不少英國民眾對鴉片貿易漸生反感，相信是因相關討論日多，意識其禍害極大（Grace, 2014: 296）。惟現實問題是，鴉片給英國及鴉片商人帶來的利益實在太巨大了，而鴉片商對英國政府有極大的影響力，所以民間聲音始終未能改變英國政府的鴉片政策，情況一直維持至二十世紀才有方向性轉變，英國政府終於下令禁止鴉片，但對受到鴉片毒害的

威廉・渣甸的遺囑

國家和人民而言，所受的傷害早已是痛楚徹骨了。

　　早在律勞卑出任駐華貿易總監時起，渣甸和馬地臣已不斷挑動英國對華採取強硬政策，以迫使中國屈服。到道光皇帝派林則徐嚴厲禁煙，沒收走私鴉片時，渣甸和馬地臣更加覺得必須對華動武，故傾力向巴麥尊遊說，結果終如其願，促使英軍向華開火，開始了中英之間的第一場不義之戰。儘管這場戰爭的起因及本質令人齒冷，但現實上戰勝者可以把戰敗國大肆宰割，藉此壯大本身實力。作為最大贏家之一的渣甸洋行，自然一點都不客氣，在戰後迅速爭取有利位置，攫取最大利益，故日後它能在對華貿易與香港政經發展中穩佔主導地位，不斷壯大。

冒險家與價值觀念扭曲的思考

　　渣甸、馬地臣、麥尼克諸兄弟、顛地兄弟等洋商東來冒險，當然是想飛黃騰達，從高風險的投資中獲取高回報，這是人之常情，亦不難理解。惟他們冒險時採取的手法，尤其是借自由貿易之名走私鴉片，毒害與其進行貿易的國家及人民，然後在清政府嚴格執行法規時，便自恃擁有強大軍力而挑動侵略戰爭。種種作為，已經遠遠超越了正當商業行業的界限，理應受到嚴厲批評。

　　從現實意義上說，當時那種冒險意識，一方面衝擊了傳統以控制為主、壟斷式的商業制度——東印度公司與十三行制度，令商業活動走向更自由及百家爭鳴的局面。但同時它卻激化了利益掛帥、不問道德對錯甚至鋌而走險的行為，更導致了走私泛濫，令鴉片問題在道光年間迅速惡化，變成極嚴重的社會及經濟問題，當政府不再容忍後，與洋商之間的矛盾乃更為惡化。此外，只講利益不問對錯的營商手段，更滋生或進一步扭曲了價值觀念，令走私販毒變得「合理化」，甚至視作理所當然。故販賣者或說鴉片並非毒品，只是如洋酒般的東西；又或指走私及銷售並非問題所在，是對方不讓鴉片合法化或是吸食者自

己選擇吸食，屬於咎由自取，總之自己永遠是對的一方。

更值得注意的，當然是這種意識在英國以強大軍力打敗滿清後，突顯了「拳頭話事」的歷史事實，令更多人的價值觀念更為扭曲，亦更願意冒險，這種行為在香港開埠初期尤其顯而易見。其一是那時湧到香港的華洋移民，都是抱著求財發達之心，沒打算長期在香港生活，自不會培養出歸屬感；其二是他們在賺錢求財時，不會計較正門偏門，只以能否更快、賺到更多錢為唯一標準，而偏門生意競爭激烈，正正反映不少人熱衷投身其中。

正因如此，有學者不無感嘆地指出，早期香港社會屬於「暴發戶社會」（parvenu society），因為很少人會對社會有歸屬感，沒想過要貢獻或回饋社會，他們到港謀生時為了達到目的，往往不擇手段；就算有了錢，還是會為謀取更多的錢而無所不用其極，爭取積累更多財富，建立心目中的「功業」，哪怕投機倒把，甚至行賄或採用其他違法行為（Lethbridge, 1978: 15; 蔡榮芳，1997：19-25）。其中的盧亞貴、高和爾等便屬較多人提及的例子（鄭宏泰、鄭心翹，2019）。

然則冒險精神熾熱與價值觀念之間，到底有著哪些內在關係呢？從理論上說，冒險精神與行為，必然是反傳統、反建制的，因為只有衝破傳統、打破條條框框才能突破創新，但這樣便與當時社會的價值觀念與制度相抗衡，招來批評或約束實不難理解。當這種行為取得成功，尤其能夠掌握社會話語權後，便能作出合乎本身冒險行為的論述，合理化那種行為，殖民地管治下由統治者演繹的「香港故事」，便是很好的說明。當然，那些赤裸裸違背道德或是價值觀念扭曲者，在遭遇到事業打擊或不幸時，則很容易招來加鹽加醋的批評演繹，如推論為「因果循環，惡有惡報」，並以此作出合符「世道」需要的解釋，甚至告誡世人的論述等，在某層面上強化了那些價值觀念扭曲的行為。

沿著冒險行為與價值觀念扭曲的角度看，飄洋出海自西東來，下海經商，

尤其從事鴉片走私的違法活動，項項都是極高風險的事宜，但論風險之最，當然非發動戰爭莫屬——雖然他們當時的評估是可以輕易打敗清兵。渣甸和馬地臣可說在各項高風險投機都項項做齊，而且每樣都大有斬獲，所以實在屬於大冒險家。用黃仁宇分析新教倫理的標準「人類不因豐功偉業而得救，但得救者必有功業」而言，渣甸和馬地臣無疑已積累到極少數人能及的巨大財富，建立了他們心目中的「豐功偉業」，至於能否獲得救贖，則只有他們的上帝才能作出最終決定了。

不過，若回到世俗化層面，從家族企業發展的角度，渣甸和馬地臣一生無所不用其極打拼下來的龐大基業，日後卻並非由他們直系家族成員繼承，而是落入外姓人之手——雖說這些異姓的繼承人也擁有近似的基因，在生物學上他們的基因已得以延續——但在傳統中國概念裡仍是不理想、甚至是不幸的結局。而渣甸獨身一生，並沒留下後代；馬地臣雖曾娶了青春少艾的妻子，但卻未有一兒半女，絕後告終，這樣對企業的發展有何影響？傳承安排有何特質？又揭示英國文化哪些特質呢？這些問題，且留待下一章中再作深入分析了。

結語

人類社會發展的道路崎嶇曲折，有時更充滿血腥，因為當中雖有人性本善、大愛無疆、急公好義等正直信念或價值，但同時卻有不少暴力劫掠、以強凌弱、欺詐壓迫、從中剝削等旁門左道行為，揭示人類社會一如日有晝夜、月有圓缺般並非一面倒，既有光明面，亦有陰暗面。毋庸置疑的事實是，資本主義的發展初期，一個國家為了奪取原料、侵佔市場，乃至攻城掠地、擴張殖民，甚至不惜發動戰爭，以渣甸和馬地臣為首的英國自由商人的東來，不理滿清禁令，走私鴉片，到遭遇清政府嚴厲查禁時則挑動戰爭，以武力迫對方服從，然後簽訂不平等條約，正正揭示了早期資本主義擴張那種以強凌弱、欺詐

壓迫的醜陋面孔。

　　放在大歷史角度，自鴉片戰爭之後，中華民族確實是兵敗如山倒般持續滑落，招來更多外侮，不平等條約一個接一個，割地賠款、喪失利權接二連三，日軍侵略更曾令中華民族瀕臨滅絕。可幸的是，走過了百多年的曲折坎坷與無奈，中國終於能夠迎來民族中興，既沒亡國或被滅絕，亦能洗刷「東亞病夫」的形象，在上世紀末更先後收回香港和澳門主權，自進入新千禧世紀以來，更因為中國綜合國力日強而終於能夠挺起胸膛做人。反觀曾經號稱「日不落國」的大英帝國，因鴉片走私而發動鴉片戰爭之舉，畢竟成為一個永久的恥辱和罪孽，自經歷一、二次世界大戰後，國力急速滑落，前殖民地紛紛獨立。到了今時今日，大英帝國已淪為二等強國，風光不再，亦見證了風水輪流轉的歷史輪迴。

註釋

1. 渣甸和馬地臣雖亦兼營其他諸如茶葉、絲綢，甚至保險等生意，但佔最主要地位，而且最具爭議，招來指摘的，無疑是鴉片，本文討論主要集中於此。

2. 渣甸長兄 Robert——簡稱老羅拔‧渣甸，與渣甸年齡相差很大，達 20 歲，惟有關他的資料極為缺乏，看來他沒有結婚，所以亦沒有子女，大家關係看來不深，渣甸日後亦甚少提及他，反而二兄 David——簡稱老大衛‧渣甸，則時會提及，其子女亦獲得渣甸照料，至於姐妹及其子女亦獲得渣甸的照料，他們的後代日後更成為渣甸洋行的領導核心。

3. 有趣的是，本書牽涉的多個家族，他們的男女名字，很多時都相同，其中的原因可能是為了紀念之故，另一原因可能與某些名字較流行有關。

4. 所謂十三行，亦稱廣州制度（Canton System），是指由多家商行（也稱洋行或牙行）組成的組織或制度，主要是政府用於管理外國商人對華貿易與接觸等事宜。

5. 湯馬士‧威丁本是隨船醫生，後改為經商，並以合夥人身份加入雷德比爾洋行（Reid, Beale & Co）。

6. 查理斯‧麥尼克後來與家人創立了麥尼克洋行（Magniac & Co）。

7. 當時來回倫敦與廣州單是海上航行已需時一年，再加上到岸後要裝卸貨品、維修船隻，某些時期又要等待季候風及迴避颱風，故每次航程都會用上近年半才完成。

8. 早年的公司組織，還沒有今天社會般的「有限公司」（limited company, 指債務負擔）制度，即是說所有公司都屬「無限公司」，股東必須承擔所有債務。合夥人公司亦如是，所以若有合夥人退出，公司都要結賬清盤，以了結所有債務，因此便會經常更改公司名稱了。

9. 原來查理斯‧麥尼克的父親法蘭西斯‧麥尼克（Francis Magniac）乃鐘錶匠，是當時社會極少數掌握製造那種高端技術的人士。查理斯‧麥尼克有八名兄弟，他居長，諸弟中較為人熟識的有弗利（Fry）、萊恩（Lane）、荷林華斯（Hollingworth），丹尼爾（Daniel）等，他們多人曾來華經商，初期立意開拓鐘錶市場，後來則覺得鐘錶市場雖風光，但利潤微薄，因而轉營鴉片，因此與渣甸有了更多合作（Cheong, 1979; Grace, 2014）。

10. 由於當時清政府限制商人在廣州活動，但會給予使節一定便利，於是有能力的洋商便會利用關係，獲取歐洲不同國家的「領事」身份，成為一時風氣，例如丹尼爾‧麥尼克曾是普魯士國王領事。但實際上，那只是一個頭銜而已，沒有真正的領事之實。

11. 當時渣甸洋行擁有的貨船分別為 Colonel Young 號、Fairy 號、Falcon 號、Red Rover 號、Sylph 號、Governor Findlay 號、Hercules 號、Austin 號、Lady Hayes 號、Dom Manoel 號、Harriet 號等。

12. 有關鴉片是否毒品之說，過去的討論極多，很多時只屬立場闡述，各說各話，本研究亦不會從這方面展開討論，但一個十分現實客觀的結果，則是鴉片最終被世界各國禁止，而非某些人所說的只屬如洋酒般的商品繼續流傳（Milligan, 1995）。其實，一個最有力的說法，是若然任何一個國家認為那是無傷大雅的「只如洋酒般的東西」，他們應讓其在自己國家如洋酒類東西般自由輸入售銷，甚至可如洋酒般大賣廣告，那便能為世界作最好說明。可惜英國一直沒有這樣做，卻對別國禁止的做法表示強烈不滿，再以走私方法大量向華輸入，日後更要指摘中國禁止鴉片輸入是違反自由貿易，當中國政府進行嚴厲打擊時，則以此為理由，千里迢迢向中國發動戰爭。

13. 據說，促使義律佔領香港的人物乃馬地臣，而那一舉動被視為乃對香港未來的極大賭博（gambling on the future of Hong Kong），因為那時他們實在沒有想到香港日後可以巨大發展（Grace, 2014: 294）。到英軍在香港島上插起英國國旗時，馬地臣出席了升旗典禮，「並於三天後隨義律乘坐『復仇女神號』繞港島得意地巡駛了一圈」（劉詩平，2010：158；Grace, 2014: 276），此點尤其可以揭示馬地臣在佔領香港島上的吃重角色。

14. 馬地臣在結婚之前，長居中國期間，據說曾在澳門蓄養一名葡萄牙或西班牙與華人混血的情婦，她的中文名叫亞友（又名 Roza Maria Xavier），但可能只屬坊間流傳，缺乏實質資料證明（Grace, 2014: 103-104）。

第三章

接二連三

兩家侄甥與孫輩接班的競奪

有足夠的證據顯示，東印度公司對華貿易專營權的廢止、鴉片走私肆虐、律勞卑事件、鴉片戰爭爆發、《南京條約》簽訂、割讓香港成為英國殖民地等等重大歷史事件，都直接或間接地與渣甸和馬地臣有關，留下了渣甸洋行穿梭其中的足跡。而香港開埠後，這個只有彈丸大小的貿易港不斷發展、中華大地的開放通商、洋務運動、政經連番劇變，乃至香港經歷一個半世紀殖民統治後重回祖國懷抱等等重大歷史事件與發展歷程，更加或暗或明間有著渣甸洋行從中活動，或是左右前進的身影。

雖然渣甸和馬地臣均無兒無女，絕後告終，但由他們二人所創立的渣甸洋行，卻有了本身的生命，並沒因此消亡，或是失傳沒落，相反在他們先後離去後仍能保持活力。至於接班初期雖曾碰到領導層相繼英年早逝的問題，而前進過程亦有一些轉折，但最終又都能憑著本身實力，加上對英國政府的巨大影響力，洋行仍不斷壯大，穩踞香港洋資大行的龍頭地位。到底渣甸洋行二代的接班過程如何？其發展與傳承問題又揭示了何種文化特質？本章且集中探討第一個問題，而第二個問題則留待另一章分析。

侄甥「聞富」東來參與業務

對於渣甸洋行的接班過程，無論社會或學術界均十分關注，惟深入分析卻甚為少見，令人費解。若然深入一點看，其傳承接班的起點，最早可追溯到1820 年代。所謂「富在深山有遠親」，其實中外社會皆然。自渣甸和馬地臣先後投入商海並取得初步成績後，其遠在千里之外的親屬已陸續東來，部份參與了他們的生意，部份則向他們尋求資助，然後自己另起爐灶。當然這些遠來的親戚當中，有些相信是因應渣甸和馬地臣的邀請前來協助的。無論如何，這些家族成員的陸續加入，雖不能說是有計劃或策略地進行，但絕對已是為傳承接班鋪路。

事實上，這些自英東來的侄甥們，或者初時目標不一、思考各異，但在經歷一段時間考驗後，大部份都選擇加入渣甸洋行，而渣甸和馬地臣則根據他們的表現，從中物色最合適的接班人選。從資料看，最先東來加入渣甸洋行的第二代，是馬地臣長姐之子：亞力山大‧馬地臣。約生於 1805 年 1 月的亞力山大‧馬地臣，又稱「央馬地臣」（young Matheson），而他與馬地臣同姓，是因為馬地臣的姐夫也剛好姓馬地臣（John Matheson，約翰‧馬地臣），惟坊間卻常誤會他為馬地臣之侄兒。

綜合資料看，亞力山大‧馬地臣約在 1825 年以自由商的身份東來，當時，馬地臣仍未和渣甸合創渣甸洋行。而他應該是馬地臣有意栽培的對象，因為在他年輕時，馬地臣先安排他到西班牙的聖塞瓦斯蒂安（San Sebastian）學習，那裡是馬地臣合夥人伊沙瑞（Xavier Yrissar）的家鄉，此舉顯然是要增加他對華貿易的知識。當他完成學習並抵達中國後，他先於 1827 年協助馬地臣在廣州創辦英文報紙《廣州紀事報》（*Canton Register*），此報除了報導重要的政經消息，亦會「刊登鴉片買賣價格」（劉詩平，2010：72），反映他們對商業行情、市場信息的重視。後來，他便被安排在馬地臣身邊工作，經常代表馬地臣

奔走於廣州、澳門和伶仃洋之間（Cheong, 1979: 70）。而他參與了馬地臣在廣州創立的馬地臣洋行，又隨同他加入麥尼克洋行，顯然是馬地臣最信賴又最得力的助手。

另一位較早開始參與馬地臣生意的，是他的侄兒曉·馬地臣，[1] 他是馬地臣二兄登肯·馬地臣（Duncan Matheson）之長子。曉·馬地臣約在 1820 年代中離鄉東來，時間上只較亞力山大·馬地臣稍晚一些，而他先如當年的馬地臣般在加爾各答落腳（Grace, 2014: 101 and 109）。那時，馬地臣和伊沙瑞合作經營的生意發展不俗，急需人手協助，故曉·馬地臣在叔父的支持下，順理成章地加入了伊沙瑞洋行，其後不久因表現良好獲升為「資淺合夥人」（Junior Partner），而曉·馬地臣大部份時間都留在加爾各答，協助馬地臣在當地的業務（Cheong, 1979: 70-76）。

到伊沙瑞洋行結業後，曉·馬地臣改任麥尼克洋行代理，負責為其採購鴉片，並肩負滙兌、保險及船務安排等工作。不過，據指他在採購時曾多次沒按渣甸指示行事，令渣甸甚為惱火（Cheong, 1979: 127 and 130），顯示馬地臣的侄甥們與渣甸的相處或許不太融洽，大家做事的手法也有衝突。1832 年，當渣甸和馬地臣將麥尼克洋行改作渣甸洋行時，曉·馬地臣向馬地臣借了 15,000 盧比（年息 8%，為期兩年），自立門戶，開始他自己在加爾各答的生意，此洋行日後仍獲渣甸洋行授予代理權，尤其成為「諫當保險社」（Canton Insurance Society）的代理（Cheong, 1979: 211）。日後，曉·馬地臣與妹夫的兄長查理斯·賴奧爾（Charles Lyall）合夥，在加爾各答創立 Lyall Matheson & Co，經營東方貿易生意。而查理斯·賴奧爾又曾和一眾兄弟創立賴奧爾兄弟洋行（Lyall Brothers & Co），在倫敦、印度及香港均有不錯表現（Le Pichon, 2006: 140）。

除此之外，馬地臣另一侄兒當奴·馬地臣（Donald Matheson，登肯·馬地臣次子）亦於 1838 年東來，那時渣甸洋行已經創立，而且亞力山大·馬地

臣及曉‧馬地臣均已在東方站穩陣腳，也做出了一定成績。當奴‧馬地臣到華後，被安排留在廣州的洋行集中地「小溪館」（4 Creek Factory），協助洋行打理業務，惟參與時間較短（Fay, 1975: 45; Cheong, 1979: 76）。此外，馬地臣的表兄弟約翰‧麥奇（John MacKay，馬地臣母親兄弟之子）也為馬地臣工作，他乃一名船長，初時負責駕駛馬地臣名下的 HCS Scalely Castle 輪船，後改為駕駛渣甸洋行的輪船運輸鴉片（Grace, 2014）。[2]

相對而言，渣甸侄甥們東來參與其生意的時間較遲（Grace, 2014: 101）。最先東來的是渣甸的外甥安德魯‧莊士通（Andrew Johnstone），他是渣甸姐姐的長子，只較渣甸年輕 14 年。他 19 歲時畢業於愛丁堡大學醫學院，然後如渣甸一樣，先在遠航東方的輪船擔任隨船醫生的助手，期間雖曾到廣州與渣甸有多次接觸，但直到 1828 年才決定下船從商，並向渣甸尋求協助，表示想加入其發展大好的生意。渣甸答允了他的請求，而且特別囑咐他必須勤奮工作，不能遊手好閒。從那時開始，他應該在麥尼克洋行工作，表現亦應受到肯定。故到了 1830 年，他獲交託了不少重要的職務，並負責新加坡、馬尼拉方面的生意（Cheong, 1979: 269）。

而在渣甸洋行扮演更重要角色的，是渣甸的侄兒們。首先是安德魯‧渣甸（Andrew Jardine），他於 1831 年 7 月乘坐 Pascao 號輪船由孟買到華，據 1832年時的登記資料顯示，他在廣州小溪館工作及居住，顯然自那時開始他已參與渣甸洋行的運作，而在 1834 年，他的登記身份是「英國商人」。渣甸其他侄兒如大衛‧渣甸（David Jardine）、約瑟‧渣甸（Joseph Jardine）和羅拔‧渣甸（Robert Jardine）等，則在較晚時期東來，那時渣甸洋行已取代了麥尼克洋行，實力亦已相當雄厚。

由此觀之，當渣甸和馬地臣的業務發展迅速，財源滾滾後，遠在千里之外的侄甥和親屬們，便紛紛聞風而至，陸續東來投靠他們，希望獲得更好的工作

機會及事業發展的空間。有些直接參與進洋行的生意中，有些只是間接涉獵，也有一些會在二人支援下另起爐灶。不論其選擇如何，一個重要事實是，他們一致發現那時東方貿易具有很大空間，鴉片貿易尤其利潤深厚，所以儘管那時商海風高浪急，但不少人仍熱切參與其中。而且，當渣甸洋行規模不斷擴充後，渣甸和馬地臣實在分身不暇，難以面面兼顧，故他們家族的多名侄甥陸續東來，對他們幫助甚大。而洋行的生意能夠節節上揚，侄甥們的助力，實在不能抹煞。

到了 1835 年，即渣甸洋行創立三年後，股份分配出現了一些重要改變，主要是吸納了三位有優異表現的員工為「資淺合夥人」（Junior Partners），他們分別是安德魯・莊士通、亞力山大・馬地臣和亨利・韋特（Henry Wright），每人獲配兩股股份；而渣甸和馬地臣則作為「資深合夥人」（Senior Partners），每人獲配 13 股（Cheong, 1979: 243 and 263; Grace, 2014: 123-124）。即是洋行總股份為 32 股，渣甸和馬地臣原則上持股量各佔一半，似是沒分高下。

這次股東異動的原因，除了是洋行業務向好，相關員工又表現突出，故吸納他們為合夥人共享成果外，也因渣甸開始思考退休，需要安排接班工作，所以將外甥安德魯・莊士通加進合夥人行列。而為了平衡股東分配，也讓馬地臣核心培育的亞力山大・馬地臣加入。至於亨利・韋特，資料顯示，他 18 歲時加入東印度公司，與渣甸相交多年，應是渣甸心腹，深得其信任。1829 年他獲邀加入麥尼克洋行，到渣甸洋行創立時，他亦繼續在此服務。由此可見，亨利・韋特屬於老臣子，是重點獎賞的人物，而他的「非創行家族成員」身份，自然可在管理團隊內扮演利益平衡或調和矛盾的角色，作用十分關鍵。

諷刺的是，渣甸因考慮退休而提拔的安德魯・莊士通，可能因新職位工作壓力太大，又或不想再在走私的刀尖浪口上打滾，在獲吸納為「資淺合夥人」一年後，即 1836 年，只有約 38 歲的他竟宣佈退休，並返回蘇格蘭，享受家

鄉寧靜的田園生活（Grace, 2014: 216）。據悉，他的個性較為成熟，自成為渣甸的左右手後，一直緊守渣甸的誠條，工作勤奮，毫不怠惰。而不知是否受渣甸影響，他對婚姻大事也毫不著緊，在退休回鄉後也一直沒有結婚，終身保持獨身，所以當然也沒有子女。而他於 1857 年去世，並和渣甸一樣葬於蘆馬濱（Lochmaben）教堂墳場的家族墓地（Grace, 2014: 296）。

安德魯‧莊士通的離開，自然打亂了渣甸的退休和接班大計，而他只好再細心觀察其他甥侄的表現，另覓接班人選。到了 1838 年 7 月，他將安德魯‧渣甸提升為「資淺合夥人」，此舉不但維繫了他與馬地臣之間的權力平衡，也變相表示他將安德魯‧渣甸視作第一順位的接班人。而此時在華參與渣甸洋行業務的，渣甸方面有大衛‧渣甸、約瑟‧渣甸，馬地臣家族則有亞力山大‧馬地臣和當奴‧馬地臣等，當然，還有遠在加爾各答負責採購鴉片的曉‧馬地臣。兩個家族的年輕成員很多時會因應當時市場及社會變化，遊走於廣州、澳門和伶仃洋之間，同時又要與更遠的倫敦維持緊密聯繫，令資本運作暢順（Cheong, 1979: 145）。

1839 年 1 月，渣甸離華返英時，洋行的管理大權交到馬地臣手中。由於馬地臣有多年從商經驗，又曾與渣甸出生入死，渣甸對他自然十分放心，相信洋行在馬地臣帶領下可以穩步發展（Grace, 2014: 226）。這可算是渣甸洋行第一階段接班，方式則是由年長創行合夥人交棒予年輕創行合夥人。而馬地臣也不負所託，雖說在他接棒後經歷了清政府嚴禁鴉片、虎門銷煙及鴉片戰爭等事件，且他和渣甸的侄甥們更曾被林則徐扣留於廣州（Fay, 1975: 159）。但在他的領導下，洋行不但順利走過，之後更因英國在鴉片戰爭中取得勝利，所以能以戰勝者的姿態分享果實，不但獲得巨額賠償，亦在香港開埠、清朝開放五口通商，以及增加對華貿易等連番轉變中創佔先機、大獲其利。

馬地臣返英後的二代走馬燈接班

從某角度說，渣甸交棒馬地臣的過程，不能視為代際傳承，因為他們屬於同輩，地位不相伯仲，而且曾一起打江山，享有粗略相同的權力、地位和關係網絡，所以只能看作股東之間領導地位輪替，交接過程自然不會出現大亂子，真正的考驗是在創業一代交棒給守業的下一代，很多時問題才會開始浮現。而渣甸洋行的接班過程亦是如此，只是問題卻與其他很多合夥公司或家族公司截然不同而已。

正如上一章提及，名義上退休回到英國的渣甸積極挑動戰爭，1839 至 1840 年間四出奔走於英國政界，要求他們支持對華開戰。掌管在華業務的馬地臣則在戰爭前線獻計，憑他對香港海域的了解，間接促成義律於鴉片戰爭第一階段勝利後佔領香港島，後更迫使清政府割讓領土。渣甸與馬地臣在前後方互相呼應互相配合，終於令英國長期渴望能在中國覓得一個永久立足點的夢想成真。

不過，對於某些協議，中英雙方均不滿意，亦不承認，因此各自撤換領軍人，例如英方因此改派立場強硬的砵甸乍出征，至於砵甸乍在離英前曾與渣甸見面，其時身處倫敦的亞力山大‧馬地臣亦有陪同，參與遊說工作（Grace, 2014: 281-282）。而亞力山大‧馬地臣之所以會在英國，應該是為了他的婚禮，年過 36 歲的他與 18 歲的 Mary Crawford McLeod 結為夫婦，妻子的父親為 James Crawford McLeod，屬於當地大戶人家。惟妻子過門不足一個月即不幸去世，但那時他公事繁忙，在英國沒有停留多久，便匆匆陪同砵甸乍一同赴華。抵達香港後，砵甸乍據說住在馬地臣剛建好的大宅中，因此又進一步受馬地臣對華強硬立場的影響，然後重整軍隊，派軍北上，重啟戰禍（Grace, 2014: 282）。

一如上一次般，英軍於 1841 年有備而來、由南而北的進攻，令清兵難以

防守，沿岸相繼失守，前線部隊直指北京，道光皇帝迫於無奈下只求和。兵臨城下，基本上無論英方提出甚麼條件，滿清只能咬牙答應，最終有了喪權辱國的第一條不平等條約——《南京條約》（郭廷以，1979）。馬地臣得知滿清俯首答允各項條件，香港亦已成為囊中物後，便於 1842 年決定退休，離華返英。為此，他把渣甸洋行的大權交到外甥亞力山大・馬地臣手中，算是走出了創業一代交棒予守業一代的重要步伐。

由於當時局勢仍存在變數，簽署與落實《南京條約》前中英之間猜疑仍大，馬地臣在離華之前，顯然早已與接班團隊作出了詳細部署與應對。簡單而言，他們決定將渣甸洋行的指揮總部設於澳門，並由亞力山大・馬地臣留守。馬地臣另一侄兒當奴・馬地臣負責香港開埠初期的工作，主要是主持一些基本建設。渣甸的侄兒大衛・渣甸則負責廣州業務，那裡其實有更多實質資產和生意連結。據說，馬地臣有意派曉・馬地臣到香港，目的是想交棒與他，惟這是後話（Grace, 2014: 303）。

馬地臣於 1842 年離華返英時，「資淺合夥人」亨利・韋特亦宣佈退休，結束他跟麥尼克洋行與渣甸洋行超過 20 年的賓主關係。為此，洋行選了另一名服務年期較久的威廉・史地活（William Stewart）頂替其職。這裡要略作補充的是，香港開埠之初，由於不少三教九流的華洋移民湧至，人口大量增加，而且當時中英關係緊張，戰爭風煙未息，英軍仍集結香港，加上開埠後有不少基礎建設進行，經濟乃頗有一番景象，渣甸洋行的鴉片走私生意亦繼續火紅。

1843 年，渣甸去世，安德魯・渣甸一度返英打理渣甸的後事。由於渣甸沒有子女，故他留下的莊園和主要資產由安德魯・渣甸以長侄身份繼承（Jardine William: Wills and Testaments Reference SC70/1/64, 1843）。之後他重返香港。由於中英敵對氣氛漸散，英軍撤退，香港的局勢已穩定，於是渣甸洋行於 1844 年 4 月將總部由澳門遷到香港，預備大展拳腳。

不過，安德魯・渣甸主理洋行的時間並沒有多久，在 1845 年 7 月 1 日，只有 43 歲的他便退休離華。與此同時，約瑟・渣甸和另一非家族員工——亞力山大・達拉斯（Alexander G. Dallas）——同獲吸納為新的合夥人。即是說那時的渣甸洋行共有六名合夥人，他們分別是：亞力山大・馬地臣、當奴・馬地臣、大衛・渣甸、約瑟・渣甸、威廉・史地活、亞力山大・達拉斯（*China Mail*, 7 August 1845）。單從這個合夥人名單看，創行家族成員各有兩位，非家族成員亦有兩位，顯然非家族成員的聲音有所加強了。

不可不知的是，當戰爭氣氛轉淡，大部份英軍撤離後，香港由於本身沒有甚麼資源，貿易亦高度依賴鴉片走私，故香港的經濟自 1843 年起持續低迷。為此，一眾商人曾向港英政府提出要求，希望減輕地租，成為商人向政府施壓之始。由於經濟狀況一直沒有改善，到 1845 年，以渣甸洋行為首的 31 名英商，更上書殖民地部，訴說香港營商環境惡劣，令他們難以經營，無法生存，矛頭直指時任港督戴維斯（John F. Davis，即早前律勞卑去世後接任的商務總監，但在位時間不久），指他領導無方，只懂增加賦稅，損害商人利益、窒礙經濟發展。接著的 1847 年，亞力山大・馬地臣休假返英，洋行業務暫由大衛・渣甸主持。在英期間，亞力山大・馬地臣曾向國會陳述，提及香港經濟低迷問題，亦進一步批評戴維斯的領導，他表示若果不是購入了不少房地產，全部英商都會放棄香港，進一步說明當時香港經濟之低迷，惟香港政府卻束手無策（Endacott, 2005; Grace, 2014: 302）。

結果，戴維斯被迫黯然離去，港督之位由文咸（Samuel G. Bonham）接替。他上任後為平息渣甸洋行等英商的不滿，採取政治吸納政策，在立法局增加委任兩名來自商界的「非官守」（unofficial）議員，其中一名來自渣甸洋行，那人便是大衛・渣甸，另一名是來自占美臣賀洋行（Jamieson How & Co）的耶嘉（Joseph F. Edger）。自此之後，立法局必然有一名渣甸洋行代表，例如大

衛‧渣甸之後，由約瑟‧渣甸接替，再之後則是亞力‧波斯富（Alex Perceval）和占士‧韋濤（James Whitall）等等（參考下一節討論）。後來，政治吸納擴展至行政局時，「非官守」議員中亦有渣甸洋行代表入局（Norton-Kyshe, 1971; Endacott, 2005）。可以這樣說，以渣甸洋行為首的英商，對政府政策有極大的影響力，那不只停在港英殖民地政府的層面，更能直達英國國會、殖民地部，甚至首相府和英國皇室。其政治能量之巨大，實在不容小覷（Chan, 1991）。

後來，商人開始找到香港的發展優勢，經濟逐步走出低迷困局。原來在1847 年，美國東岸三藩市加利福尼亞——俗稱舊金山——發現金礦，為了吸引華工到那裡協助採礦，有關消息在中國華南一帶廣泛流傳，無數華工飄洋出海，發其金山夢。其後，澳洲悉尼一帶——俗稱新金山——亦發現金礦，於是又吸引另一批華工出洋。再加上南洋（東南亞）等歐美殖民地急需勞力開荒種植、建設鐵路水壩等，亦吸引無數華工外移，而一浪接一浪的華工出洋均主要通過香港，故香港的轉口貿易變得活躍起來，轉口港的地位亦得以確立（鄭宏泰、黃紹倫，2006；劉詩平，2010），日後更成為連結華工移居地與家鄉的中轉站，商貿自然轉趨繁盛。

1851 年，早前休假回到英國生活的亞力山大‧馬地臣，突然宣佈不再出任渣甸洋行所有職務，大衛‧渣甸因此成為渣甸洋行最高負責人。而那時洋行再吸納了兩名新合夥人，分別是羅拔‧渣甸（Robert Jardine，安德魯‧渣甸幼弟）和亞力‧波斯富（Alex Perceval，馬地臣妻子的親戚），加上原來的合夥人：大衛‧渣甸、約瑟‧渣甸、亞力山大‧達拉斯、亞力‧麥奇連（Alex C. McClean），即是渣甸洋行仍然維持六名合夥人的管理團隊（*The China Mail*, 10 July 1852）。

這裡又有一點需要補充。亞力山大‧馬地臣原本很可能想讓當奴‧馬地臣接班，但當奴‧馬地臣亦如其兄曉‧馬地臣般，因鴉片走私與他們的信仰有衝

突，故不想再從事有關生意，亦反對洋行繼續這些業務。據說，他曾被警告若果不接受，他會失去在渣甸洋行的所有利益，但他不為所動，並於 1848 年辭職離去（Grace, 2014: 303；參考另一章討論）。

其實，渣甸和馬地臣亦想開拓一些非鴉片走私的業務。資料顯示，1839 年，麥尼克洋行前領導人荷林華斯·麥尼克退休回到英國後，與好友約翰·史密（John A. Smith）在倫敦成立了麥尼克史密洋行（Magniac & Smith Co），主要從事對東方的金融保險滙兌投資，地址設在倫敦金融區的林百德街（Lombard Street）3 號。到了 1841 年渣甸加入，洋行規模擴大，名稱則改為麥尼克渣甸洋行（Magniac Jardine & Co），業務仍以金融為主，且一直保持發展，而渣甸去世後股權由安德魯·渣甸等侄兒承繼。

到了 1848 年，馬地臣家族加入成為最大合夥人，洋行改名馬地臣洋行（Matheson & Co）（為免混淆廣州的馬地臣洋行，下稱倫敦馬地臣洋行），地址仍在林百德街 3 號，合夥人有亞力山大·馬地臣、安德魯·渣甸、荷林華斯·麥尼克、威廉·費沙爾、曉·馬地臣等五人（Grace, 2014: 370），而領導大權操於曉·馬地臣之手。這種安排，相信是馬地臣家族日後選擇退出渣甸洋行在華業務的前奏。

回到大衛·渣甸接任成為渣甸洋行新領軍人後的發展。由於《南京條約》並沒處理鴉片問題，即鴉片輸華仍屬犯法，不過因利潤豐厚，仍吸引商人走私，渣甸洋行亦是其中一員，港英政府則「隻眼開、隻眼閉」地作出配合。而在大衛·渣甸領導下的渣甸洋行全力開拓鴉片市場，業務在各大通商口岸迅速擴展。然而，就在生意大旺、身家財富又不斷增加的 1856 年，大衛·渣甸於倫敦 Tavistock Square 突然去世，享年僅 38 歲。[3]

大衛·渣甸猝死後，洋行領軍人一職由較晚加入的約瑟·渣甸頂替。約瑟·渣甸亦秉持大衛·渣甸的經營方式，積極開拓鴉片走私生意。到了 1858

年，在英國政府多番「勸說」下，清政府最終讓「鴉片合法化」，從此鴉片輸華不再觸犯刑法，也不需要再走私，而是可以堂而皇之輸入中華大地，作為鴉片龍頭的渣甸洋行，生意自然更為旺盛，其鴉片據點更遍佈各通商口岸。同年，合夥人之一的亞力‧麥奇連離開洋行，為了填補其空缺，加上業務日多，洋行決定增加三名合夥人，他們為占士‧麥擎柱（James Macandrew）、馬金‧麥理奧（Malcolm A. Macleod）及占士‧韋濤（James Whittall）。另一方面，洋行更分別於 1858 及 1861 年在廣州沙面買入大量地皮，作為長線投資及未來發展的儲備。

然而，就在鴉片生意大旺，金銀滾滾來的 1861 年，約瑟‧渣甸亦突然去世，享壽不足 40 歲。而約瑟‧渣甸去世不久，已退休居英的安德魯‧渣甸亦因病於 1862 年去世，享年亦不足 50 歲（Blake, 1999:116–119; Chan, 2012a）。由於他們三人均一直保持獨身，沒有結婚，所以亦沒有血脈子女，即是和他們的叔叔渣甸一樣，沒有直屬繼承人。按照英國繼承方法，三人的財產，也包括對渣甸洋行的控股權，悉數傳給渣甸家族唯一男性血脈

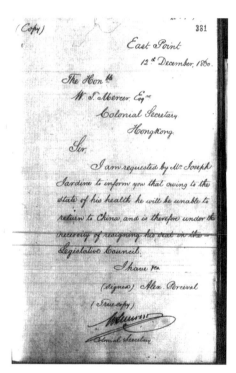

1860 年波斯富去信港督，提及約瑟‧渣甸染病，辭去立法局中的職位。

——那便是三人的幼弟羅拔‧渣甸。

渣甸洋行發展至今，在繼承上明顯出現了瓶頸，這也可以算是經營「不道德」或「偏門」生意的共通困難。第一代在貧困邊緣掙扎，想出人頭地的成就動機極強，加上早年社會「笑貧不笑娼」的風氣，為了謀生謀利，他們很多時會漠視規範，不擇手段，選擇高風險甚至違法的生意。但當社會發展漸趨成熟，從事這些「不正當」生意就不再是為生活而迫不得已，更會受人鄙視。而且家族中人在富裕起來後，開始出入上流社會，自然不想再沾上污名，被人在背後說三道四，更何況他們財力充足，自然可以對未來有更好的選擇，故不少家族都會開始「漂白」，如改營正當生意，或大做善事，務求洗底遠離污名。

渣甸洋行的情況亦復如是。不少創行家族的後人都不想染指鴉片生意，如當奴‧馬地臣和曉‧馬地臣，哪怕鴉片生意利潤極豐厚，他們也放棄繼承，寧願犧牲龐大的個人利益。再加上曾擔任洋行領導人的三名家族骨幹成員都在壯年突然去世，難免會招來「遭天遣」、「惡有惡報」等流言蜚語，令家族感到難受尷尬，故不少合夥人都選擇盡早告老歸田，似是要與鴉片生意保持距離。可以這樣說，當上洋行的領軍人再不是家族成員趨之若鶩的光榮事，反而有點像「雞肋」或「三煞位」（不吉利位置）。故他們寧可讓出領導大權，不再直接帶領洋行，只退居幕後，但穩坐釣魚船的收取公司盈利及股息，一切經營管理則交給他人代勞。

交權第三代與渣甸本脈的多代單傳

先說渣甸家族的情況，自第四位家族接班人約瑟‧渣甸去世後，最年幼的羅拔‧渣甸繼承了洋行的控股權。羅拔‧渣甸生於 1825 年，在 18 歲時畢業於愛丁堡「莫茨斯頓學院」（Merchiston College），曾任職於倫敦麥尼克渣甸洋行，對金融業的營運有認識。1851 年，他轉到東方加入渣甸洋行，由「文員」

（clerk）做起，翌年獲吸納為渣甸洋行合夥人，而那時與他一同獲吸納為合夥人的，還有亞力‧波斯富。[4] 約瑟‧渣甸去世時他約為 36 歲，正值年輕，而他除了是渣甸家族成員，據悉也是馬地臣妻子的堂兄弟，這樣的背景令他一直以候任繼任人的身份備受栽培。而且到了 1861 年，他已有近十年的管理經驗，準備充足，登上大位自然是順理成章。

但是，羅拔‧渣甸不但沒有立即接班，反而選擇離華返英，表示要打理諸兄長的後事，以及辦理遺產繼承等事宜，並將香港的業務交由同期入職的亞力‧波斯富主持。但當一切事宜都處理妥當後，他卻繼續留在英國，一生甚少再回到東方，就算來華也不會停留太久，只是如旅遊或考察業務般「到此一遊」而已。按常理推斷，那時的渣甸洋行業務擴張速度更急，正藉用人之際，他應該及早回到東方，統領當地業務。到底是甚麼原因令他「臨陣脫逃」已不可考，但顯然三位曾任洋行大班的兄長接連去世，可能令他反思良多，故到最後他還是拒絕走進這個「熱廚房」。

到了 1862 年，洋行任命時年只有 28 歲的威廉‧凱瑟克（William Keswick, 1834-1912）為新合夥人。威廉‧凱瑟克是安德魯‧莊士通妹妹（Margaret Johnstone，丈夫 Thomas Keswick）的兒子，也即渣甸姐姐（Jane Jardine）的外孫。按輩份計，他算是渣甸家族的第三代。[5] 而除他之外，其他五位合夥人分別是已離港的羅拔‧渣甸、暫長大任的亞力‧波斯富，以及占士‧韋濤、賀拔‧麥尼克（Herbert Magniac）、占士‧麥擎柱等（*Government Gazette Supplement*, 29 July 1865）。

威廉‧凱瑟克加入不久，擔任大班職位只有兩年的亞力‧波斯富就因為健康問題提早退休返英，[6] 洋行的領導大權初期由韋濤接掌，他在位時間不短，之後再把大權交到威廉‧凱瑟克手中，算是把渣甸洋行領導權重新交回家族第三代。順作補充的是，1866 年 9 月，占士‧麥擎柱選擇離任，不再擔任合夥人，

洋行乃以法蘭士·約翰遜（Francis B. Johnson）頂替，業務保持擴張。

至於離開渣甸洋行後，羅拔·渣甸並沒有另起爐灶創業，而是在大約兩年多後的 1865 年改變人生跑道，投身政壇，參加所屬選區（Ashburgton）國會議員的選舉，並成功贏得議席，從此便如叔叔渣甸一般，躋身國會的議事堂，成為尊貴的國會議員（Oliver, 1920）。那他是否因對從政興趣更大，所以才會放棄渣甸洋行大班之位？若從他參政後的表現看來，答案顯然是否定的。

因為與大多數國會議員不同，富可敵國的羅拔·渣甸對議政論政並不十分積極，從沒提出過甚麼引人注視的草案或論政舉動。他只把小部份時間用於工作，如出席國會、聽取東方商業發展的重要情報，及了解渣甸洋行的表現等，其餘絕大多數時間都投放到運動之上，尤其喜歡賽馬，名下馬匹更曾多次贏得重大賽事。他本人自然亦熱衷騎馬，喜好打獵，這亦是為甚麼日後在他去世時，他會被稱為「商人、政治家、運動健將」（*South China Morning Post*, 24 March 1905）。顯然，早已不需要為錢煩惱的他決定從心所欲過日子，不再營營役役奔逐名利了。

1867 年，年過 42 歲的羅拔·渣甸宣佈結婚，妻子 Margaret Seton Buchanan Hamilton 來自富裕的貴族階層，她嫁入渣甸家族時據悉帶來龐大的嫁妝，高達二至三萬英鎊。婚後翌年（1868 年）1 月 21 日，妻子誕下 Robert William Buchanan Jardine（為避免行文混亂，下文一律稱為 RW·渣甸），家族上下自然高興萬分。可惜喜事之後卻接上喪事，其妻在產子後兩個月去世，而他此後一直保持獨身，沒有續弦（Oliver, 1920）。

RW·渣甸在父親羅拔·渣甸的栽培下成長，1882 年進入伊頓公學，後進入劍橋大學，他曾參軍，至中校（Lieutenant-Colonel）之職。顯然羅拔·渣甸沒有如一般父母般抱有望子成龍的心態，沒要求獨子參與渣甸洋行在華業務，而是讓他沿著自己的腳步走。至於渣甸洋行的領導大權，則繼續交到外甥、其

他親屬，甚至非家族人士手上。有趣的是，RW·渣甸亦熱愛賽馬運動，且如其父般一生贏馬無數。

到了 1885 年，羅拔·渣甸獲得男爵頭銜，表彰他對英國社會的貢獻。而報紙報導有關消息時，曾談及渣甸家族的財富，指羅拔·渣甸家族富可敵國，不只是一個簡單的「百萬富翁家族」（millionaire family），而是一個家族中有很多個「百萬富翁」（*The China Mail*, 18 March 1889）。之後的 1892 年，67 歲的羅拔·渣甸宣佈因健康理由從政壇退下。兩年後的 1894 年，年過 26 歲的獨子 RW·渣甸結婚，妻子為 Ethel Mary Piercy，兩人婚後原有兩子，但其中一名早夭，另一子名 John William Buchanan-Jardine（簡稱 JW·渣甸），還有一女（Violet Buchanan-Jardine），令羅拔·渣甸老懷安慰（*South China Morning Post*, 24 March 1905）。

較特別的是，John William Buchanan-Jardine 的姓氏加入了 Buchanan（布察南），變成了複姓「布察南—渣甸」（為了簡便之故，姓氏簡稱仍維持渣甸）。背後的原因據說是因為其祖母的原生家庭沒有男丁，故由血脈最親近的外孫——JW·渣甸繼承家族的財產和頭銜，而按傳統繼承習慣，他須加上祖母原生家族的姓氏，代表承認他同屬於該家族的後代（*South China Morning Post*, 27 October 1979）。自此之後，渣甸家族的後人姓氏皆為「布察南—渣甸」了。

1905 年 2 月 22 日，羅拔·渣甸去世，享年 80 歲。據說他的遺產多達 200

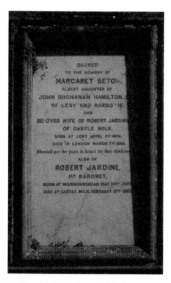

羅拔·渣甸與妻子的墓碑

萬英鎊，在那個年代這金額絕對是一個天文數字。其獨子 RW·渣甸繼承了絕大部份財產，也繼承了 Dumfriesshire、Roxburgshire 及 Perthshire 三個龐大莊園，以及代表榮譽的男爵頭銜（*The Hong Kong Daily Press, 27 March 1905*）。也有小部份財產遺贈予威廉·凱瑟克、外甥安德魯·貝艾榮（Andrew Bell-Irving）、大衛·貝艾榮（David Bell-Irving），以及外甥女湯馬仙娜·田寧（Thomasina Tinning）等人（*South China Morning Post, 5 September 1905*，參考家族結構圖）。[7]

RW·渣甸於 1927 年 2 月病逝，享年 59 歲（*South China Morning Post, 1 March 1927*）。幸而在他去世前幾年，已親眼見證其獨子的婚禮及孫子出生。因為 JW·渣甸在 1922 年與珍·咸美頓（Jean B. Hamilton）結婚，外父是一位伯爵，他們的婚姻自然是門當戶對的結合。婚後翌年，他們的長子出生，是為 Andrew Rupert John Buchanan-Jardine（簡稱 ARJ·渣甸）。不過，二人並沒有相伴終老，JW·渣甸離婚後與另一名叫 Prudance Haggie 的女子一起生活，誕下一子 CJ·渣甸（Charles James Buchanan-Jardine）。[8] JW·渣甸也與其祖父和父親一樣，沒有參與渣甸洋行的營運。他於 1969 年去世，享年 69 歲，與前妻珍·咸美頓（同樣於 1969 年去世）合葬於家族墓園。其男爵勳銜及龐大家產由長子 ARJ·渣甸承繼。

ARJ·渣甸生於 1923 年 2 月 2 日，先後在哈羅公學（Harrow School）及皇家農業學院（Royal Agricultural College）讀書。二次世界大戰時期，他曾參軍對抗德軍，官至少尉，並取得荷蘭銅獅勳章（Bronze Lion of Netherlands）。較特別的是，他不但沒有參與渣甸洋行的業務，甚至連做單純收息的大股東亦不樂意，故開始逐步出售渣甸，至 1961 年，渣甸上市時，家族基本已全面撤出渣甸洋行了（參考第七章）。1950 年，ARJ·渣甸與 Jane Fiona Edmonstone 結婚，妻子來自一個男爵家族，二人育有一子（John Christopher Rupert Buchanan-Jardine，簡稱 JCR·渣甸）一女（Diana Gwendolyn Jean Buchanan-

Jardine）。後來 ARJ・渣甸與妻子離婚，惟不知有否再婚。到了 2010 年，ARJ・渣甸去世，享年 87 歲（The Peerage: Person Page 8272, No year）。

ARJ・渣甸去世後，家產與頭銜傳給 JCR・渣甸。生於 1952 年 3 月 20 日的 JCR・渣甸，亦是先就讀哈羅公學，後進入皇家農業學院，並於 1975 年與 Pandora Lavinia Murray Lee 結婚。儘管 JCR・渣甸夫婦努力生育，育有六名子女，但當中只有一名是男孩（Jamie Rupert Buchanan-Jardine，簡稱 JR・渣甸，1994 年生）（The Peerage: Person Page 8272, No year）。即是說，自羅拔・渣甸以還的五代人中，獨子單傳多達四代。

放在中國文化的視角看，羅拔・渣甸於 1862 年毅然離華返英，自此之後便不再直接參與渣甸洋行領導，管理大權轉交親屬，甚至非親屬成員，自己及家族只以大股東身份坐收股息、分享盈虧。這種安排，表面看自然屬於現代管理學所強調的「擁有權與管理權分家」（separation of ownership and management）模式，被認為屬於控股家族高度授權或放權的開明管理。但顯然當時羅拔・渣甸並沒有如此開明或先進的想法，背後應另有原因。而且，長期穩握洋行控股權的凱瑟克家族或莊士通家族，在英國文化觀念裡，其實亦可視作渣甸家族的分枝，不能說全無關係。

後來，羅拔・渣甸發現退出管理層反而帶來不少好處。首先，交予有能力的人經營，自己家族成員不用直接參與其中，生意仍能維持甚至不斷強大。而且由於家族仍是最大控股股東，外人不能把洋行吃掉，家族仍享其利。此外，自己可以做最有興趣的工作，享受人生。正因如此，他日後看來便告誡子孫不要直接參與洋行事務，而他的子孫們看來亦緊跟這規條。直至有朝一日，作為最大股東的渣甸本脈發現，渣甸洋行的管理層犯錯，結果卻要其家族「埋單」（付賬），乃有了逐步退出，盡售股權的做法，並從那時起脫離了與渣甸洋行的關係。

馬地臣家族的另一種經歷

自滿清政府開放鴉片入口後，面對巨大競爭的渣甸洋行，到了 1870 年後宣佈不再染指鴉片生意，而是集中開拓其他包括航運、保險、銀行金融及一般貿易等業務。雖然那時的鴉片生意仍然利潤深厚，並已變成了合法，但渣甸洋行新一代似乎已經深刻地領會到這種生意的不道德，加上競爭激烈，於是選擇放棄，畢竟那時渣甸洋行的正途生意已十分多元化，他們可能覺得沒必要再依靠鴉片了。

作為渣甸洋行頭號人物的渣甸家族，後人日後全面淡出，洋行日後亦不再染手鴉片，抽身而退，作為第二號人物的馬地臣家族，日後又有何經歷和遭遇呢？正如上一章中提及，1842 年退休返英的馬地臣，除了買田買地，接替渣甸成為國會議員，還娶了個年輕太太。

先說馬地臣外甥亞力山大·馬地臣，他於 1851 年退出渣甸洋行，初時主力打理倫敦的馬地臣洋行，當然亦買田買地，擴大實業投資。在 1853 年，年近半百的他再婚，妻子為 Lavinia Mary Stapleton，之後育有一女（Mary Isabella）一子（Kenneth James Matheson，簡稱 KJ·馬地臣），惟兒子出生兩年後，妻子突然染病去世。1860 年，55 歲的亞力山大·馬地臣又結婚，第三任妻子 Eleanor Perceval 據說是史賓沙·波斯富（Spencer Perceval）的孫女（De Garis, no year），[9] 而史賓沙·波斯富於 1809 至 1812 年間擔任英國首相，並在任內遭行刺身亡，消息轟動一時，乃英國歷史上唯一受刺殺身亡的首相（Treherne, 1909; Connolly, 2018）。

第三任妻子過門後誕下四子，但其中一人早夭。1860 年代，亞力山大·馬地臣曾投資鐵路，發展實業，並於 1868 年獲選為國會議員，頂替舅父馬地臣之職。到了 1882 年，亞力山大·馬地臣亦獲得了男爵頭銜（*The London Gazette*, 12 May 1882）。到了 1886 年，亞力山大·馬地臣去世，享年 81 歲

（Mosley, 2003）。

　　亞力山大‧馬地臣去世後，其爵位由第二任妻子所生的兒子 KJ‧馬地臣承襲，但 KJ‧馬地臣青年早逝無後，於是由第三任妻子之長子 Alexander Perceval Matheson（1861-1927，簡稱 AP‧馬地臣）承襲。AP‧馬地臣於 1894 年移民澳洲，他初期從商，日後擔任國會議員，屬於自由主義者。AP‧馬地臣育有三子四女，惟三名兒子在第一次世界大戰時全部戰死。AP‧馬地臣晚年過得並不好，因他遭遇生意失敗，家財散盡，不但妻子與他離婚，亦不能再在澳洲立足，先是移居新西蘭，後轉到摩納哥，並在那裡去世（De Garis, no year）。

　　順作補充的是，由於 AP‧馬地臣死後，其男爵頭銜傳給二弟 Roderick Mackenzie Chisholm Matheson（1862-1944，簡稱 RMC‧馬地臣），而 RMC‧馬地臣去世後也因無後之故，傳給幼弟 Torquil George Matheson（1871-1963，簡稱 TG‧馬地臣）。TG‧馬地臣從軍，加入炮兵部隊，曾參與第一次世界大戰抵抗德軍，並由大校擢升為少將（*The London Gazette,* 1 June 1894; 9 August 1935），1935 年退休前更升至將軍之位（Davies and Maddocks, 2014）。1963 年 11 月，TG‧馬地臣去世，享年 92 歲（*The Times,* 14 November 1963）。

　　TG‧馬地臣有兩段婚姻，首任太太 Ella Louisa Linton 婚後無所出，離婚收場，第二任太太 Elizabeth Keppel，出身貴族，育有二子 Torquhil Alexander Matheson（1925-1993，簡稱 TA‧馬地臣）及 Fergus John Matheson（1927-2017，簡稱 FJ‧馬地臣）。二子均如其父，以從軍為事業，但在軍隊中只升至少校，沒如其父般顯赫。TG‧馬地臣去世後，TA‧馬地臣承襲男爵頭銜。由於他去世時沒有血脈，該頭銜乃由幼弟 FJ‧馬地臣承繼（Mosley, 2003）。

　　接下來談談曉‧馬地臣和當奴‧馬地臣等人的經歷，他們對鴉片的厭惡應是源於宗教原因。原來馬地臣的外公湯馬士‧麥奇（Thomas MacKay）乃一名牧師，十分虔誠，在他薰陶下，馬地臣一家均是長老會（Presbyterian Church）

信徒，其中以馬地臣的二兄登肯・馬地臣尤甚（Grace, 2014: 22 and 303）。在沒有爆發鴉片戰爭之前，受資訊所限，不少英國人並不知道鴉片的毒害，亦不了解千里之外，遠在東方的所謂「鴉片貿易」，原來是違法鴉片走私，馬地臣在英國的家人初期可能也抱持這樣的看法。到鴉片戰爭之後，不少人因為了解增加，開始提出質疑。而曉・馬地臣和當奴・馬地臣受其父登肯・馬地臣影響，對鴉片深惡痛絕，故不再貪圖鴉片帶來的利益，寧可退出渣甸洋行在華業務（Grace, 2014: 296）。

到了 1855 年中，年屆半百的曉・馬地臣迎娶 Agnes A. McFarlan 為妻，日後誕下一子一女（兒子資料不詳，可能早夭，因為曉・馬地臣的事業日後沒兒子接班）。而曉・馬地臣亦是英國長老會傳道委員會的活躍委員，該教會曾致力於中華大地的傳教工作，所以他日後曾參與不少反對鴉片貿易的活動（Munro, 2003: 173）。另一方面，當奴・馬地臣亦積極參與反鴉片運動，並曾於 1892 年擔任「遏止鴉片貿易行政委員會」（Executive Committee for the Suppression of Opium Trade）主席一職（Grace, 2014: 303），可見馬地臣家族的一些成員，在明白到鴉片毒害後走上了正途，為廢止鴉片努力發聲，甚至擔任中堅角色。

這裡要補充的是，由於與亞力山大・馬地臣一同打理倫敦馬地臣洋行，曉・馬地臣於 1872 年獲蘇格蘭裔航運業巨擘威廉・麥堅農（William Mackinnon）招手，[10] 開始參與伊朗的銀行與開礦投資（Munro, 2003: 173）。到了 1873 年時，當西班牙政府有意放棄在澳洲的採礦業務時，曉・馬地臣覺得機不可失，於是聯同德意志銀行（Deutsche Bank）等投資者，集巨資收購那家名叫 Rio Tinto Mining 的採礦企業，進軍澳洲礦產業（Harvey, 1981）。可惜，兩年後的 1875 年，曉・馬地臣去世（Le Pichon, 2006: 140）。[11]

馬地臣侄甥及家屬等對鴉片生意有明顯抗拒，提出反對鴉片貿易的言行，

相信會令退休返英打算安享晚年的馬地臣甚為尷尬，也或者影響到他們的接觸往來。資料顯示，返到蘇格蘭定居下來後，富甲一方的馬地臣在當地大量購入地皮，更買了一個海島（Lewis）成為了領主，興建了私人的「雷斯城堡」（Lews Castle）。不過，那座偌大的城堡據說只有他本人、妻子及妻子母親三人居住，而城堡裡頻繁走動的，反而是園丁和家傭（Grace, 2014）。

當然，在蘇格蘭居住下來後，馬地臣亦作出一些慈善義舉，例如他在結婚的大日子，曾拿出 1,000 英鎊派發給當地窮人，又在當地糧食失收出現饑荒時，捐款救災，還有與太太推動當地教育，曾創立女子學校，讓窮家女子亦能讀書識字，種種行為可說是「發財立品」的標準舉動。由於熱心慈善，對當地社會有貢獻，馬地臣於 1850 年獲得了男爵頭銜，算是有名有利了。

馬地臣晚年居住的雷斯城堡

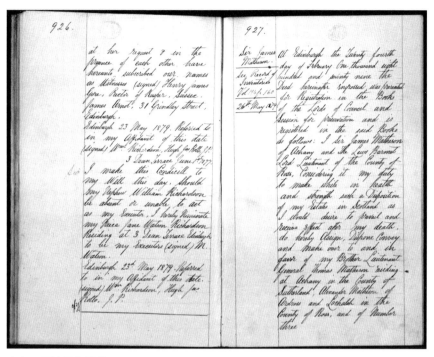

占士・馬地臣的遺囑

　　不過，馬地臣一些行事作風似乎又招來當地小農戶的反感，並因此爆發一場「布拿拉暴動」（Bernera riot）。事源馬地臣在當地購地預備興建城堡時，附近有大片農地，長期租與小農戶世代相傳地飼養牛羊，但馬地臣想將農地改作體育運動場，於是要求小農戶遷往隔鄰較遠的地方。小農戶依要求搬遷，並自掏腰包在新土地重新建設農舍圍欄等設施，但兩年後又再收到「逐客令」，指那裡亦不容許飼養牛羊。小農戶自然十分憤怒，認為大地主的壓迫令他們無處容身，一度聚集與警方對峙，並直指身為領主的馬地臣是背後黑手。最後馬地臣雖出面表示自己並沒指示採取強硬手段收地，並答允妥為安排安置，但事件仍未平息，最後交由法庭審判並以小農戶勝訴告終（Grace, 2014: 328-330）。

事件大大打擊了馬地臣原本利用行善義舉而建立起的名聲，他雖然辯說事件只是手下所為，他本人全不知情，但始終反映他只著重自己利益而不顧一般民眾的作業和生存等問題，故惹起當地平民極度不滿，更有人指馬地臣「乃本島歷史上最受人討厭的人物」（the most hated man in the island's history）（Grace, 2014: 296）。實質上，這種做事作風，從某層面上說，與他當年向中國輸入鴉片並發動鴉片戰爭等思想脈絡不無二致。

經過這次事件，馬地臣明顯變得更為低調，畢竟那時他的年紀不小，健康亦已大不如前了，而在身邊陪伴照料的，主要是他的妻子。儘管如此，他基本上仍行動自如，只是速度較慢而已，所以他在 1878 年底與妻子到法國旅遊度假，惟在法國接壤意大利一個名叫芒通（Menton）的小鎮時卻突感不適，並於 1878 年 12 月 31 日去世，享年 82 歲（Grace, 2014: 332）。而他總值達 1,806,124.5 英鎊的遺產，則按其生前遺囑的安排，除了讓其遺孀在世時可在城堡生活及確保一切所需，其他則遺贈侄甥（亞力山大・馬地臣、當奴・馬地臣，以及一名叫 John Matheson MacDonald 的外甥）和親友，[12] 當然亦有一些捐獻（Matheson James: Wills and Testaments Reference SC70/4/178, 1879）。

或者是家族宗教背景所影響，馬地臣的喪禮採用長老會的基督新教儀式，之後葬於萊格爾（Lairg）家鄉的家族墳場。馬地臣的墓地極為豪華，全部由大理石築成，是一個八柱鼎立的長方形涼亭，涼亭上方有一半圓形拱頂，涼亭正中是四方形墓台，四面有馬地臣基本生平介紹、雕像及聖經經文等，墓台上有十字架，十字架上掛著一個由薊花頭（thistle，即渣甸洋行標誌的蘇格蘭標誌性植物）做成的花圈，而十字架頂部則站著一隻雙翼緊合的杜鵑鳥，似是在看守著墓地。

馬地臣去世後，其妻獨居於雷斯城堡，並在 1896 年 3 月 19 日過身，享年 77 歲。由於馬地臣沒有兒子，其爵位無法延續，遺產據說主要由侄兒當奴・

馬地臣承繼。由於當奴‧馬地臣對渣甸洋行的生意沒興趣，最後盡售手上股份，渣甸洋行便再沒馬地臣家族的「成份」——儘管該洋行至今仍沿用 Jardine Matheson 之名。另一方面，日後就連倫敦馬地臣洋行亦落入渣甸及凱瑟克家族手中，惟洋行名字亦同樣一直保留下來，沒有更改。由於有關當奴‧馬地臣一脈的資料甚為缺乏，他的後續人生及後代情況如何鮮為人知，可能是因為他們轉趨低調，或當奴‧馬地臣無子女，故家族故事沒有延續下去。

順作補充的是，馬地臣有兩兄及三名姐妹，但看來只有一兄登肯‧馬地臣及一姐馬加烈‧馬地臣有結婚。登肯‧馬地臣育有曉‧馬地臣和當奴‧馬地臣等子女，馬加烈‧馬地臣嫁同姓的丈夫約翰‧馬地臣，育有亞力山大‧馬地臣。至於一兄二姐妹——湯馬士‧馬地臣、伊莉莎白‧馬地臣和祖安娜‧馬地臣——則皆沒結婚，他們三人一直一起生活，並獨身以終。湯馬士‧馬地臣較馬地臣早離世，伊莉莎白‧馬地臣和祖安娜‧馬地臣則享壽較長，馬地臣去世多年後仍在生（Grace, 2014: 303-304）。

<u>結語</u>

一段因走私鴉片引伸出來的慘痛歷史，本來已令人極為傷感，因為不但無數人因吸食鴉片成癮，影響健康，不事生產，給家庭與社會帶來無法估量的巨大衝擊，更挑起了鴉片戰爭，然後引伸出不平等條約，割地賠款，以及接著的綜合國力不斷下滑、屢遭外侮，人民則顛沛流離、歷盡劫難等等。反觀那些鴉片販子則名利雙收，英國綜合國力又如日中天，稱霸全球，帶出了中國民間諺語中「殺人放火金腰帶、修橋築路無屍骸」的赤裸裸現實，這對無數中國人而言，實在百般滋味在心頭，絕非筆墨所能形容。

而隨著第一代創行人渣甸和馬地臣相續離開洋行，兩個家族的新一代成員都開始對洋行的所作所為有所反思，故有如渣甸家族成員選擇眼不見為乾淨，

放棄管理公司而當幕後股東，也有如馬地臣家族成員，不但退出渣甸洋行，甚至出錢出力支持那些為了遏止鴉片貿易的抗爭運動。最後，渣甸洋行終於放棄鴉片走私，改邪歸正做起正經生意。不過，無論時間如何流轉，鴉片販子這個污名始終會伴隨著渣甸洋行和這兩個家族。

註釋

1 有關曉‧馬地臣的生平與事業，有說指他生於 1821 年，死於 1898 年，曾以馬地臣洋行的名義於 1873 年投資澳洲的 Rio Tino 採礦公司（Harvey, 1981: 8 and 12）。但這個説法明顯與其他分析有出入，如 Le Pichon（2006: 140）指他生於 1805 年，死於 1875 年，亦有分析指他約於 1820 年代中在加爾各答跟隨馬地臣營商（Cheong, 1979: 166; Grace, 101 and 109）。至於渣甸洋行的通信檔案中，亦有 1820 年代末及 1830 年代初他與馬地臣的通信（James Matheson to Hugh Matheson, 4 November 1831），印證 Le Pichon 所指他生於 1805 年較為合理。

2 在 1836 年的一次於南中國海近伶仃洋航行途中，約翰‧麥奇被殺，原因不明，推測可能是遇到海盜，亦可能是遇到官兵（Grace, 2004: 192）。

3 在大衛‧渣甸去世前，其表弟羅拔‧渣甸（與胞弟同名同姓，因其姑母 Margaret Jardine 嫁同姓丈夫）於 1853 年去世，享年更只有 34 歲而已（參考第四章相關討論）。

4 亞力‧波斯富獲任為合夥人那年，其只有 19 個月大的兒子（Robert Jardine Perceval）不幸染病去世（Lim, 2011: 95），相信亞力‧波斯富和妻子皆傷心不已。

5 放在渣甸家族的傳承上説，威廉‧凱瑟克屬第三代，但在凱瑟克家族而言，他屬第一代，因他是凱瑟克家族第一位東來加入渣甸洋行的成員，日後他們亦以此作起點。

6 亞力‧波斯富返英享福不久，便於 1864 年去世，享年 44 歲（*The Gentleman's Magazine and Historical Chronicle (Vol. 220)*, 1866）。

7 羅拔‧渣甸姐姐 Elizabeth 嫁 Thomas Tinning，育有兩女，長女 Mary Tinning 嫁 R.H. Gresson，幼女亦叫 Elizabeth，嫁 J.J. Paterson。羅拔‧渣甸妹妹 Mary Jardine 嫁 John Bell-Irving，育有四子女，其中一子 J.J. Bell-Irving 日後娶 Eva Piercy。

8 從 1979 年 10 月《南華早報》一則據説是 CJ‧渣甸的訪問看，他雖然曾在 1979 年時加入渣甸洋行工作，但只是一名普通職員，並沒進入董事局，擔任上層領導。

9 亞力山大‧馬地臣第三任妻子和馬地臣妻子均來自波斯富家族，惟他們具體親屬關係的親密程度則未能確定。

10 威廉‧麥堅農白手興家，創立英國印度蒸汽輪船公司（British India Steam Navigation Co）及英帝國東非公司（Imperial British East Africa Co）等重要企業，乘著大英帝國的急速擴張在非洲、亞洲及澳洲等地開拓航運、採礦及銀行金融等業務。可惜，威廉‧麥堅農與馬地臣一樣，雖然晚年結婚，但亦無絕以終，其財產傳給侄兒（Munro, 2003）。

11 正如前述，亦有學者指曉‧馬地臣於 1898 年去世，但因其指曉‧馬地臣生於 1821 年一點有明顯錯誤，而且較多分析指曉‧馬地臣在 1820 年代已在加爾各答營商（Cheong, 1979: 76 and 166; Grace, 2014: 101, 109 and 216），所以相信 Le Pichon 的説法較準確。

12 曉‧馬地臣的名字已沒出現在遺囑上，相信與他已去世，此點亦支持了曉‧馬地臣並非活到 1898 年。

第四章

血脈傳承

與皇室及貴族的比對

渣甸洋行兩大創行家族的發展歷史中，有一些特點值得再深入討論，那就是繼承問題。兩位創辦人渣甸和馬地臣均無子女，他們對此又似乎不太著緊，渣甸一生都維持獨身；馬地臣則年近半百才結婚，婚後亦沒有生育。這種對婚姻和子嗣不在意的或可有可無的態度，對講求血脈延續、以無後為大不孝的華人而言，無疑是難以理解的。特別是他們都冒了極大風險東來，又不惜從事鴉片走私生意，才得以建立自己的企業王國，賺取大筆財富。但因他們沒有子女，當他們雙腳一伸後，一生打下的基業、偌大的資產將不是由其子孫後代享用，而是會傳給了兄弟姊妹及侄甥。這樣的傳承原則和軌跡，自然更令人覺得不可思議。

其實，從渣甸和馬地臣對獨身、婚姻與血脈的看法，以及其去世後名下財產、公司股權及領導權的延續傳承等特點，正正反映了中英之間的文化歧異。而英國文化中的婚姻和血脈觀念，當然還有繼承制度與傳統，背後有其獨特歷史、社會及宗教信仰為基礎。由於這些觀念及制度並非華人社會熟悉之事，加上學術研究不多，故本章將就此議題深入探討，尤其會利用英國皇室的傳承歷史，以及有關獨身與血脈繼絕的應對之道等問題，作較為概括的比對分析和說明。

英國王權繼替的啟示

社會上常有說法：家是縮小的國，國是擴大的家。基於此，對皇室婚姻與傳承歷史的長波段考察，應可加深我們對英國婚姻制度、血脈觀念與傳承安排的了解。在英國皇室中，一國之君原來亦常碰到不婚不育的問題，影響皇朝繼替延續，因此成為了「國之大事」。當中的某些特點，尤其值得注意，亦能為討論家族傳承問題帶來啟發，值得深入一點談談。遠的不說，以下的討論且只集中於後文藝復興十五世紀以還的英國皇位繼替的問題。

在英國歷史上，受血脈問題擾攘多年，且給國家和社會帶來極大震撼的，相信非英國都鐸皇朝（House of Tudor）的君主亨利八世（Henry VIII，1491-1547）莫屬。原因是他為了血脈延續的問題，與王后、大臣，甚至是羅馬教廷鬧得不可開交，而他更一意孤行，多次廢婚（即休妻）或殺妻，亦不惜與羅馬教廷反目，其連串舉動轟動了整個歐洲社會，在歷史上引起了巨大迴響，並因此改變了歐洲——尤其英國——宗教和政治的關係。至於亨利八世在婚姻上「娶而又離、離後又娶」的做法，不但在英國歷史上前無古人，亦可說後無來者，而由此帶出來的深層次問題，更相信會令不少世家大族感觸良多。

扼要地說，生於 1491 年的亨利八世，在其父亨利七世（Henry VII，1457-1509）去世時以虛齡 18 歲繼承皇位，而他即位後，在安葬其父不久，便迎娶了兄長遺孀 Catherine of Aragon 為王后，[1] 此舉令包括教廷在內的保守派大有意見，並曾提出反對。接著另一件備受爭議的事件，是 Catherine 婚後六度懷孕，但胎兒不是流產便是早夭，只有一女（Mary）能生存下來，亨利八世對此耿耿於懷，對無後之憂的問題溢於言表，成為歷史學家口中「國王的大事」（the King's great matter），他亦開始圖謀廢婚另娶（Randell, 1993）。

可是，天主教嚴格規定一夫一妻，位尊如國王，亦不得以妻子未有生育兒子的緣故休妻另娶，所以羅馬教廷一直不答允他的要求，令亨利八世十分失

望，亦激化他與教廷的衝突。最終他甘冒大不韙，為了廢婚而與教廷脫離關係，才衍生了英國聖公會，雖然同樣信奉上帝，但不再轄屬於羅馬教會，而是與之分庭抗禮，令英國日後經常因為君王信奉天主教或新教，又會否更改國教等問題爭拗不休，甚至出現逼害對方信徒及政權的爭逐（Loades, 1994）。

亨利八世休掉 Catherine 王后後，立即另娶 Anne Boleyn，但她只為亨利八世生有一女（Elizabeth），仍未能育有子嗣，亨利八世便以通奸藉口將之處死，然後另立 Jane Seymour 為王后。Jane Seymour 成為王后不久，終為亨利八世誕下子嗣，是為 Edward 王子，可惜她卻因產後身體虛弱去世。亨利八世對只有一子尚未滿意，並萌生續弦再娶的念頭，希望再生育多些兒子，以防不測。在處理完 Jane Seymour 王后身後事不久，他隨即冊封 Anne of Cleves 為王后，惟新王后一來未有生育，二來又因宮廷政治鬥爭而被亨利八世處決。之後他再立 Catherine Howard 為后，但後來卻發現她曾犯通奸罪，因而又將之處決。翌年，他又立 Catherine Parr 為后，當時他已經 53 歲了，但顯然對子嗣的渴求仍未心息。不過新后一樣沒有誕下子女，而他則在三年後去世，享壽 56 歲，在位 38 年（Jerrold, 1926; Williams, 1971）。

撇除亨利八世在英國開拓政治空間和推行宗教改革方面的敢作敢為不談，他因為憂慮無後，在求子心切下不惜與羅馬教廷反目，將整個國家帶離教廷，只為休妻另娶。而他共娶了六位王后，有如走馬燈般更換，當中更有三人被他以不同理由處死，創下英國歷史上一個前無古人，相信亦不會有來者的令人慨嘆的紀錄（Betteridge and Freeman, 2012）。不過，亨利八世的事蹟之所以特別惹人注意，除了因它十分傳奇，猶如肥皂劇般峰迴路轉、高潮迭起外，更因為它在英國歷史上非常罕見。誠言，無論是平民、貴族甚至是帝王之家，他們對延續血脈都相當重視，但一旦無子告終，多數都是默默接受，絕不如亨利八世般極端。

如果那時的亨利八世生在中國，他明顯不用為休妻一事大傷腦筋或大動肝火。因為在中國，一來身為一國之君，他可以三宮六院，妃嬪成群，不用受羅馬天主教教廷的制約，一夫一妻。二來中國社會強調「不孝有三，無後為大」，妻子過門而不能誕下子嗣，便已是可以被休掉的最大和最有力的理由，做丈夫的哪用想方設法找其他藉口。由此帶出的重要問題，自然是中西文化、宗教信仰和社會制度的巨大分別，各有不同。其中最直接和最簡單的觀察，自然是中國文化將血脈延續放在首要位置，婚姻制度的安排或模式，主要在於保障血脈延續。至於在西方，儘管像亨利八世般重視子嗣者亦為數不少，但教廷權威或對上主的信仰，始終被放在至高無上的位置上，這是顯而易見的，就算位尊如國君，亦需遵守天主的律法和制度，因為只有遵守天主律法的信徒，死後才有機會獲得救贖，可以進入天國，得享永生。

亨利八世去世後，只有九歲的 Edward 王子繼位，是為愛德華六世（Edward VI，1537-1553），但他在位六年便去世，享年 15 歲。由於未婚沒子嗣，國君之位便落到胞姐 Mary 身上，[2] 是為瑪麗一世（Mary I，1516-1558）。惟瑪麗一世在位亦不很長，便於 1558 年去世，享年 42 歲，她亦沒有嗣子，於是便由胞妹 Elizabeth 繼承，是為伊莉莎白一世（Elizabeth I，1533-1603）。

伊莉莎白在位時間甚長，達 45 年，也甚有政績，得到百姓愛戴，惟她一生保持單身，沒有結婚，亦沒有繼嗣，到 1603 年去世後，王位便由伊莉莎白一世的侄孫詹姆士一世（James I，1566-1625）繼承。詹姆士雖為伊莉莎白一世之侄孫，但英文習慣通稱為表弟（cousin）。詹姆士的上台，為沒有繼嗣的都鐸王朝劃上句號，是為斯圖亞特王朝之始。

坐上大位的詹姆士一世，在位長達 22 年，政績不錯，去世後，大位傳給兒子，是為查理一世（Charles I，1600-1649）。查理一世在位期間與國會發生嚴重鬥爭，甚至激化為內戰，他連吃敗仗，最後被國會領袖克倫威爾（Oliver

Cromwell，1599-1658）送上斷頭台，成為轟動歷史的重要事件。而力主殺死查理一世的克倫威爾，則被推舉為「護國公」（Lord Protector），掌管英國實質大權直至 1658 年去世，「護國公」的職位由兒子理查・克倫威爾（Richard Cromwell）繼承，但他沒有乃父才幹與權威，不久即給趕下台。之後，皇位回到早年流亡法國的查理一世兒子身上，是為查理二世（Charles II，1603-1685），斯圖亞特王朝復辟。查理二世在位時間長達 25 年，於 1685 年去世，由於沒有合法的婚生子女，臨終前秘密皈依為天主教徒的他，傳位於早已信奉天主教的胞弟，是為詹姆士二世（James II，1633-1701）。

可是，詹姆士二世登位後，不但沒有好好紓緩潛在的宗教矛盾，反而在信仰行動上引發了廣大新教徒的憂慮，引起不滿。後來，由於他有意作出重大的宗教政策改變，惹起新教徒的反抗，於是有了歷史上著名的 1689 年「光榮革命」，國會內的新教徒勢力聯合起來，驅逐詹姆士二世，改迎其女兒瑪麗（Mary）與夫婿威廉奧良治親王（Willem of Orange）伉儷共同管治英國，是為瑪麗二世（Mary II，1662-1694）與威廉三世（William III，1650-1702）。除瑪麗二世有英國皇室血統外，威廉三世其實亦是查理二世的外甥，與英國皇室血緣關係密切。

之後，由於威廉三世與瑪麗二世沒有嗣子，便由瑪麗二世妹妹安妮（Anne，1665-1714）於 1702 年繼位。據說，安妮懷孕 17 次，要不未及分娩已胎死腹中，要不出生不久便夭折，所以同樣沒有子嗣，結果王位於 1714 年由外甥 George 繼承，是為佐治一世（George I，1660-1727）。佐治一世登上大位，既標誌了斯圖亞特王朝的終結，亦作為漢諾威王朝（House of Hanover）的開端，接著則有佐治二世（George II，1683-1760）、三世（George III，1738-1820）、四世（George IV，1762-1830）。到佐治四世去世後，由於其獨女在他生前已去世，王位乃傳到胞弟身上，是為威廉四世（William IV，1765-1837）。

威廉四世繼位時已年屆 64 歲，由於他的二位長兄早逝且沒子嗣，所以才由年事已高的他接位。他亦沒有合法子嗣（據說有八名非婚生子女），所以王位便由侄女——英王佐治三世第四子之女——維多利亞（Victoria，1819-1901）接任，她在位長達 64 年，加上育有多名子女，而諸子日後又和歐洲不少王子公主結婚，因此被稱為「歐洲之祖母」。

維多利亞去世後，王位於 1901 年傳給長子，成為愛德華七世（Edward VII，1841-1910）。愛德華七世的繼位，標誌著漢諾威王朝的終結，薩克森－科堡及哥達王朝（House of Saxe-Coburg and Gotha，日後易名溫莎王朝，House of Windsor）則於焉展開。愛德華七世之後，先後繼承大位的有佐治五世（George V，1865-1936）及愛德華八世（Edward VIII，1894-1972）。但愛德華八世堅持要娶一名二度離異的美籍女子，釀成了憲政危機，結果他「不愛江山愛美人」，選擇退位，其弟佐治六世（George VI，1895-1952）因而接任。

佐治六世自 1936 年底接位至 1952 年，在位時間 16 年，當中經歷漫長的第二次世界大戰及戰後的綜合國力急速滑落，「日不落國」雄風不再。由於佐治六世只育有兩女，到他去世後，王位便由長女繼承，是為伊莉莎白二世（Elizabeth II，1926 至今）。到了今年（2022 年），伊莉莎白二世在位已屆 70 年，成為英國乃至全世界在位時間最長的國君（Von Bergen, 2005）。

概括而言，英國皇室血脈屢斷，宗教上新教與羅馬天主教又爭議頻頻，加上政治屬君主立憲體制，又曾是「日不落國」，乃全球霸主，對全球政治、經濟、社會及文化等等多層面的影響無疑極巨。然而，毋庸置疑的是，這個國家其實亦如過去的中國——甚至如其他霸權般，無法走出由盛而衰的循環。自進入二十世紀第一次世界大戰後，英國綜合國力逐步滑落，第二次世界大戰後滑落更快，進入新千禧世紀後，不但沒法扭轉頹勢，反而因為內部爭拗和虛耗，令其進一步衰弱。到英國爭取脫離歐盟，以為可恢復昔日光輝，但前路似仍茫

茫，未許樂觀。儘管如此，皇室的一舉一動，始終吸引全球視野，就算是發展經驗亦仍備受關注，可見其具有不容低估的文化軟實力。

傳承接班的延伸思考

綜觀上文提及大英皇室過去近 500 年時間王位傳承的歷史，不難發現如下一些特點，值得注意：

一、皇室同樣重視血脈，亦重男輕女。英國當然亦屬父權社會，但論重視程度，畢竟遠沒中國強烈，所以既沒中國文化中「不孝有三，無後為大」的思想，亦沒有為延續血脈而可讓男人納妾的安排。

二、雖然重視血脈，但沒把不婚或沒有子嗣（無後）視作「天塌下來」的頭等大事看待；反而信仰上帝，能否獲得救贖成為最核心的問題，而信仰中到底是信奉羅馬天主教抑或新教，又是爭議所在。

三、傳承上雖採取單子繼承（primogeniture），亦以血脈為重、重男輕女，但在沒有男兒時亦可傳女兒，甚至外甥。而在中國文化中，繼承大位強調長子嫡孫，繼承家產則要諸子均分，在沒有男兒時只能在同宗昭穆中找過繼子，不能傳給女兒，限制極為嚴格。

四、正因英國文化接納傳給女兒的安排，由於女兒出嫁後所生子女跟夫姓，當大位由母傳子時，王朝自然更易，[3] 這在中國人眼中自然亦顯得不可思議。

五、國君大位雖曾有爭奪，「皇冠與國會」之間更是矛盾不斷，甚至曾經有殺君之舉，但始終沒有「取而代之，自封為王」，君是君、臣是臣的界線明顯沒有逾越。這在中國文化中亦屬不可思議之事，看著秦始皇出巡的場面和氣派，項羽曾說「彼可取而代之」，劉邦說「大丈夫當如是也」，而現實上不只會殺君，更會取而代之，自立為王。

由於家是國的基本單位，而一如前述，家又可視作「微小」的國。英國皇室對宗教和血脈的看法，以及其在傳承上的安排，其實亦代表著一般家族，故而影響到家族企業的發展特質。扼要地說，由於英國文化中對「救贖」問題的特別重視，令宗教成為至高無上、獨一無二、毋庸置疑的考量，亨利八世之前的國君聽命於羅馬天主教，社會大眾仍堅信「君權神授」等觀念，則是最好的說明。

由此帶出的問題，是社會或民眾對某些事情的界線，有十分根深蒂固的認識或認同，例如覺得皇室有至高無上的地位，一般民眾不能成為國君。文化上，在英國社會，貴族與平民之間的階級鴻溝，已經巨大得不能逾越，更遑論成為國王，所以社會從來沒有出現如中國文化中那種「將相本無種、男兒當自強」，平民百姓亦能「自立為王」，或者「彼可取而代之」的意識。

回到渣甸與馬地臣無後，其企業股份與財富悉數由侄甥承繼的問題上，傳承的優先次序主要還是兄弟的兒子，其次才是女兒，再之後是姐妹的兒子，最後才是其女兒。這種方式的傳承，與英國皇室無異。從某個角度看，由於渣甸和馬地臣均有兄弟姐妹，在他們心目中應該沒有中國人所說的「絕後」或「絕繼」問題，因為還是有血脈親屬可以承接。其實，就算他們沒有兄弟姐妹，他們對絕後問題的看法，亦不會如中國人般覺得是天塌地陷的大事。因為說到底，這又回到如何思考人生最終歸宿的問題上。

由於在他們的信仰和文化中，能夠獲得上帝救贖，到天堂得享永生，才是至關重要的頭等大事，這就是為甚麼會說他們屬於「救贖至上」的文化（鄭宏泰、高皓，2018）。正因如此，他們對世俗財產與事業的看法自然不太執著，因為傳到誰的手中其實無關救贖宏旨，這亦解釋了為何他們較能接納把控股權與管理權分家的管理模式，而沒有中國文化中那種「自立為王」或「彼可取而代之」的意識，令控股家族較能放心授權予非家族人士手中。

毋庸置疑的問題是，王權繼承屬於政治權力，具有不能切割細分的特點，所以只能由一人獨享，這與中國自周朝以還的情況並沒兩樣（王國維，1956年版本）。問題是，若果是那些可以分割的家族財產，是否亦是只能一人獨佔，其他子女無權置喙嗎？這便帶出兩國傳承制度的差異。

　　具體地說，英國的傳承制度，其實甚為混雜，不但貴族與民間有別，地方上亦有很大差異，而英國本身又是一個聯合王國，英格蘭、愛爾蘭、蘇格蘭等各有不同的文化傳統。若是貴族，傳承安排又有很大差異。簡單地說，在貴族層面，不但爵位頭銜如王位一樣只能傳一人，所以只有長子（或單子）繼承，女兒不能襲爵，核心財產——例如城堡、莊園——亦然，其他諸子或女兒只會獲得一些生活費或嫁妝而已，可見家產傳承基本上維持高度集中。

　　若在民間，在某些地方，父親有絕對權力決定把土地等財產只傳給一子（一般而言是長子），但在另一些地方，父親則沒有這種權力。就整個歐洲而論，亦有地理區域上的分別。例如在西歐及北歐地區，便傾向不分諸子，只給一子，但在德國西部則採取分配諸子的做法（Anderson, 1984: 66）。惟值得注視的是，自工業革命之後，中產階級興起，受自由主義及個人主義等現代與人文哲學思想影響，人們開始注視公平正義等問題，因此既有諸子均分的情況，亦會有傳給女兒的現象。當在臨終前立遺囑的做法日漸普及之後，傳承上的安排便顯得更加有彈性，所思考的方向亦更為寬闊，所以難怪有社會學家指出，「臨終遺贈的傳承，不只意味著社會制度延續的執行……更是人際關係再結構的方法」（Goody, 1976:1）。

　　這裡帶出的信息是，由於繼承一般發生在子女至親之間，情緒連結與報答權利乃突顯了之間的重要關係，且會受農地集結或分散所影響，所以必然會隨著社會變遷、家族結構調整，以及價值觀念等的轉變，發生環環緊扣的變化。以遺囑安排財產傳承的方法興起，更在很大層面上改變了英國千百年以還傳統

承傳的習慣，在工業革命後新興起的中產階級中尤其流行（Finch et al., 1995; Finch and Mason, 2000），惟因這非本書探討主題，不作深入分析。

英國貴族絕後的啟示

若從中國文化的視野看，渣甸和馬地臣的絕後問題，實在屬於天塌下來的頭等大事，但為甚麼二人看來一直並不在乎呢？這當然與前文提及的宗教信仰核心問題有關，因為在他們的宗教信仰或文化看來，沒有血脈的問題，實在不是甚麼大不了的事情，本身能否獲得上帝恩典，得到救贖，才是最為重要、一生所求的更關鍵問題，所以他們能夠對絕後問題心如止水、淡然處之。到底當年的絕後問題有多普遍呢？社會真的並不重視嗎？

若從不同文獻資料看，就算在歐洲，人們對於結婚生育、延續血脈其實都十分重視。不過，單從婚姻制度的安排上，畢竟可以察覺其與中國文化的大不同。舉例說，據分析，在英國，不育不但被視為丟臉的事情，屬於人生的不幸，其中男性更會被指是沒有男子氣概，女性則會招來丈夫拋棄（Berry and Foyster, 2007）。更有一種說法指在新教徒眼中，不育乃上主的一種「懲罰」，乃不祥之兆（Walsham, 1999: 96-7）。民間社會更有如下看法：「一個不育的人，看似破產了的絕望可憐蟲，即如窮商人般，雖有愛卻既沒自己城市的股份，又乏法院給予的信貸」（Settle, 1693: 16）。[4] 由此可見，英國文化本身其實會以道德力量制約絕後不育問題，因為此事畢竟會影響社會世代延續。

受大自然規律的制約，某些夫婦婚後不育，實在屬於無法避免之事。醫學不昌明，科技又沒今天發達之時，不育率相信會比今天高。到底十六至十九世紀之時英國不育率如何？貴族階層與平民的不育率又會否有分別？若然不育，又會給他們帶來哪些問題？又會以何種方法作出補救？

誠然，有關英國早年不育比率的統計數字十分缺乏，最先提及這個數據的

統計，要到二十世紀初。有學者以二十世紀初人口統計數字估計，在英國，非自願婚後不育的比率約為 5% 至 8%（Szreter, 1996: 555）。到了 1925 年，英國著名家庭史學家 Stone 同樣根據人口統計數據作出推算，提出英國的不育率約在 7% 至 12% 之間（Stone, 1965: 167）。由於 1925 年時的醫學已較昌明，醫療科技亦較發達，在十六至十九世紀期間，不育率略高自屬直觀和簡單的推論。

不能生育帶來的，不只是年老時沒有子女照料的問題，對於貴族而言，更是代表巨大家產及爵位的後繼無人。但若細看貴族不育的情況，則不難發現貴族的不育率更高，問題看來亦更嚴重。同樣據 Stone 的估計，在 1540 至 1660 年間的英格蘭，在首次結婚的貴族中，有 19% 沒有生育孩子，而沒有誕下兒子的則不少於 29%。若遇伴侶早逝，在那個群體中，再婚甚為普遍，但在第二段或俟後婚姻中仍沒有生育孩子的則達 48%，沒誕下男嬰的更達 58%（Stone, 1965: 168）。

另一研究亦指出，在十五世紀的諾丁咸郡（Nottinghamshire），有 18 個擁有爵位的家族因為無嗣而斷絕；在 1558 至 1642 年間的約克郡（Yorkshire），更有接近五成一的士紳家族因為沒有兒子而凋零（Heal and Holmes, 1994: 24）。單從這個數據看，早年英國貴族中的不育率，相信應該較一般民眾高。

誠然，對於貴族而言，因不育而沒有嗣子，自然沒法把爵位頭銜傳授下去——雖然物質財產可以按傳統方法傳給最近親屬，即如渣甸和馬地臣傳給他們的侄或甥。另一些有趣的統計資料顯示：（1）、1636 年，在一張名單上擁有貴族頭銜的 118 人中，14% 沒有嗣子，13% 則只有一個嗣子。（2）、在 1559 年，被考察的 63 個貴族家族中，到 1641 年——即 82 年後（大約兩三代人），21 個家族已因沒繼嗣而失去爵位頭銜，佔比達三分一；到 1659 年時，因沒嗣子失去貴族頭銜的更增加至 26 個，佔比進一步上升（Stone, 1965: 169）。由此可見，在貴族階級中，因無子而「絕繼」——主要是沒男兒繼承貴族頭銜——的問題，其實甚為嚴重，這實在甚有中國人所說的「富不過三代」味道，如馬

地臣的爵士頭銜，在他死後便因無子而被取消。

對於貴族的不育問題，社會亦會透過道德力量盡量將之遏止，例如嘲笑不育者無能、不像男人、欠缺剛陽氣等等，其中一個常被引述的例子，則指「不育漢只會是無能政治家」（childless men would make inept politicians）。又例如在英國，牛津郡的柏加公爵（Lord Parker）於 1754 年在該地競逐國會議員一職時，便因不育引來嘲諷，被對手批評沒有男人的基本特質，不適合從政（Berry and Foyster, 2007: 178）。

值得思考的問題是，儘管社會對於不育無後的問題，採取了以道德力量作多方遏止，貴族階層相信亦深刻地知道絕繼問題帶來的影響，但卻明顯並沒如中國文化般，將之視作與整個家族命運禍福所繫的頭等大事處理，例如高舉「不孝有三，無後為大」大旗，尤其以婚姻制度——例如父權社會下的一夫多妻——作全面配合。背後核心因素，自然亦是前文提及「救贖至上」有關。即是說，相對而言，無後絕繼問題比不上救贖問題較受重視。

要補救無後絕繼問題的方法，除了婚姻制度的調整，還有過繼或養子女的安排，即是領養別人的孩子，繼承家業。當然，在英國社會，收養的標準沒中國社會般嚴格，一定要同宗昭穆（即兄弟或同宗的子孫），否則地位就會低了一級。在英國，收養有一定血脈或親屬關係的孩子自然最好，而這種關係可以來自夫或妻的任何一方；就算沒有親屬關係，亦不打緊，同樣可以收養，而獲收養者進入收養家族後的地位，基本上不會被矮化。

對於過繼或收養問題，憑《傲慢與偏見》（*Pride and Prejudice*）一書名傳後世的英國十八、九世紀女性作家珍·奧斯汀（Jane Austen）家族的情況，可以作為一個有力的說明。與渣甸和馬地臣算是同時代人的珍·奧斯汀，原來來自漢普郡（Hampshire）一個家道中落的牧師家族，父親佐治·奧斯汀（George Austen）乃當地社區的教牧，工資雖然不錯，但因育有六子二女嗷嗷待哺，生

活得甚為緊絀，可謂家無長糧。

在當時社會，貧窮但背景正派乾淨、子女眾多的家庭，他們的孩子很容易被人收養，奧斯汀家族亦是如此。據不同資料顯示，珍‧奧斯汀的三哥愛德華‧奧斯汀（Edward Austen）於 12 歲時被有錢但沒子女的親戚——奈特夫婦（Thomas and Catherine Knights）——看中，欲收為養子。對方提出可讓愛德華‧奧斯汀繼承他們所有財產，但其中的重要條件，則是要求愛德華‧奧斯汀必須改跟他們的姓氏——即是改姓奈特。結果，佐治‧奧斯汀同意讓愛德華過繼給奈特夫婦，日後承受了他們的龐大遺產，並改姓奈特，他曾給予妹妹珍‧奧斯汀一定的財政支持。

珍‧奧斯汀的另一兄長占士‧奧斯汀（James Austen），他有兩段婚姻並育有二子二女，其中一子 James Edward 後來亦送給了甚有家財但沒有血脈的親屬（James Leigh Perrot）作養子，其中的「交換條件」是 James Edward 可繼承其遺產，但他要加上 Leigh 的姓氏。結果，James Edward 有了 Austen-Leigh 的新姓氏（Fergus, 1991; Nokes, 1997）。此點其實與第三章中提及貝艾榮（Bell-Irving）的複姓，以及 RW‧渣甸之子 JW‧渣甸繼承了外祖母原生家族的財產後，要改為「布察南－渣甸」（Buchanan-Jardine）複姓一事理氣相通。

這裡還要補充一點，在珍‧奧斯汀的六名兄弟中，除了一人給親戚做養子，一人可能有先天精神病外，餘下四人中，三人曾踏上了當兵之路，其中一名兄長法蘭士‧奧斯汀（Francis Austen）更因在軍中表現突出、屢立戰功，獲擢升至艦隊將軍（Admiral of the Fleet），並獲贈爵士頭銜（Fergus, 1991; Nokes, 1997）。

珍‧奧斯汀家族的例子，十分清晰地帶出了在相對貧窮但子女眾多的家族中，有兩條社會階層往上流動的主要途徑：一、過繼給人當養子，二、當兵從軍打仗。對於沒有爵位的有錢人而言，若然真的不育無後，藉收領養子以延續

傳奇，讓其老有所依所養——哪怕只是精神或心理上的照顧，實乃主要方法。按此推斷，那些無後的貴族們，若然覺得有迫切需要，可以採取同樣方法令家族延續下去。

可是，無論渣甸、馬地臣，或那些絕繼的貴族們，他們沒以收養的方法解決子嗣問題，不禁令人聯想到黃仁宇（1997：192）所指的新教徒人生態度：「人類不因豐功偉績而得救（上帝救贖），但得救者必有功業」。即是說，豐功偉績成為個人能否獲得救贖的重要指標，當個人憑此獲得了救贖，進入天堂後，一生打拚豐功偉績的目的無疑已達，所謂「身後是非誰管得」，繼承問題便變得沒那麼急切，因此他們沒像中國人般為絕繼問題大傷腦筋，亦不難理解。

一生獨身的特殊生活選擇

承接上文，奧斯汀家族另一值得注意的特點，是珍・奧斯汀及其姐姐卡珊翠・奧斯汀（Cassandra E. Austen）均以獨身終老，其姐雖曾訂婚，但在未婚夫不幸去世後並沒再談戀愛，甚至放棄結婚。她們決定獨身終老，沒有生兒育女之想，這種人生選擇，很自然地令我們想起渣甸、安德魯・莊士通，以及馬地臣一兄（湯馬士・馬地臣）二姐妹（伊莉莎白・馬地臣及祖安娜・馬地臣）等人，他們同樣獨身終老。到底，是甚麼驅使這群為數不少的人選了一條與別不同的道路，寧可獨身終老，不進入婚姻制度、不生兒育女？獨身主義所反映的是何種信仰、價值取向或人生追求？

誠然，獨身（celibacy）、獨身主義或獨身生活由來已久，中外社會均有，這是指個人出於自願，一生保持單身，不娶不嫁，亦堅決約束並戒除一切個人性行為的生活態度和選擇。至於促使個人選擇過這種生活的主要原因，儘管曾有擺脫受支配、養生、心理或靈性等不同理由，但以受宗教信仰驅使，尤其選擇作神職人員者最為常見。

撤除一些非自願的獨身——例如因貧窮、殘疾、種姓等因素沒法找到伴侶不談，社會對自願選擇獨身的行為，賦予了截然不同的看法。簡單地說，若果因為宗教之故選擇獨身，例如僧侶、牧師、修女等神職人員，社會總會視之如對其信仰的虔誠和委身，給予忠貞純潔的正面看法。相反，對於那些非宗教的獨身，社會較多時會貼上負面標籤，甚至加以歧視，認為必然是個性孤癖、難以和人相處，或是性格有缺陷之故——雖然近年有分析指，女性獨身有助其獲得真正解放，脫離傳統父權社會的依賴及受支配，達至個體自主獨立（independent single-ness）（Cline, 2006）。

　　獨身雖屬人類社會自古至今均有的個人生活方式選擇，而不同宗教對此的看法亦甚有差距，但就獨身生活本身，則必然會產生一個明顯結果：因為不能生育而無後，這違反了物種繁衍的自然法則，亦與本研究關注的基督教基本教義相違背，因為若然人人均選擇獨身，那麼整個社會必然無以為繼。所以，在《聖經‧創世記》中，便紀載了耶和華曾說「那人獨居不好，我要為他造一個配偶幫助他」，清楚表明基督教對婚姻的態度，而生育繁殖更屬上主賜福的象徵。不過，耶穌一生保持獨身，亦沒有孩子，相信又會給不少選擇過獨身生活的信徒很大鼓勵（Berry and Foyster, 2007: 165）。

　　這種情況，恰恰又解釋了就算在基督教文化中，為甚麼對獨身問題也會有兩種截然不同的看法，背後原因明顯是由於兩者會產生不同結果之故。確實點說，若然是富裕階層，有人決心皈依服侍他們心目中的上帝，其獨身自然會受到鼓勵，因為這樣可以減少不少因為親人關係衍生的糾纏和干擾，尤其是個人名下財產與教會財產之間的劃分和子女承繼問題。相對而言，若然是一般信眾或民眾希望獨身，則不但不鼓勵，還要以社會規範等方式加以約束遏止，核心因素是獨身會令社會生產無以為繼，不利社會永續發展。

　　當然，任何一個社會的道德或信仰規範，均沒可能百分百完全收效，總是

有些本來承諾獨身的皈依者最後犯禁，不願再獨身，或是因為對獨身的要求，令有些人視加入神職人員為畏途；另一方面，則是有些民眾因為各自特殊因素不願結婚、組織家庭與生育孩子，而是選擇獨身，離群獨處。情況就如一男一女的主流婚姻之下，也總會有同性戀或其他模式的結合一樣。就算是男女角色的定型，亦總有一定差異，所以 Shepard（2003: 1）曾指出，在早年的英格蘭，社會所謂的男子漢是甚為多元的，並非所有男人都會為了成為男子漢而跟隨父權男性主義的霸權模式，即結婚並生育孩子成為父親。也有人寧可獨身，不要孩子，過著更符合他們心目中更貼合自己個性與需求的生活，渣甸、安德魯‧莊士通，以及珍‧奧斯汀等人的獨身選擇，正是很好的說明。

單在渣甸和馬地臣家族中便能發現不少獨身的例子，很自然地引伸出到底在英國這個號稱自由的社會，獨身到底是有多「普遍」的問題。據粗略估計，在 1575 至 1700 年間的英國，大約 13% 至 27% 人口一生保持獨身，這種從不結婚（never married）的情況，據說在貴族群體中尤其明顯。到十八世紀，決意獨身的比例還一直維持在大約 15% 至 20%（Froide, 2007）。從這個一成半至大約二成的數據看，獨身的比例不少，貴族群體較傾向獨身這一點尤其值得玩味。

在中國文化，雖然沒有這方面的統計數據，但相信其比例遠不會有那麼多，這是因為中國文化屬於祖先崇拜文化，獨身是這種文化的「天敵」。從邏輯上說，獨身主義與祖先崇拜格格不入，或者說互相排斥，因為要崇拜祖先，必然要有後代，而且愈多愈好。也即是說，獨身導致絕後，不單自己沒有後代祭祀，甚至斷了世代祖先的香火，故屬大不孝，即最嚴重的不孝行為。這可作為筆者過去一直指英國文化屬於「救贖至上」文化，中國文化則屬「血脈至上」文化的一個重要註腳。

對於像渣甸這樣並非神職人員而選擇終生不娶的問題，有學者曾提出一些簡略解釋，例如指這類別的人士選擇獨身，是為了讓自己有更多時間投入事業

或理想（Taylor, 1985）。誠然，從某些行為舉止上說，被形容為「鐵頭老鼠」的渣甸，不但個性十分自我，十分勤勞，實在亦每天均埋頭埋腦地工作，屬於標準的「工作狂」，每天均要忙個不停，事業心極為強烈（Grace, 2014: 106, 183; Melancon, 2003: 70），選擇獨身，不用因為照顧家庭而分心分身，實在不難理解。但其實以他的財力而言，即使結婚及組織家庭後，他應該也不用肩負甚麼家庭工作，就如事業成功的人士也能兼顧家庭。

　　另一說法則指渣甸那時長期留在東方社會，缺乏同種族的合適女性可供選擇，但偏偏那個年代中西社會均不接納跨種族婚姻，大家壁壘分明，他在無法覓得心儀對象下只好放棄結婚（Grace, 2014）。這種說法亦似是而非，因為渣甸自 18 歲初出道擔任船醫助手，至 33 歲決定創業，這段時間長達 15 年，他正值適婚年齡，亦已積累了一定身家。若他有婚配之意，大可趁船期空檔或留在英國期間積極物色對象，以他的條件，理應可在英國覓得白人或蘇格蘭女子結婚，組織家庭。就算到他開始了生意，大部份時間都留在中國，但他其實亦多次返英，也同樣沒有就婚姻大事作出爭取。由此可見，渣甸一生獨身，不是外圍條件引致的「迫於無奈」，而應純屬自願決定。

　　雖然有指渣甸對於親屬職工均十分體貼照顧，例如紀念渣甸洋行一百周年的刊物中，有如下對渣甸性格近乎完美的描述：

> **他的誠實和榮譽永遠潔白無疵。在與他相識的人中，沒有一個人能想像得出他的品格上有任何一點不足之處。你隨時可以清楚地看到像粗野或狹隘一類的東西與他的天性顯然毫無關係，而且這些壞的品質在他的心目中是絲毫不存在的。（引自劉詩平，2010：171）**

但是，這種「永遠潔白無疵」的說法，明顯受到反駁。對渣甸和馬地臣人

生有深入研究的 Grace（2014: 134-135）則指出，渣甸個性嚴肅，不苟言笑，甚至陰沉（stern, even dour），無論對親友、員工、生意伙伴、拍檔等，都要求極高，近乎苛刻，不只是做事要勤勞、有效率，更強調要任勞任怨、不浪費、負責任。渣甸對人對事的批評絕不留情面，筆鋒尤其銳利尖酸（acid-tipped pen）。Grace 尤其提到，與拍檔馬地臣那種健談幽默、性格外向相比，渣甸的個性有很大落差，某程度上則可互補長短。可是，就算渣甸的個性再差，他擁有的物質條件仍會令他成為婚姻市場的「搶手貨」，故不會成為窒礙他走向戀愛或婚姻路途的障礙。

或者，一如某些分析所指，渣甸青年時期可能在倫敦曾有一段感情，因他曾與一位雷潔芙太太（Mrs Ratcliffe）有不少私人通信往來，而這位雷潔芙太太是一位寡婦，並育有一女 Matilda Jane（又名 Tilly）。分析指那位女兒的父親可能便是渣甸，並以兩點原因作為支持：其一是渣甸長期給予她們母女二人生活費，其二是後來雷潔芙要再婚時，事前曾先取得他的首肯，渣甸不作反對，她才再嫁（Grace, 2014: 103-104）。但若以渣甸與一位寡婦的通信或生活費供給便判定那是「戀情」，未免過於武斷，證據也太單薄，始終他可以是因為其他原因，如受人所託才照顧這名女士。

渣甸的人生無疑極富傳奇，父親早故，一畢業便離鄉別井，為了打拚更大事業，積聚更大財富，不惜遠赴東方冒險，走私鴉片、挑動戰爭等極高風險的事均不怕為之。不過，他的賣命拚搏，似乎並不是為了改善親人及後代的生活條件，或是光宗耀祖。那驅動他永不停步的動力，可能是為了滿足個人的成就動機，以及對永生救贖的追求。而他一生獨身，不留血脈，巨額財富在他死後落入其姐妹、一眾侄甥，以及一些知交朋友們手中，亦有部份捐給教會或慈善組織（Jardine William: Wills and Testaments Reference SC70/1/64, 1843）。至於他能否進入天堂，相信自有他的上主作審判。

宗教信仰的核心思考

　　無論是一生立志建立個人事業，年紀輕輕便隻身遠赴東方世界尋金冒險，或是打拚事業時的日以繼夜、全情投入，像工作狂般每天忙個不停亦不以為苦；哪怕積累極龐大的財產，富甲一方，卻又一生選擇過獨身生活，既不組織家庭，亦不在意自己沒有孩子、血脈斷絕。對於這樣「不問回報、只有付出」，全心打拚事業的獨特行為，如果不從宗教信仰入手，實在令人不解。

　　可是，正如不少深入研究均指出，渣甸似是一直刻意淡化個人宗教信仰的問題，既不輕易與人談及或表現出來，亦甚少參與公開宗教活動，這樣更加讓人無法對其真正的宗教信仰有太多了解，甚至可說是缺乏認識。儘管如此，他去世後的喪禮及其長眠墓地都採用基督教方式，則十分明顯。

　　從資料看，渣甸去後，喪禮採用基督教儀式，惟並沒高調進行，報章沒有報導，至於遺體則葬於蘇格蘭家鄉蘆馬濱地區教堂墳場的家族墓地中，該地和渣甸出生地薄度咸（Broadholm）鎮只有兩英里之遙，而蘆馬濱乃英國統一前蘇格蘭國王羅拔一世（Robert the Bruce）的出生地，所以當地豎立了一個他的大型雕像。渣甸的墓地中豎立一個高聳的方尖碑（obelisk），墓碑上尤其刻有「IHS」代表耶穌基督的英文字母，而這個大型方尖碑恰好與羅拔一世的大型雕像遙遙相對、互相媲美，此點無疑突顯了渣甸的地位，暗示他可與羅拔一世這位蘇格蘭國王相並肩。日後，其外甥安德魯・莊士通去世後亦葬在那裡，大家永遠作伴（Grace, 2014: 295-296）。

　　對於渣甸極為傳奇而且特殊的行為，若果放到第一章中提及的新教倫理與資本主義精神作思考與推斷，或者可以為我們找到一些有意思的發現。正如黃仁宇（1997：192）特別強調，新教徒的態度應是：「人類不因豐功偉績而得救（救贖），但得救者必有功業」，此點十分敏銳地揭示在新教徒心目中，爭取成功成為走向救贖的極重要指標，至於若要成功，則免不了要賭博冒險，後者又

與布岱爾之說相鍥合（Braudel, 1992）。

在進一步分析這種「得救者必有功業」的觀點前，我們或者更要回到當時社會對基督新教的一些重要看法上。具體地說，相對於宗教改革前，傳統信仰一切聽令於羅馬教廷的做法，以加爾文宗為例子的新教，其中最大特點相信是自由——這種思想又與自由主義相結合，積極提倡信徒直接和上帝接觸，自己閱讀聖經、讀經，汲取當中教誨，然後以自己的方法盡一切努力歌頌及榮耀上帝，爭取祂的恩寵救贖。至於那些定時定點的祈禱、上教堂、做禮拜等宗教儀式，則被視為繁文縟節，並非必要。總之，內心虔誠，信奉上帝、榮耀上帝，努力打拚功業以爭取上帝的恩寵救贖，最為重要。

基於渣甸對本身宗教深信不疑，個性又如 Grace 所指甚為嚴肅、自律、要求高，他自然會全心全意、劍及履及地朝著那個最能讓他獲得救贖的方向前進，不但一生十分強調節儉勤勞，反對奢華懶惰（Grace, 2014: 101），亦很可能覺得保持獨身更能讓其更好地打拚事業，或是相信如聖保羅曾指，獨身可以讓個人更好地事奉上帝。

誠然，正如第二章中提及，身為醫生，具有現代醫學知識的渣甸，必然清楚明白到吸食鴉片會令人上癮，影響健康，亦完全知悉清政府禁止鴉片入口，採取了多管齊下方法打擊鴉片走私。但是，由於他堅信自由主義，所以無論對種種貿易限制，或是吸食鴉片限制均不表認同，而說到底則是因為這些限制窒礙了他建立功業，不利他獲得所信奉上帝的救贖。

另一點值得補充的是，渣甸在宗教信仰問題上十分低調，自然與他從事鴉片走私活動畢竟並不光彩有關，哪怕他及其同道中人曾提出鴉片與一般洋貨沒分別的論調，又指鴉片問題不出在銷售者身上，而是出在購買者或吸食者身上等等（Grace, 2014: 340），若他把自己的宗教信仰盡露人前，很容易給競爭對手抓著辮子，大做文章，這樣必然不利生意發展，影響他建立功業，爭取救贖。

毫無疑問，渣甸、馬地臣，以及他們侄甥那世代人對於冒險、功業、獨身，以及沒有子女問題的特殊看法與堅持，若果不放到宗教信仰的鏡頭下聚焦分析，實在很難理解他們背後的思考邏輯。基督新教的傳播，與個人主義和自由主義的大行其道，可謂互為表裡，這股在那時而言與傳統社會——尤其是仍停留在傳統社會的東方世界——截然不同的意識形態，自然格格不入，引來諸多矛盾和衝突實在難以避免，最終更演變成國家層面的戰爭，塗炭生靈。

<u>結語</u>

　　宗教和文化可說是任何社會最基本亦最決定性的規範，不但左右了行為模式，亦影響了觀念和思想，當然亦形塑了人生追求與理想。細心分析渣甸、馬地臣、他們的同代人甚至其侄甥，他們敢於冒險，為求闖出名堂、創立基業而不擇手段的人生經歷，確實可以讓人感受到宗教和文化在背後所發揮的巨大作用。至於歐洲人率先走向現代化，憑著船堅炮利與先進科技在全世界所向披靡的那個風雲激蕩的特殊年代，明顯又壯大了他們以自身標準建立個人功業的膽量與雄心。

　　放在以家為本、重視血脈，又強調光宗耀祖、信奉祖先崇拜的中國文化上看，渣甸與馬地臣等冒險打拚的精神雖然可以理解，但他們在發財致富後仍沒成家立室，生育後代，而是長期保持獨身，最終導致絕後，無以為繼，這在中國則視作人生最大禁忌，絕對沒法理解。這種文化上的誤解，自然源於大家對人生不朽或永續問題的理解與追求之不同。中國文化將不朽放在子孫後代的不斷延續之上，所以血脈至上；英國文化將不朽放在能否上天堂得享永生之上，所以救贖至上。由於創立功業被視為乃獲得救贖的不二之路，因此全力以赴，不作他想，也不論手段，看來成為渣甸內心深處畢生的最大追求。

註釋

1　本來，亨利八世的兄長乃第一繼承人，但他在與 Catherine 結婚後半年去世，亨利因此成為第一繼承人，在父親去世後接替大位。Catherine 生於西班牙王室，其父為阿拉崗王。Catherine 的年齡較亨利八世年長六歲。

2　據說，愛德華六世去世前，曾立下遺囑，要求把大位交給 Lady Jane Grey，但卻給愛德華胞姐瑪麗所拒。

3　由於歐洲皇室採取貴族通婚制度，雖說血脈繼絕導致「王朝更易」，但由於皇室貴族之間彼此通婚，血脈上有著不少混合重疊，因此在廣義上說仍是由單一王室與貴族集團壟斷。

4　原數據引自 Berry and Foyster (2007: 179)。

第五章

脫離鴉片
凱瑟克家族的主持大局

對於任何一個家族而言，若果正值壯年的男丁在短時間內接二連三猝死，而家族所染指的生意或從事的活動又備受非議，家族成員更曾耳聞目睹其受害者因吸毒成癮、體弱不能生產、破壞家庭，並引起嚴重社會問題，家族因而受到多方詛咒，內心應有一定觸動。再加上當祖國的國民、社交圈也得悉自己經營不道德生意，他們自然會重新思考是否要繼續這盤生意——特別是家族已擁有滔天財富，足夠數代子孫享用了。

而渣甸家族在 1860 年代正正面對這樣的情況。冷靜思考各種利害得失後，渣甸家族——其實當時核心成員只有羅拔・渣甸了——決定將渣甸洋行的管治大權交由「代理人」處理，自己則盡量撇清關係，以免招來罵名或惡運。至於這個「代理人」，既須有過人的營商才能，更要是可信任的，以免家族的財富被蠶食；若能與家族有一定血脈關係，屬於命運共同體，自然更加理想。結果，羅拔・渣甸的外甥威廉・凱瑟克，由於擁有這些關鍵條件，結果便成為最佳人選，獲臨危授命，成為洋行新一代領導人，也是渣甸家族的第三代接班人（在凱瑟克家族而言則屬第一代）。

凱瑟克家族的異軍突起

　　這裡先介紹渣甸家族不同成員的後代狀況，並梳理出凱瑟克家族的背景（參考「渣甸家族結構圖」）。正如第二章中提及，渣甸有二兄三姐一妹，年紀比渣甸長 20 歲的長兄（老羅拔‧渣甸）與他們關係似乎不深，來往不多，似乎亦是獨身告終，因此略過不談。二兄老大衛‧渣甸生了多名子女（包括安德魯、大衛、約瑟、羅拔、伊莉莎白和瑪莉），但幾名兒子的後代零星疏落、數目不多（詳見第三章討論）。渣甸兩位出嫁的姐姐（Jean 及 Margaret）則子女人數較多，而渣甸洋行的大權，最後便是落入渣甸姐姐的後人手中。至於渣甸妹妹（Elizabeth）資料不多，相信與她及後人均沒有參與渣甸洋行的事業有關。

　　先說渣甸大姐馬加烈‧渣甸，她嫁給同姓的占士‧渣甸（James Jardine），育有二子（David 及 Robert，由於兩人與渣甸兄長所生之子同名同姓，為避混淆，前者稱表大衛‧渣甸，後者稱表羅拔‧渣甸）二女（Nancy 及 Margaret）。這兩名渣甸的外甥，雖然曾加入渣甸洋行工作，但角色似乎並不吃重，其中的表大衛‧渣甸只有 34 歲便去世，而表羅拔‧渣甸亦享壽不長，只有 51 歲，二人均獨身而終，沒有子女（見家族結構圖）。

　　再說渣甸另一姐珍‧渣甸，她嫁給大衛‧莊士通（David Johnstone），並生了安德魯、約翰、馬加烈及瑪莉等二子二女。其中，長子安德魯‧莊士通很早便協助渣甸打江山，奔走於廣州、澳門、加爾各答等地。而他一生獨身，沒有子女，日後與渣甸葬於同一墓園。次子約翰‧莊士通育有二子：一子與伯父同名，亦叫安德魯‧莊士通（稱為小安德魯‧莊士通），另一子名 CL‧莊士通。小安德魯‧莊士通有一子，取名 John Johnstone（稱為小約翰‧莊士通），與祖父同名同姓。小約翰‧莊士通日後加入渣甸洋行，其獨子亦取名安德魯（Andrew Johnstone，簡稱小小安德魯‧莊子通），較特別的是小約翰‧莊士通去世後，遺產竟然傳給外甥而非獨子，情況相當特殊（參考本章另一節討論）。

最值得注視的，是珍·渣甸之女馬加烈·莊士通，她嫁給湯馬士·凱瑟克（Thomas Keswick），夫婦育有三子一女，即威廉·凱瑟克（William Keswick，1834-1912）、JJJ·凱瑟克（JJJ Keswick，1842-1904）、JJ·凱瑟克（James Johnstone Keswick，1845-1914）及吉斯汀娜·凱瑟克（Christina Keswick），三名兒子日後成為渣甸洋行的領軍人，而且緊握領導大權，世代相傳，令渣甸洋行變成了凱瑟克家族控制的企業。

簡而言之，渣甸本脈人丁疏落，男丁尤少，女兒雖然生育較多，但兒子中又較多選擇獨身，只有嫁予凱瑟克家族的女兒有較多子嗣，故凱瑟克家族才會在相當疏遠的親屬關係中突圍而出。而威廉·凱瑟克是渣甸姐姐的外孫，或者說是羅拔·渣甸的外甥，依中國的計算方式，這名「外嫁女之外孫」，甚至算不上是家族成員或旁枝，血脈關係也甚淡，但當渣甸本脈已沒人接手，他亦算是無可奈何中最合適的選擇。

資料顯示，威廉·凱瑟克約在 1834 年生於加拿大，早於 1855 年即他滿 21 歲時，便來華投靠渣甸，並加入洋行工作，開始涉獵貿易生意，主要奔走於廣州與香港之間。1858 年，因應日本開放對外通商，洋行旋即派遣年輕而較有活力的他前往當地開拓業務。此後數年他逗留在日本，經常要在大阪、長崎和橫濱等地遊走，推廣業務，令他認識到當地文化，並結交不少政商圈中人。到了 1860 年代初，威廉·凱瑟克被調回香港，在 1862 年時更獲吸納成為新合夥人，當時他尚未屆 30 歲。顯然，他的工作表現令人滿意，故成為洋行有意大力栽培的對象。

威廉·凱瑟克

正如第三章中提及，約瑟·渣甸在 1861 年突然去世，羅拔·渣甸又無意接手，洋行的領導大權由與馬地臣家族有親屬關係的亞力·波斯富暫代，惟不足一年，他亦因健康出現問題需要退位返英，洋行急需新領導，以免大班一位懸空。不過，當時馬地臣家族的後人對鴉片生意沒有興趣，甚至想切斷與洋行的關係，所以沒有家族成員願意接班；而渣甸家族的羅拔·渣甸卻選擇只要股權不要實權，並以打理兄長喪事為由回到英國，一去不返；另一位家族代表威廉·凱瑟克則被指年紀尚輕，一時難擔大任。結果領導大權暫由年資較深且較有突出表現的占士·韋濤頂上，他所繼承的，當然亦包括渣甸洋行在立法局的「必然」議席（Endacott, 2005）。

即是說，韋濤成為了當時社會甚為罕見的非家族成員領軍人。從現代商業管理的層面上說，這種安排是開了風氣之先。韋濤任內，由於鴉片生意暢旺，洋行業績持續增長，而他亦有一些重要的投資創舉，包括於 1863 年創立香港九龍貨倉碼頭有限公司（Hong Kong & Kowloon Wharf & Godown）及於 1868 年創立了香港火險公司（Hong Kong Fire Insurance Co），這兩家公司日後均改為有限公司註冊，對香港商業發展具深刻影響。但是，韋濤亦有看漏眼之處，其中之一是沒有參與 1864 至 1865 年期間由外籍洋商共同籌建的香港上海滙豐銀行，而他錯過這一機會的原因，據悉是因他對銀行發展前景缺乏信心（Collis, 1965: 29）。

而到了韋濤任內後期，滿清政府擴大鴉片入口，這令過去一直憑走私突圍的渣甸洋行失去了優勢，另一方面，在鴉片種植、採購、運輸及營運上更為系統高效的猶太商人沙遜家族（Sassoon family）則迅速崛起，將其他鴉片商人排除出市場。渣甸洋行雖曾以不同方法力挽狂瀾，但始終沒法扭轉困局，故韋濤最後決定淡出這個令洋行賺到暴利但又招來惡評與罪孽的生意（劉詩平，2012：188-194）。

1867 年，韋濤退任大班，但仍留任為合夥人。而積累了多幾年經驗的威廉·凱瑟克，終於被認為有足夠資歷接任渣甸洋行的新領導人，他亦同時獲港英政府委任為立法局議員，代替韋濤的議席（*Hong Kong Government Gazette*, 14 September 1867），反映洋行正式進入家族第三代領導的新紀元。不過，在他接任初期，韋濤仍留在洋行予以協助，與他並軌而行（類似接棒時「陪跑」一段路），故在一段時間內，韋濤與威廉·凱瑟克梅花間竹地擔任政府公職，互相配合。[1] 接著的 1868 年，威廉·凱瑟克先後獲意大利及夏威夷任命為領事（*Hong Kong Government Gazette*, 2 May and 13 June 1868）。

事業登上高峰且已年過 35 歲的威廉·凱瑟克，於 1870 年 1 月 19 日結束單身生活，迎娶 Amelie Sophine Bibeau（1848-1883）為妻，同年底，妻子在上海誕下長子亨利（Henry），之後再先後誕下一子（David Johnstone Keswick，下稱大衛·凱瑟克）及五女（Alice, Helen, Amy, Mary 及 Margaret），子女成群。

1873 年，韋濤決定離港返英，由威廉·凱瑟克獨力領導渣甸洋行，成為真正大班。此時，洋行已逐步擺脫鴉片貿易這個老本行，也不能再憑它獲得豐厚的回報，威廉·凱瑟克要令洋行繼續獲利，便需另闢蹊徑。從那時起，渣甸洋行終於行正道，做正行，以經營貿易、開拓實業、發展地產等真功夫取勝。當然，要重新開拓業務無疑挑戰甚大，發展初期業績亦難免受到衝擊，但長遠而言，此舉既有助企業的業務多元化，更可以淡化經營鴉片的罵名。

威廉·凱瑟克成為渣甸洋行大班後的表現並沒讓一眾股東們失望。他不單成功將洋行轉型，亦能賺取不錯的盈利，令洋行可以保持發展勢頭。而洋行之所以能快速轉換跑道，開拓新業務，主要是因為它擁有不少優勢。作為東來開拓商貿歷史久、實力大的渣甸洋行，在《南京條約》簽訂後，迅速在五大通商港口開設據點，在廈門、福州、上海等地大賣鴉片。後來，生意更拓展至牛莊、登州、潮州、鎮江、台灣、南京、九江、漢口等地。當洋行決定退出鴉片

市場後，這些據點亦被善加利用，作為推動貿易的重要網絡。

另一方面，洋行又在 1870 年代將其原來船隊整合，於 1873 年成立華海輪船公司（China Coast Steam Navigation Co），打正旗號進軍航運業。而且，由於船隊有不同類型的船隻，船員又有遠航經驗，故航線不單集中於中國沿岸，亦有經營跨地域的遠洋航線。適逢當時蘇彝士運河開通，電報開始應用，令整個航運業發展蓬勃，渣甸的航海業務亦水漲船高，日後能與實力雄厚的寶順洋行、太古洋行、旗昌洋行並駕齊驅，甚至能與滿清官督商辦的輪船招商公司相互競爭，在中國的航運業變革中扮演了一定角色。

除了航運業，渣甸洋行還把長年累積的巨大財富，投入到信貸、保險等金融服務行業上。特別是 1870 年代中葉起，由於滿清政府開展洋務運動，需大量資金興建鐵路、製造輪船、發展電報等，為了吸引金主，政府都會為這些建設項目「包底」，確保貸款能如期歸還。渣甸洋行亦有貸款予這些低風險卻相對高回報的項目，其中較受注目的，首推修築滬寧鐵路、滬杭甬鐵路及九廣鐵路等項目，而且獲利不菲（劉詩平，2006）。

而香港作為渣甸洋行的總部，洋行在此地的投資和發展當然更龐大。前文提及韋濤沒有參與創立滙豐銀行，是對銀行業信心不足，至當威廉‧凱瑟克主政，他察覺到該銀行發展迅速，影響力也日見龐大，故於 1877 年斥巨資購入大量滙豐銀行的股份，成為該銀行其中一位大股東，他亦獲選為管理委員會成員（Court Member，即董事局成員），日後與滙豐銀行一直維持著十分緊密的商業關係（Collis, 1965: 29）。

1878 年，威廉‧凱瑟克的三弟 JJ‧凱瑟克東來，亦加入渣甸洋行。JJ‧凱瑟克約於 1845 年出生，當時大約 33 歲。與此同時，其二弟 JJJ‧凱瑟克（1842年生）在較早前被派到加爾各答，負責營運渣甸史堅雅洋行（Jardine Skinner & Co，後來因合夥人退出，易名渣甸韓德臣洋行，Jardine Henderson & Co）。

這所洋行於 1820 年創立，初期主要從事棉花等生意，後來因渣甸洋行主打鴉片，乃負起鴉片採購工作。到渣甸洋行在 1870 年代退出鴉片生意之後，又轉為棉花、黃麻等紡織製繩的原料貿易，在加爾各答地位突出（Chapman, 2003）。JJJ·凱瑟克被派到那兒統領業務，是因為那家洋行可以作為渣甸洋行全球化貿易佈局其中一個樞紐或中轉站地位之故。

從這些人事調配可見，凱瑟克家族在渣甸洋行中位高權重，佔據了不少重要的位置。事實上，當兩個創行家族都無意接管企業，而威廉·凱瑟克又在任內幹出成績，獲股東們肯定時，自然會將可信賴的家人引入洋行，協助公司之餘又可以鞏固自己的權力。結果，在渣甸與馬地臣家族與洋行漸行漸遠之際，威廉·凱瑟克三兄弟則異軍突起，令洋行成為他們一展所長的舞台，故自 1870 年代起，凱瑟克家族三兄弟掌控了渣甸家族打下的江山。

不可不知的現象是，不但只 JJJ·凱瑟克被派到加爾各答，其他與渣甸家族有婚姻親屬關係的成員，不少亦派被到當地。如渣甸的外甥老約翰·莊士通及其子 CL·莊士通、表大衛·渣甸及表羅拔·渣甸，以及老大衛·渣甸幼女之子 WD·貝艾榮（W.D. Bell-Irving）等。至於被派到大中華區（中國大陸、台灣、香港及澳門）的則數量更多，例如珍·渣甸之孫小約翰·莊士通、外孫威廉·白德新（William Paterson）及兩名外曾孫約翰·白德新（John J. Paterson）、羅賓·白德新（Robin J. Paterson）；老大衛·渣甸外孫約翰·貝艾榮（John Bell-Irving）、JJ·貝艾榮（James J. Bell-Irving，瑪莉·渣甸之子），以及曾孫祁利臣（William J. Gresson）等等（參考渣甸家族結構圖）。

以上情況帶出幾個值得注意的現象。首先，是這家洋行的規模不小，而且不斷擴張，遍及全球不少地方。而隨著其生意規模與網絡不斷擴展，不同崗位都需要更多可信任的人協助及監察業務，故有更多家族成員加入洋行。不過，這些親屬並非全部都會被安排到重要崗位上或能成為合夥人，而是同樣要表現

突出才會獲提拔，不少家族成員可能終其一生都只屬普通職工而已。最後，家族成員能獲得相關工作，很大程度是由於他們的身份而非能力，而且這些「皇親國戚」遍佈各層次職級，可見洋行其實並不如外界所想像般管治清明、具現代化氣息、能吸納非家族專業人士、排拒家族成員的私相授受。

凱瑟克家族的兄落弟上與父死子繼

魏蜀吳三國為問鼎中原而拚個你死我活，最後天下卻落入司馬家族之手，這個歷史教訓對無數中國人而言十分深刻。渣甸洋行的發展，其實亦有這種令人玩味的局面。本來，無論是韋濤或是威廉・凱瑟克，其接班領導應該只是過渡性而已，在克服某些障礙後，應把領導大權交回渣甸或馬地臣家族後人手中。但最終卻因這兩個創行家族一方面人丁單薄，另方面又缺乏經營興趣，於是放棄了領導權，凱瑟克家族就如拾到天上掉下來的餡餅，由本屬臨時領導變成長久領導，日後更取而代之，成為渣甸洋行的控股家族。

回到渣甸洋行的發展上。自 JJJ・凱瑟克打理加爾各答生意，中華業務與倫敦之間的連結自然更為穩固，可以高枕無憂；而 JJ・凱瑟克加盟大中華業務，渣甸洋行則有了進一步開拓的能量。資料顯示，有了 JJ・凱瑟克的助力後，威廉・凱瑟克曾作出了更進取的發展策略，如針對中華大地沿岸的航運生意方興未艾，渣甸洋行除了前文提及創立華海輪船公司，更於 1879 年在上海創立揚子航運公司（Yangtze Navigation Co），並與同屬英資的祥生船廠（Boyd & Co）合作，開拓連結長江上下游的航運生意。

到了 1881 年，洋行又率頭創立了印華蒸汽輪船有限公司（Indo-China Steam Navigation Co Ltd，俗稱怡和輪船公司），誠如其名，以有限公司模式註冊，並以華海輪船及揚子航運公司為核心，再整合中國沿岸與東南亞及加爾各答航線，甚具經濟規模、效益和競爭力，成為當時市場中的領軍者。與此

同時，渣甸洋行亦將早年為製糖生意成立的呂宋製糖廠（Luzon Sugar Refining Co），於 1878 年重組成有限公司，並易名為中華製糖廠（China Sugar Refining Co Ltd），廠址設於渣甸洋行根據地——銅鑼灣（時稱東角）。同樣具重大發展意義的，是早在 1820 年代創立的諫當保險，亦於 1881 年註冊為有限公司，是為諫當保險有限公司（Canton Insurance Office Ltd）。各家重要企業在那時先後改為有限公司註冊，相信是因為 1865 年通過的有限公司法

212　　　　HONGKONG—PROFESSIONS AND TRADES.

Hongkong Distillery, East Point
　William Keller, manager

香港蘇打水館
Heung-kong-so-ta-shui-koon.
Hongkong Soda Water Manufacturing Company, 21, Peel Street
　J. P. da Costa
　D. A. d'Eça

香港雪廠
Heung-kong-suet-chong.
Hongkong Ice Company, East Point and Duddell Street, Kyle and Bain, proprietors
　John Kyle
　Wm. N. Bain
　Geo Allan
　Chas. Boreham

香港灣仔木闌
Hong-kong Muk-ün, Wanchai.
Hongkong Timber Yard, Wanchai
　L. Mallory, proprietor

大馬房牛奶舖
Tai-ma-fong-ngeen-nai-po.
"Horse Repository" and Hongkong Dairy, Garden Road, rear of Murray Barracks
　J. Kennedy
　F. F. Fernandes

拷核
How-wat.
Howard & Co., Thos., merchants, West Point
　D. Musso & Co., agents

Hughes & Legge, share and general brokers and auctioneers, office, No. 23, Queen's Road, Central
　W. Kerfoot Hughes
　William Legge
　E. Jones Hughes
　P. R. Doral
　F. A. Ozorio

和記
Wo-kee.
Hutchison, J. D., merchant, 12, Gough Street

Hutchings, F., butcher and provision dealer, Wellington Street

Inglis & Co., ship builders, engineers, boiler-makers, iron and brassfounders, &c., Victoria Foundry, Spring Gardens
　J. Inglis
　W. L. Scott
　J. S. Nazer
　Geo. Fenwick
　A. G. Gordon
　J. B. Robertson

Jamasjee J., cotton and yarn broker, Hollywood Road
　M. M. Cotwall

卑亞杯
Pe-a-poy.
Jairazbhoy Peerbhoy, merchant, No. 64, Wellington Street.
　Merallybhoy Mahomed, manager
　E. Mahomed
　A. Allarukhia
　R. Datardina
　Molaidinabhoy Laljee (Shanghai)
　Moossabhoy Munjee　do.

Jamsetjee, Pestonjee, broker, 24, Peel Street

渣顛
Cha-teen.
Jardine, Matheson & Co., merchants, East Point, and 7, Queen's Road Central
　Robert Jardine
　William Keswick
　H. St. L. Magniac (England)
　F. B. Johnson (Shanghai)
　W. Paterson (Foochow)
　J. Bell Irving (Shanghai)
　J. J. Keswick (Yokohama)
　Herbert Smith
　H. C. Maclean
　J. MacGregor
　C. S. Taylor
　A. Cheyne
　E. F. Alford
　T. G. Glover
　J. P. da Costa
　F. H. Azevedo
　G. dos Remedios
　A. de Britto
　A. J. V. Ribeiro
　K. McK. Ross
　D. Macalister
　A. MacClymont
　J. A. Barreto, Jr.
　F. X. V. Ribeiro
　J. M. G. Pereira

1879 年出現在 *Chronicle and Directory for China* 上的渣甸洋行資料，公司高級員工數目眾多，反映其規模龐大。

例，經過時間考驗後，證明能減少股東的風險，亦有助提升營運和管理，因此大家陸續採用（鄭宏泰、黃紹倫，2006）。

　　到了 1884 年 11 月，年近 40 歲的 JJ・凱瑟克結婚，妻子為 Marion Plumer Parkes，她的父親乃英國駐華商務全權代表柏嘉（Harry S. Parkes），[2] 這椿婚事明顯有助 JJ・凱瑟克擴張經商網絡（*Hong Kong Daily Press*, 6 November 1884）。到了 1886 年 12 月，妻子在上海誕下一女（Jean），惟之後再無所出（*Hong Kong Daily Press*, 27 December 1886）。[3]

就在 1886 年，年過半百的威廉‧凱瑟克覺得三弟已能獨當一面，於是宣佈退休回英，渣甸洋行的大位便交由三弟 JJ‧凱瑟克負責，這是領導大權「兄落弟上」在凱瑟克家族相傳之始。返到英國後的威廉‧凱瑟克，一度因為買田買地及興建大宅等事宜忙個不停，之後雖然稍作休息，但後來卻又「不甘寂寞」重返職場，不但擔任倫敦馬地臣洋行主席，又加入成為英國皇家衛隊（Royal Company of Archers）的成員。後來，他更投身英國政壇，於 1899 年成功當選國會議員，進入國會的議事堂。由於他早已在香港立法局議政多年，並非政壇新丁，所以很快掌握了國會工作，也能代表家族及商人為其利益發聲。

到了 1912 年 3 月 9 日，威廉‧凱瑟克去世，享年 77 歲。在他去世時，其中一子（Henry Keswick），五女（Alice, Helen, Amy, Mary 及 Margaret）仍在生，4 名下財產當時估值達 50 萬英鎊，扣除 6.5 萬鎊遺產稅，其餘主要留給遺孀、5 兒子，亦有部份分贈予諸女及親友（William Keswick, Will File No.: 141 of 1912, No. 2507; *South China Morning Post*, 22 April and 21 May 1912）。

自 1886 年威廉‧凱瑟克離港返英後，JJ‧凱瑟克當上了渣甸洋行大班。而他上任後繼續大力擴展業務，包括於 1887 年在台灣及琉球設立分行，開拓航運及貿易網絡，同時又進軍香港的地產業，於 1889 年與當時香港著名巨商遮打（Paul C. Chater）、李陞和潘邦等人創立香港置地有限公司（Hong Kong Land Co Ltd）。此公司最受注目的重點，是在港島中上環至西環一帶海皮進行大型填海造地工程，而這些填海所得地皮，日後成為了香港商業的心臟地段，寸土尺金，香港置地則成為早年香港地產業的龍頭巨企。

當然，JJ‧凱瑟克亦同時接手渣甸洋行在立法局的議席（*Hong Kong Government Gazette*, 1 March 1890）。在他擔任議員期間，香港股票市場首次出現股災（泡沫爆破），他針對情況，迅速提出收緊股票交易的私人法案。雖然法案引起業界強烈抗議，但最終成功通過，為香港股票市場的制度化發展奠下重

要基礎，此點是他參政論政的最大貢獻（鄭宏泰、黃紹倫，2006）。除了以渣甸洋行大班身份擔任立法局議員，JJ·凱瑟克與之前的威廉·凱瑟克一樣，於1890年獲委任為丹麥及夏威夷等地的駐港領事，可算是渣甸洋行大班一些「必備」的頭銜。

進入十九世紀末葉，渣甸洋行在上海成立紡織工廠，進軍紡織業，在1897年創立了香港棉紡織漂染有限公司（Hong Kong Cotton Spinning, Weaving & Dyeing Co. Ltd.，又稱怡和紡織廠）。就在這段時間，JJ·凱瑟克的侄兒（威廉·凱瑟克之子）亨利·凱瑟克加入渣甸洋行，開始了另一階段的傳承接班。到了1901年，JJ·凱瑟克退休返英。與兄長一樣，他回到英國後亦是買田買地，享受生活，同時也曾投身政壇，擔任國會議員，不過據悉他的健康開始走下坡。1907年，JJ·凱瑟克獨女 Jean Keswick 結婚，丈夫為 Norman MacEwen（*South China Morning Post*, 14 May 1907），兩人婚後無所出。到了1914年12月26日，JJ·凱瑟克去世，享年69歲（*Hong Kong Telegraph*, 29 December 1914; *The China Mail*, 12 February 1915）。[6]

JJ·凱瑟克任期進入後階段時，另一波領導權接班亦開始啟動了。由於羅拔·渣甸之子對從商仍沒興趣，JJ·凱瑟克和 JJ·凱瑟克則沒有兒子，威廉·凱瑟克唯一在生的兒子——亨利·凱瑟克——便成為了別無他選的唯一繼承人，算是渣甸洋行第四代接班人（即凱瑟克家族第二代）。資料顯示，於1870年在上海出生的亨利·凱瑟克，年幼時被送回英國，先在 St Ninian School 求學，後轉入 St David Reigate，再之後入讀伊

亨利·凱瑟克

頓公學，最後考入劍橋大學，修讀現代語言，以一級榮譽畢業，學業成績可謂十分突出。

與弟弟大衛·凱瑟克一樣，亨利·凱瑟克曾當兵，隸屬「皇家直屬蘇格蘭邊境兵團第三營」（3rd Battalion of the King's Own Scottish Borders），獲少校職銜，但他在 1894 年 24 歲時退役，並旋即轉到東方加入渣甸洋行工作。初期，他被派駐上海，學習航運與紡織生意，之後如其父早年般，被派往處理日本業務（1901-1903 年），讓他建立了與日本政商界的關係。到 1904 年，他從日本被調回上海，統籌中華大地所有業務。期間，他曾擔任上海渣甸洋行大班、上海英租界市議會主席及上海英商會主席。

在亨利·凱瑟克坐上渣甸洋行大班之職前，JJ·貝艾榮（James Jardine Bell-Irving）及祁利臣（WJ Gresson）曾先後接任該職，原因應是當 JJ·凱瑟克退休時，亨利·凱瑟克的經驗、輩份和年齡尚有不足，故先安排他人暫代。其中，JJ·貝艾榮是羅拔·渣甸妹妹瑪莉·渣甸（Mary Jardine）之子，即亨利·凱瑟克的表姨父；祁利臣是羅拔·渣甸姐姐（Elizabeth Jardine）的外孫，是與亨利·凱瑟克血緣較疏的表兄，兩人均較亨利·凱瑟克年長，在渣甸洋行的年資也較久，所以在 JJ·凱瑟克退下領導崗位時，以近似過渡性質登上大位。

當 JJ·貝艾榮和祁利臣先後成為渣甸洋行領軍人後，他們同樣進入了港英政府領導核心。1896 年時，港英政府進一步向商界開放權力，吸納外籍商人加入行政局時，JJ·貝艾榮與遮打一同獲得垂青，成為立法和行政兩局「雙料議員」（Hong Kong Government Gazette, 24 October 1896; Norton-Kyshe, 1971）。遮打才華出眾又長袖善舞，牽頭創立多家對香港社會影響深遠的企業，獲得港英政府垂青自不難理解，而 JJ·貝艾榮能與遮打一同獲此殊榮，主要因他是渣甸洋行大班之故。1901 年，當 JJ·貝艾榮任期屆滿並退休返英後，祁利臣便頂替了渣甸洋行大班，以及行政立法兩局議員的職位。

1906 年，由於有限公司註冊的優勢，相信當時的最大股東 RW・渣甸，在洋行大班等管理層的建議下，將渣甸洋行改為以有限公司模式註冊，令洋行組織有了很大轉變（參考下一節分析）。而亨利・凱瑟克在洋行完成組織變動後的 1907 年初，由上海轉到香港。據悉，由於他喜好旅遊、打獵，更愛駕駛遊艇出海，那時他便是駕駛著他的 Cutty Sark 號遊艇到港的。同年 5 月，

到 1905 年，出現在 *Chronicle and Directory for China* 上的寫法為怡和洋行，反映社會對公司名稱並不完全一致。

當祁利臣全面退下來，[7] 已經年過 37 歲的亨利・凱瑟克才真正登上大位，成為渣甸洋行大班，亦接替前者在立法局的議席（*Hong Kong Government Gazette,* 31 May 1907）。至 1908 年，當祁利臣行政局的任期屆滿，亨利・凱瑟克亦正式接替該議席，成為行政立法兩局的「雙料議員」（*South China Morning Post,* 16 March 1908）。

然而，亨利・凱瑟克在渣甸洋行大班這個位置上的時期意外地短，約只有四年。在 1911 年時他宣佈離港返英，把職位交到與渣甸家族沒有親屬關係的羅斯（Charles H. Ross）手中。亨利・凱瑟克急急離港，是由於其父威廉・凱瑟克健康突然轉差，作為獨子的他要趕回家處理各種要事。那時，其父擔任國

會議員只有約兩年，但健康急轉直下，並於 1912 年 3 月去世。亨利‧凱瑟克既要接下其父在倫敦馬地臣洋行的職位，同時又按父親遺願，參與國會議員席位的補選，並成功當選（*South China Morning Post*, 23 March 1912 and 18 January 1921）。不但如此，亨利‧凱瑟克之後還要接替其父生前擔任的不同職位，如倫敦商會主席、滙豐銀行倫敦總部董事局成員，以及英國皇室衛隊成員等，成為另一層面的「子承父職」，自然無暇兼顧渣甸洋行在港業務了。

亨利‧凱瑟克擔任國會議員職位不久，第一次世界大戰爆發，他再次投身原來部隊——皇家直屬蘇格蘭邊境團第三營，但他沒有上前線作戰，而是獲擢升為指揮官，留在後方擔任指揮。直至 1919 年，一戰結束後，亨利‧凱瑟克繼續留在英國，主力打理倫敦馬地臣洋行的業務，並繼續出任國會議員及其他公職。到了 1928 年 11 月 29 日，亨利‧凱瑟克於倫敦病逝，享年 58 歲，遺產接近 200 萬，除物業留給長子，其他主要財產由 David Johnstone Keswick（簡稱 DJ‧凱瑟克）、William Johnstone Keswick（簡稱 WJ‧凱瑟克）、John Henry Keswick（簡稱 JH‧凱瑟克）三子均分（*South China Morning Post*, 3 December 1928, 3 January and 19 October 1929）。而他們日後也繼承其父衣缽，成為領導渣甸洋行的核心。

雖然渣甸洋行由渣甸和馬地臣兩人創立，但卻非由他們的血脈子女繼承，就連其本家的侄及侄孫輩亦沒興趣接手，令洋行的領導大權落入其他親屬手中。凱瑟克家族因男性子孫數目較多，表現較好，因此突圍而出，獲得羅拔‧渣甸及其後人信賴，登上高位，並能「兄落弟上，父死子繼」地緊握洋行的領導大權，令不少人誤以為洋行是凱瑟克的家族企業，而非原來的渣甸或馬地臣家族。

公司註冊文件揭示的控股與親屬聯盟

相對於單頭公司（sole proprietorship，或稱「個體戶」）或合夥人公司（partnership），由於有限公司組織屬於「法人個體」（legal entity），擁有自身獨立的法律地位，法律上自然有更嚴格的商業登記要求，不但要求投資者對公司資金的進出往來有嚴格分隔，公司營運、周年報告，以及財務考核等資料，均要呈交政府相關部門存檔。正因如此，渣甸洋行於 1906 年改為有限公司註冊後所留下的資料，成為重要歷史檔案，有助社會大眾了解公司的發展狀況和一些特點。

從渣甸洋行於 1906 年的註冊文件 Memorandum and Articles of Association 中，可以看到多個特點：一、渣甸洋行開始時的註冊股本為 1,002 萬元，而且分為四種類別，目的明顯是為了保持創辦人的利益。這四種類別為：創辦人股份（Founders' shares）100 股，每股 50 元；優先股份（Preference shares）10,000 股，每股 1,000 元；優先普通股份（Preferred Ordinary shares）100 股，每股 50 元；後取普通股份（Deferred Ordinary shares）100 股，每股 100 元，其中 RW．渣甸持股的數量最多（參考另一節之討論）。撇除優先股與普通股在股息派發及行使權利等方面有所分別不談，創辦人股份的設計明顯是為了給予創辦人有特殊權力，確保其對洋行的掌握。其中的考慮相信是由於洋行本來乃合夥人組織，而合夥人又分資深與資淺之別，轉為有限公司後乃利用創辦人股份作為替代。

二、指明任何以渣甸洋行名義在香港、中國大陸、日本及其他地方收購或獲取任何生意與資產債務時，所牽涉的協議合約等，必須獲得三方批准及簽署作實。這三方的第一方包括五位股東（董事）：威廉・凱瑟克、狄臣（Charles W. Dickson）、祁利臣（William J. Gresson）、亨利・凱瑟克、大衛・蘭杜爾（David Landale）及顧克申（William A.C. Cruickshank）；第二方為 RW．渣甸；第三方

為渣甸洋行。這樣的規定，自然亦是為了維護主要股東的利益。

三、洋行的業務眾多，包括船務與航運、鐵路運輸及代理、採礦提煉、建築與碼頭倉庫、特許經營和專利、金融和中介代理、信託與保證人、物業地產、企業收購合併、借貸與按揭、各類憑證融資、股票經紀、一般貿易與代理、各類保險，以及各類生意交易等等，可謂無所不包，總之能賺錢、可買賣的東西，洋行均樂意為之。

四、在發行新股或是股份轉移方面，公司章程規定，任何發行新股應優先給予 RW・渣甸；而任何股份轉讓，在等值條件下亦應先給予 RW・渣甸，或是在他去世 21 年內給予其信託人。另一方面，又規定洋行股份不售予公眾，而股東數目則限於 50 名之內。至於洋行董事獲授一切營運權力，但不包括出售洋行股份及與其他公司合併。

五、洋行註冊時的創辦股東為如下七人：RW・渣甸、威廉・凱瑟克、狄臣、祁利臣、亨利・凱瑟克、大衛・蘭杜爾，以及顧克申，他們每人認購一股創辦人股份。表面看，除了威廉・凱瑟克與亨利・凱瑟克屬兩父子，與 RW・渣甸有表親的親屬關係，其他人之間的關係並不明顯。但若深入研究，會發現除了顧申克外，其他均是 RW・渣甸的親屬，如狄臣是威廉・凱瑟克妹妹（Christina）的兒子；祁利臣是羅拔・渣甸姐姐（Elizabeth）的外孫，即 RW・渣甸的外甥；大衛・蘭杜爾是蘇格蘭低地渣甸本族（Jardine of Applegirth）第七代男爵（亦叫 William Jardine）之外孫，亦是 RW・渣甸同族的侄甥。只有顧克申與 RW・渣甸沒有親屬關係（參考渣甸家族結構圖）。由此可見，改為有限公司註冊的渣甸洋行，基本上仍採取了以親屬為核心或骨幹的領導模式，沒有親屬關係的非家族人士佔比很少。不過，他們的數量雖少，卻不可視作裝飾，反而有近似平行管治與利益「活塞」（valve）的重要作用。

以上五個要點揭示三大核心：一、沒興趣經營渣甸洋行生意的 RW・渣

旬，由於決定全盤交出管理大權，自然在規章上做出了一切盡可能保障自己利益的安排，既讓自己擁有最多控股權，亦要求作重要決定前必須獲其批准、簽署方可作實，而若果有內部股份轉讓交易或配發新股，則擁有優先認購權。二、創辦股東大多為其親屬，同時亦加入一位外人，這種十分特殊的安排，顯然十分值得深思，既有維護自身大股東及其後人利益的一面，亦似有作出一些內部平衡的另一面。三、凱瑟克家族的實力，明顯已成為 RW・渣甸之下最吃重一方，家族中有三人同列創辦股東，可見其影響力巨大。故洋行最終真的落入凱瑟克家族手中，亦是有跡可尋。

非凱瑟克家族的領導輪替和發展

接下來先看看亨利・凱瑟克 1911 年返英後，渣甸洋行在羅斯手中的發展進程。

就在亨利・凱瑟克離港不久，中華大地爆發的武裝革命，推翻了腐敗的滿清皇朝。雖然收回路權的「保路運動」乃激發革命的其中一個引爆點，但渣甸洋行的投資和生意並沒受到太大影響。至於洋行的內部運作方面，接替亨利・凱瑟克的羅斯，在洋行內工作已近 30 年，屬於公司的老臣子，他受命之初，本以為只屬臨時性質，亨利・凱瑟克很快便會回來。但結果亨利・凱瑟克卻一去不歸，於是羅斯稍後亦接替了立法局和行政局的議席，直到 1913 年任期屆滿才退下來，改由 RW・渣甸的族親外甥大衛・蘭杜爾頂替。

資料顯示，1868 年 8 月 6 日出生的大衛・蘭杜爾，早年在愛丁堡 Fettes College 就讀，1880 年代末一畢業便立即東來，加入渣甸洋行，算是由低做起。他主要奔走於中國沿岸不少通商港口，其中最重要的當然是上海和香港。1904 年，他因表現突出而獲吸納為合夥人，故洋行在 1906 年轉為有限公司登記時，他亦成了創辦董事。在他擢升為渣甸洋行大班後，不但同樣出任行政立

法兩局議員，更成為香港總商會、滙豐銀行、香港賽馬會等極為吃重的商業及社會組織的董事或主席。而大衛‧蘭杜爾任內，渣甸洋行各方面業務則保持良好發展。

1919 年，大衛‧蘭杜爾六年任期屆滿並退休返英，其職位由小約翰‧莊士通（John James Johnstone）接任。大衛‧蘭杜爾於 1935 年 9 月 6 日爾去世，享年 67 歲（*South China Morning Post*, 9 September 1935 and 29 February 1936），其身家財產約值 200 萬港元，主要由其在上海出生的獨子 DF‧蘭杜爾（David Fortune Landale）承受，三名女兒（Margaret、Jean 及 Janet）也獲一些遺贈。他的獨子日後亦成為渣甸洋行大班，這是後話。

二十世紀初渣甸洋行

從資料看，1881 年出生的小約翰‧莊士通，曾就讀伊頓公學，他大約在 1902 年才到華，加入渣甸洋行，主要負責上海與香港之間的業務。接替大衛‧蘭杜爾成為渣甸洋行大班後，他旋即獲委任為立法局及行政局議員，當然如其他渣甸洋行大班般，亦成為多家在香港社會極為吃重的社會組織的董事或領導，既有深厚政治影響力，亦享有崇高地位。至於渣甸洋行的業務

方面，自大衛・蘭杜爾離去後，洋行在香港的生意仍保持發展，但在中華大地的投資，則因政局不靖、風險不少，需要剛接任大班的小約翰・莊士通小心應對。而由於地方軍閥急需財力擴充軍備，在國內坐擁豐富資源的洋行成了他們爭取合作的對象，所以生意仍有不少發展機會。

一如滙豐銀行般，財雄勢大，且在英國及港英政府具有深厚影響力的渣甸洋行，因為經濟規模夠大及擁有壟斷地位，基本上能在商海中以「自動波」行駛（自動航行），無論誰坐上大班的領導地位，只要不犯上嚴重錯誤，例如不會好大喜功或不自量力地作出盲目的擴張與投資，或是碰上外圍環境的嚴重惡化，一般都能獲得穩定豐厚的回報。小約翰・莊士通任內，基本上亦維持著這樣中規中矩的格局，其中於 1923 年成立渣甸工程有限公司（Jardine Engineering Ltd），進軍機電工程生意，將公司業務進一步擴展，算是其較突出的投資（Simpson, 1979）。

到了 1923 年，小約翰・莊士通也如其他大班般無驚無險地完成任期，然後拿著豐厚的退休酬金返英，買田買地，享受退休生活。約十年後，其妻 Nancy Paterson 去世，他們的兒子小小安德魯・莊士通（Andrew Johnstone）剛完成了伊頓公學的學業（*South China Morning Post,* 25 March 1933）。1934 年，小約翰・莊士通再婚，妻子為 Lovaine Cradock，惟再婚後不久的 1935 年 3 月 13 日，小約翰・莊士通突然去世，享年 54 歲（*South China Morning Post,* 15 March and 26 July 1935）。

較令人意外的是，小約翰・莊士通雖有妻有子，但他在遺囑中，卻把名下主要的財產遺贈外甥——DJ・凱瑟克（David Johnstone Keswick，即亨利・凱瑟克之長子），只留一些生活費給遺孀 Lovaine Cradock，更隻字沒有提及獨子小小安德魯・莊士通。遺囑執行人為 JJ・白德新，他是約翰・莊士通首任妻子的兄弟。小小安德魯・莊士通日後雖曾加入渣甸洋行，亦沒成為董事或高層，

只是一名普通員工。

小約翰‧莊士通的接任人是與渣甸家族算是有一點姻親關係的布納德（Dallas G.M. Bernard），他是老大衛‧渣甸的外孫 JJ‧貝艾榮的太太妹妹的兒子，不過這樣的關係顯然淡如白開水了。布納德生於 1888 年，1917 年加入渣甸洋行，1922 至 1928 年間出任渣甸洋行董事總經理之職，當然亦兼任其他渣甸洋行旗下公司的董事或主席，期間亦曾任行政立法兩局議員、滙豐銀行董事局主席等職。1935 年他退休返英，既擔任馬地臣洋行的董事，亦獲委任為英倫銀行董事（1936 至 1949 年），1949 年至 1954 年間更擔任副行長（Deputy Governor）（*South China Morning Post*, 16 October 1948 and 28 November 1975）。很明顯，布納德在銀行金融方面具有很高地位，對渣甸洋行發展具重要影響。

其後，洋行大班再落入與凱瑟克或渣甸家族均沒有親屬關係的白爾夫（Benjamin D.F. Beith）手上。他於 1884 年 5 月 5 日生於曼徹斯特（Manchester），接任大班時還不到 40 歲，可謂年輕有為。他早年在愛丁堡 Fettes College 就讀，之後考入劍橋大學，畢業後於 1907 年東來加入渣甸洋行，早期曾在上海等地工作，1916 年獲擢升為董事，1920 年代轉到香港，然後逐步攀上大班之位（*South China Morning Post*, 21 January 1960）。

成為渣甸洋行領軍人的白爾夫自然亦如其他前人般，先後獲任命為行政立法兩局議員，又出任滙豐銀行、賽馬會及香港總商會等董事，當然還擔任旗下多間子公司或控股公司如香港置地、省港澳蒸汽輪船、山頂纜車、香港大酒店、天星小輪、青洲英泥等等的董事或主席之職。不過，在他任內，洋行發展可謂波折重重。先有 1925 至 1926 年的省港大罷工，引來社會與經濟巨大震動，渣甸洋行的生意也大受打擊；繼有 RW‧渣甸和亨利‧凱瑟克先後去世，令股權出現變動；之後是 1929 年美國股市泡沫大爆破，引來了全球經濟大衰退，令渣甸洋行的航運、進出口、證券及金融信貸等生意備受打擊。其中，

煉糖業務因虧損嚴重，管理層關閉了中華製糖廠（又稱中華火車糖局）。受到外部政經環境交互衝擊下的渣甸洋行，到 1932 年迎來創立一個世紀的大日子時，似乎沒有大張旗鼓的慶祝。

相信就在白爾夫擔任渣甸洋行大班期間，他與香港買辦之間發生了一場勾心鬥角的「股票騙局」事件，標誌著大班與買辦互信脫落，賓主關係不再，下文將作一點簡略介紹。由於語言文化及制度等原因，外來洋行一般會聘用華人買辦來協助處理對華業務，如唐廷樞便是上海怡和洋行的總買辦，香港的何東家族也是由渣甸洋行買辦一職起步，後來成了一代巨富（鄭宏泰、黃紹倫，2007）。早期，大班與買辦間關係較好，互信較強，但隨著利害關係糾纏發展——例如買辦從交易中獲利豐厚，又把資金投入到洋行旗下不少公司之中，變成了董事，令其「既僕又主」的關係發生很大轉變——互信轉弱，猜忌增加，並曾出現不少內部矛盾，而渣甸洋行的「股票騙局」便是在這樣的背景下發生。

1930 年代，何東侄兒何世耀、何世亮和何世光等均為渣甸洋行買辦。據說，一次何世亮在洋行大班的辦公室看到一些私人信件，內容與股票交易內幕有關，他於是聯同同屬買辦的兄弟何世榮（何東過繼子，匯豐銀行買辦）、何世光及何世耀等，傾囊買入相關股票，期待日後股價上漲。然而，當他們大量吸納相關股票後，股票價格卻不升反跌，他們才驚覺自己墮入了洋行大班精心策劃的騙局，那文件應該是大班預先準備，誘使何氏兄弟買入相關股票，轉移洋行投資失利的損失。何氏兄弟在這場投資中損失慘重，部份人更負債纍纍，結果由於不堪債務，何世耀一病不起、含恨而終；何世亮則自尋短見，吞槍自盡；何世光則遠走高飛，潛逃越南避債。只有何世榮則因並非渣甸洋行買辦，加上參與角色不重，又有何東代為出頭，因而避過一劫（鄭宏泰、黃紹倫，2010）。

上述事件不難讓人看出，渣甸洋行與何氏家族其實應頗有矛盾，甚至可能早已失去了互信基礎，因而才會出現爾虞我詐的情況。從渣甸洋行有心試探何氏家族，這個行為已反映對何氏家族的猜忌和不信任。當然，假如何世亮光明磊落，抗拒誘惑，也不會正中渣甸洋行大班的下懷。雙方各懷鬼胎，誠信關係自然破裂，而此事亦顯示洋行大班與買辦間互相依仗信任的關係正式落幕。

姑勿論這起事件是否洋行大班請君入甕，何世亮擅自偷看機密文件，已經是一種背棄誠信的不當行為，失去渣甸洋行的信任也無可厚非。雖然何東並沒有親身參與這次事件，但他作為保薦人，亦是家族的頭頭，過繼子何世榮又捲入其中，他也難辭其咎。面對渣甸洋行有備而來的佈局，他大概也會對彼此的信賴關係有所保留，可是礙於他是渣甸洋行的大股東，彼此利益和關係糾纏複雜，實無法全身而退或置身度外。

事實上，在關係盤根錯節的介紹與保薦制度下，何東或免不了要代子侄償還餘下債務。雖然是次事件的相關紀錄不多，可是從買辦制度及當時環境來看，子侄們闖下的禍對他打擊應該不少。至於他最後選擇承擔責任，既維持著與渣甸洋行的友好關係，亦避過了誠信受質疑或攻擊的污名，則明顯讓他可維持在社會及商界可靠可信、受人尊敬的崇高地位。由於買辦並非本研究的焦點，本書討論從略。

到了 1934 年，白爾夫卸任，職位由 JJ‧白德新（John J. Paterson）接手，而白爾夫則留任渣甸洋行非執行董事之職一段時間。資料顯示，JJ‧白德新乃珍‧渣甸的外曾孫（即渣甸家族第四代，與亨利‧凱瑟克同輩），其父威廉‧白德新（William Paterson）早年來華，曾主持福州渣甸洋行業務，兩弟 RJ‧白德新（Robin J. Paterson）及 EJ‧白德新（Edward J. Paterson）分別在渣甸洋行和倫敦馬地臣洋行工作（*South China Morning Post*, 10 October 1935）。JJ‧白德新生於 1886 年 10 月 20 日，早年曾在馬寶路（Marlborough）的毛法特學

院（Moffat Academy）就讀，之後曾被送到法國留學，1908 年 22 歲時來華，加入渣甸洋行，初期在上海工作，五年後轉到香港，不久便因第一次世界大戰爆發而返英，被調派至「帝國駱駝兵團」（Imperial Camel Corps），成為司密（Clement Leslie Smith）少將麾下的一員，曾在前線與敵人短兵相接。

　　戰爭結束後的 1920 年，JJ・白德新回到上海，參與更多管理工作。1927 年，他由上海轉到香港，並在 1934 年當白爾夫退休時登上渣甸洋行大位。[8] 作為渣甸洋行領軍人，JJ・白德新與眾多前任一樣，被任命為行政立法兩局議員、滙豐銀行、賽馬會及香港總商會董事，以及旗下眾多公司領導之職，迅速成為香港新貴，集權力、地位與社會名聲於一身。順帶一提的是，1936 年，渣甸洋行董事由原來的六人增加至八人，除了身在倫敦的董事外，香港及中國大陸的董事有：布納德、史密（Alfred Brookes Smith）、白爾夫及 JJ・白德新等人。

　　1941 年底，JJ・白德新出任渣甸洋行大班期間，遭遇日軍侵港，他被任命為「香港護衛軍」（Hong Kong Home Guards）領導，率領英軍於北角作出抵抗，惟因不敵日軍被捉拿，初時囚於旺角，後轉往深水埗集中營。香港重光後，他獲恢復原來渣甸洋行大班之職，並於同年 12 月離港返英（*South China Morning Post*, 22 December 1945）。而渣甸洋行在日佔期間的業務全面停擺，貨品物資被掠，損失慘重。之後洋行遭遇了更巨大的衝擊，甚至影響到另一階段的發展。

凱瑟克家族第三代的接班安排

　　自亨利・凱瑟克因家事離港，又因要打理英國業務而不能再出任渣甸洋行大班後，洋行先後已有五位領導人並非來自凱瑟克家族。而由於亨利・凱瑟克太早退位，當時三名仍在小學階段的兒子，亦跟隨他回到英國生活，從沒參與或接觸過渣甸洋行的生意。直到他去世前不久，兒子們已先後完成學業，才開

始了接班的安排。

綜合多方資料，亨利·凱瑟克的長子 DJ·凱瑟克於 1901 年出生於日本橫濱，名字與其叔父相同，應是為了紀念這位於 1900 年戰死於南非的家族成員。DJ·凱瑟克畢業於劍橋大學，然後如其父及叔般，加入皇家直屬蘇格蘭邊境兵團。退役後他沒有加入家族掌控的渣甸洋行（David Johnston Keswick, British, in 1933/34 Keswick was suspected of being concerned in leakage⋯, 1933-1955），而是到一家名叫 Samuel Montagu & Co 的商人銀行工作，[9] 與長子一般會繼承家業的傳統有別，背後值得詳作分析（相關討論參考第六章）。後來，DJ·凱瑟克迎娶 Barbara Pease 為妻，二人育有四名女兒，女兒長大後所生的兒子中，亦只有一名加入了渣甸洋行，[10] 並曾擔任大班，但這已是進入二十一世紀之後的事了。

亨利·凱瑟克的其餘兩名兒子，分別是生於 1903 年的 WJ·凱瑟克及 1906 年的 JH·凱瑟克，似乎是他意屬的繼承人，因二人自 1920 年代中完成大學及軍隊訓練後，即被安排到渣甸洋行工作（*South China Morning Post*, 29 May 1961）。但他們亦如其他加入洋行的親屬般，最初必然被指派到較低層次的崗位上，一來磨練意志，考驗毅力；二來則學習基本營運功夫，建立網絡；三來當然是更好地了解洋行不同環節的互動，尤其企業文化，這些都是日後若能登上大位時更能明白整個洋行運作的關鍵，WJ·凱瑟克和 JH·凱瑟克自然亦要接受這種「基本功」考核，為日後承繼父祖衣缽，接管這家被視為東方世界最大的英資洋行作全面準備。

資料顯示，因為父親早年曾經被派駐日本而在橫濱出生的 WJ·凱瑟克，仍在襁褓之時就隨同父母在上海及香港生活，後來才回英國求學，入讀雲徹斯特學校（Winchester College），之後升讀劍橋大學，並在大學畢業之後的 1926 年東來，初時駐守上海學習經營，期間常要到中國沿岸不同城市如營口、天

津、泉州、廣州等地生活和考察。經過一段不短時間的考驗，他才獲任命為洋行董事，並於 1934 年轉到香港，短暫擔任渣甸洋行大班之職（1934 年夏天，可能是署任），然後在 1935 年重回上海，統領當地業務。自 1937 年起，WJ・凱瑟克開始擔任當地重大公職，其中較為突出的便是上海工部局（Shanghai Municipal Council）主席及在華英人宗教組織「聖安德魯會」（St Andrew's Society）主席等（*Aberdeen Evening Express*, 13 February 1953; *South China Morning Post*, 18 February 1990）。

就在事業有重大突破的 1937 年 10 月，年過 34 歲的 WJ・凱瑟克結束「王老五」生活，與 Mary Lindley 訂婚，之後正式結為夫婦，岳丈乃英國駐日本大使 Francis Lindley，這相信與 WJ・凱瑟克早年曾在日本工作有關（*South China Morning Post*, 30 October 1937）。婚後翌年，長子小亨利・凱瑟克（Henry Keswick）在上海出生。1941 年，一家人因日本侵華戰爭而回國，齊平杜・凱瑟克（Chippendale Keswick）及西門・凱瑟克（Simon Keswick）等子女在倫敦出生。但他們長大後返回香港，並成為渣甸洋行新領導核心。

相對於 WJ・凱瑟克，於 1906 年在上海出生的 JH・凱瑟克，在大約四個月大時被父親送到香港，居於港島山頂大宅 The Mount，年紀略長後同樣被送回英國，入讀伊頓公學，之後升上劍橋大學，主修歷史與經濟，但據他所說，他求學期間花較多時間打獵，所以笑稱是「取得了獵狐的學位」（took a degree in fox hunting）。1929 年大學畢業後，JH・凱瑟克亦加入渣甸洋行，惟他的起步點卻是紐約，被派到那裡負責推銷茶葉，一年多後返回倫敦，並在 1931 年被派到上海，為接班安排邁上另一台階（*South China Morning Post*, 27 October 1979）。

在上海工作期間，JH・凱瑟克表示自己經常到蘇州騎馬，亦曾學習中文，想藉此多了解中國文化，惟他覺得「自己學習中文的速度比鸚鵡慢」，說得不

好。在上海工作 18 個月後，他被派到香港，初期負責船務，日後則各項生意均有參與，因他在 1937 年時被任命為洋行董事，所以要對公司不同業務均有所了解（*South China Morning Post*, 27 October 1979）。

WJ·凱瑟克和 JH·凱瑟克兩兄弟的人生和事業均出現重大變化的 1937 年，抗日戰爭爆發，已經成為渣甸洋行領導的他們初時仍留在中國，但當歐洲戰事不斷擴大之時，WJ·凱瑟克先帶同家人回英，JH·凱瑟克則仍留下來。到了 1940 年 1 月，34 歲的 JH·凱瑟克宣佈與 Clare Elwes 在上海結婚，岳丈乃英國貴族（*South China Morning Post*, 18 January 1940）。同年底，女兒 Margaret 在上海出生，[11] 惟那時的戰事迅速擴大，他們被迫四處逃避，而 JH·凱瑟克亦要加入部隊，投身戰場了。

自亨利·凱瑟克於 1911 年離港返英，到 1920 年代中其嗣子先後再次踏足中華大地，加入渣甸洋行，開始實戰學習，謀劃接班；再到戰前，二子已先後登上部門或區域主管，與洋行領導大位只有一步之遙時，不幸遇到世界大戰爆發。當生命尚朝不保夕，接班計劃自然亦放在一邊。

從企業發展與傳承接班的角度看，渣甸洋行由 1870 年代起由凱瑟克家族主力領導，到 1911 年亨利·凱瑟克離去，改由 RW·渣甸的其他親屬，有時甚至由非親屬人士領導。期間，不但領導層輪替暢順，洋行的運作、管理和發展亦沒甚麼大困難，基本能夠保持擴張，為股東帶來不錯收益，反映無論是親屬或非親屬走上領導崗位，對洋行發展影響不大，也不是如一般人眼中，領導由家族中人世襲就會不思進取，拖累公司發展。出現這種情況，很可能與洋行已經發展到了一個極重要台階有關，既有雄厚實力，又有大英帝國背後的支撐，加上他們又有「洋資」這個等同企業現代化的優越招牌，因此能在市場上獲得絕對性的競爭優勢，無論誰上位，都能有不錯的發展。

結語

由走私鴉片起家，因挑動鴉片戰爭攫取了巨大利益的渣甸洋行，並沒一直停留在那個被視為偏門生意的鴉片經營之中，而是在鴉片市場開放，發現本身的競爭力大不如人時立即「轉行」，憑著早年積累的巨額資本、廣大商業網絡，以及在中英社會間的巨大政治影響力，開拓其他方興未艾的生意，結果證明同樣可以取得靚麗成績。在這個過程中，渣甸本脈對生意經營失去興趣，寧可把生意管理大權交出，作為家族旁枝的凱瑟克家族乘勢而起，並因表現突出，尤其為洋行轉型及發展作出巨大貢獻，因此又奠定其在洋行日後的發展進程中的主導地位。

正是在這種背景下，立下大功的凱瑟克家族，把渣甸洋行的領導大位以「兄落弟上、父死子繼」的模式代代相傳下去，令其可以更好地主導這家洋行的發展。當然，就算在洋行交到其他人手中之時，其發展亦一點並不遜色，揭示某程度上洋行已能憑其政經及文化實力——即大英帝國全球擴張的巨大政治影響力、經濟與商業的較強優勢，而科技及現代化程度又較其他文化高等的綜合實力——穩居不敗之地，所以能夠輕易進入第一個一百年，而且仍能保持擴張活力。

註釋

1. 例如在 1872 年，韋濤接替威廉‧凱瑟克在立法局的議員席位，到 1875 年時則是韋濤接替威廉‧凱瑟克的議席（*Hong Kong Government Gazette*, 6 July 1872 and 13 August 1875）。

2. 柏嘉於 1856 年出任英國駐廣州領事，並曾利用「亞羅」（Arrow）號事件挑起第二次鴉片戰爭（Wong, 1998; Bickers, 2019: 31）。

3. 川‧凱瑟克的妻子為 Agnes Paterson（1897-1930），惟二人婚後無所出。十九世紀末，川‧凱瑟克退休返英，於 1904 年 5 月去世，享年 62 歲（*South China Morning Post*, 23 May 1904）。

4. 威廉‧凱瑟克擔任英國國會議員翌年，南非爆發戰爭。由於二子大衛‧凱瑟克當時在軍中服役，剛晉升為少校軍銜，並被派上前線，結果在 1900 年的南非「普拉叢林」（Poplar Grove）戰鬥中陣亡，時年 25 歲，未婚（David J. Keswick, Regiment: 12ᵗʰ Lancers, 1897: *The China Mail*, 19 March 1900; *Hong Kong Telegraph*, 14 April 1900），所以威廉‧凱瑟克的遺囑中沒有提及這個兒子。

5. 威廉‧凱瑟克第一任妻子於 1883 年去世，享壽 49 歲。之後他於 1895 年續弦，繼室 Alice R.M. Barrington，無所出，遺囑中所指的遺孀便是她。

6. 威廉‧凱瑟克還有一妹 Christina Keswick，她嫁予 W. Dickson，並育有二子（CW Dickson 及 Edward Dickson），其中 CW Dickson 曾在渣甸洋行工作。

7. 1907 年，祁利臣退休返英，到 1934 年時，他某次在 Worcestershire 打獵時不幸被殺，享年 65 歲，惟具體被殺情況則沒提及（*South China Morning Post*, 12 January 1934）。

8. 白爾夫退下領導大位時，WJ‧凱瑟克曾從上海回到香港署任一年左右，之後才由 JJ‧白德新頂上（*South China Morning Post*, 18 February 1990）。

9. 此公司地址在倫敦 E.C. 2 區的老路（Old Road）114 號，主要從事澳洲金融交易買賣，日後為滙豐銀行收購。

10. 他乃韋特羅（Percy Weatherall），是 Amelia Sophia 的次子。

11. 這名女兒（Maggie Keswick）日後取得牛津大學英文系學士學位，如 JH‧凱瑟克般對中國語言和文化有濃厚興趣，尤其對中國園藝有深入研究。她嫁給美國人丈夫 Charles Jencks，二人育有兩名孩子（*South China Morning Post*, 30 June 1982）。

第六章

戰亂前後
凱瑟克家族多代人的不同角色

任何一個歷史悠久的老字號老品牌，發展過程中必然曾遭遇戰亂或巨大社會變遷的考驗，創立接近百年的渣甸洋行，當然亦沒可能躲得開這些挑戰。在洋行慶祝成立一百周年的前一年，日軍侵略中國東北三省，政局發生了巨大轉變。初時，渣甸洋行作為英資巨企，當然仍可抱著坐山觀虎鬥的心態，繼續大做買賣。

然而，當戰爭進一步擴大，尤其演變成第二次世界大戰時，哪怕是財雄勢大，以為有大英帝國保護的渣甸洋行，亦難以逃過戰爭災劫。一方面，這家洋行的不少職工或家族成員均須投入戰爭，參與抵抗侵略者；另一方面則是洋行及家族財產遭到破壞，生意及生產停頓。至重見和平後，正正是考驗洋行與家族是否有能力善用本身的力量和資源，走出戰爭破壞的困局，盡快恢復生產，乘百廢待興之時搶佔市場，帶領企業走上另一台階。

戰時遭遇和應對

無論是日本在 1931 年突然侵略中國東北三省，或 1937 年 7 月 7 日的盧溝橋事變後全國抗日，雖然中國山河烽火連天，但似乎對在香港及上海租界內的渣甸洋行影響不大，洋行領導層亦認為由於英日並非敵對國，故不會受到戰火波及或威脅，所以仍集中心力，籌劃計算如何在亂局中賺取更多利潤。但是，到了 1939 年，歐洲戰事爆發，英法等國與德意軸心國開戰，至 1941 年日軍擴大戰線，入侵香港、上海租界及美國夏威夷等地時，洋行領導層沒法再獨善其身，也明白覆巢之下無完卵的道理，並在其祖國號召下，投身到抗敵行列之中，洋行的業務近乎全面停頓。

先說身在上海，正逐步邁向接班之路的 WJ．凱瑟克。他在 1937 年起出任上海工部局（Shanghai Council）主席，於 1940 年 7 月，他在上海主持工部局一場討論稅收問題的會議時，有日本人突然向他開槍，幸有保鏢及時保護，WJ．凱瑟克才倖免於難，只是受了輕傷。事件引起社會嘩然，WJ．凱瑟克更是極為不滿，要求日方嚴懲兇手。其實，當中日戰事爆發後，日軍對美英等國的態度並不友好，對上海租界及香港等被視作列強或英國利益的地方更是看不順眼，早想除之而後快，故對行兇一事自然想冷處理，不了了之。後來迫於壓力，日方把兇手送上法庭，判入獄兩年，但犯人不服，提出連串上訴（*South China Morning Post*, 26 July 1940 and 10 November 1941）。惟不久後上海租界落入日軍之手，兇手的去向已不得而知，更沒有人注意了。

WJ．凱瑟克在槍擊案後不久去了美國，因他那時獲邀加入英國政治家蘇爾特（Arthur Salter）領導的「英國商船任務」（British Merchant Shipping Mission），要前赴華盛頓，與美國政府商討訂購商船，配合英國戰時軍事物資的運輸事宜（William Johnstone Keswick, born 06.12.1903, 1939-1946）。其後，相信他回到英國，重返年輕從軍時的「皇家直屬蘇格蘭邊境兵團」，準備參

戰。在 1941 年 4 月下旬，WJ・凱瑟克被派到新加坡，擔任英國遠東國務大臣（British Minister for State for the Far East）谷柏（Duff Cooper）將軍的幕僚（*South China Morning Post*, 25 January 1991）。

至 1941 年底，WJ・凱瑟克隨同谷柏於離開新加坡，回到英國後，即前往投考英國軍情五處（Military Intelligence 5，簡稱 MI5），有意參與情報工作。經過各項嚴格考核——尤其是背景審查之後——獲「無瑕」（no trace）的評價（他的兄長亦曾想加入 MI5，卻沒法通過這項審查，參考下文另一節討論），並於 1941 年 12 月 17 日獲得取錄，編號為 4465。

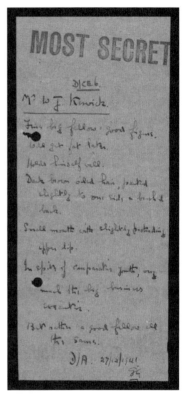

WJ・凱瑟克申請加入 MI5 時，考官對他進行體能評估等的便箋。

初時，他的工作是 PTC，即「Putting through the card」的簡稱，意思是做一些基本情報工作，在眾多文件檔案中找出有關係或有價值的資料，整合出一些線索。大概個半月後，他獲晉升為「高級執行官」（Senior Executive），職位明顯不低。1942 年 2 月中，他被派到前線工作一段時間（serving temporary in the field），惟那個「前線」在何處則沒清楚說明。接著的 3 月初，他再被派往紐約，但只停留一個月左右，到 4 月 13 日，他接到新任務「D/A advised symbol A/DU allotted」，又回到英國，不過未能確定該任務的性質及詳細內容。

到了 1943 年 4 月 26 日，檔案資料顯示他那時離任（signed off）。但讓人

疑惑的是，在 1944 年一些類似薪酬或徵稅的文件上，仍有他的資料紀錄。而一份於 1945 年 7 月 20 日在斯里蘭卡康堤（Kandy）向軍情五處發出的電郵則指：「凱瑟克剛由中國回來，應該乘坐同一航機返回（英國），並會與你聯絡」（William Johnstone Keswick, born 06.12.1903, 1939-1946）。顯然，WJ·凱瑟克早前曾在中國活動，在臨近日軍投降前，他由中國取道康堤返回英國，而情報機關不但紀錄了他的行蹤，而且與他有聯絡及接觸。

必須指出的是，本檔案內容並不完整，不少資料早已被刪掉或抽起，所以沒法讓人知悉 WJ·凱瑟克在 MI5 的一舉一動。不過，儘管資料顯示他在 1943 年離開 MI5，但相信他仍一直留在軍隊中，也與 MI5 有聯絡，只是活動更為隱秘。由於他在軍隊中有極突出的表現，他在戰後獲擢升為准將（Brigadier General），而這一職銜日後成為他人生中最亮麗的名牌（*South China Morning Post*, 25 January 1991）。

二次世界大戰爆發時，其弟 JH·凱瑟克在英國政府要求下離華返英，接受戰爭部任命。他被安排加入戰時經濟部（Ministry of Economic Warfare），主要負責截斷東方世界（亞洲）給德軍的物資供應，相信是以情報工作為主。為了這一工作，他曾奔走於中國、緬甸和東南亞等地。據他本人所言，他曾到過重慶，除了與國民黨人接觸，更曾在那裡會見了周恩來，彼此建立了友誼，所以他說日後「多次訪問中國時均能與（周）總理見面」（during his many visits to China, was able to see the Prime Minister）（*South China Morning Post*, 15 April 1972）。

JH·凱瑟克本人提及，1943 年，他是蒙巴頓（Louis Mountbatten）將軍麾下一名政治聯絡官（political liaison officer）（*South China Morning Post*, 8 April 1979）。實質上，他是英國在華戰區一個特殊組織——特殊行動處（Special Operations Executive，SOE）——的領導，所以被稱為「SOE 中國地區最高首

長」（SOE's China supremo）（Snow, 2003: 238）。

中國藉著二戰中同盟國一員的身份，透過外交努力，爭取同盟國取消在華治外法權，維護本身權益，結果因美國大力支持而取得成功，令侵害中國權益的治外法權制度於 1942 年被廢止，洋商在中國沿岸及內河航行從此不再享有特權。然而，英國政府與美國意見相左，並透過 JH·凱瑟克領導的組織作出干擾，令蔣介石甚為反感，最後更被趕離中國。劉詩平引述二戰期間曾參與東南亞美國和平隊服務的邁克爾·比林頓所提及的觀點作說明：

> 美國總統羅斯福主張在東亞廢除歐洲國家的殖民主義統治，遭到英國邱吉爾政府的強烈反對。其中，蔣介石對凱瑟克（即 JH·凱瑟克，下同）的所作所為極為憤怒：「羅斯福 1941 年設立的戰時美國戰略情報局主管美國在中國的情報機關的行動，這個機構不斷受到派別活動的重大干擾，這些人中一派是支持羅斯福政策的，即美國支持建立強大的中國人的國家；另一派則支持英國人所作出的努力，要使中國變得軟弱，進而達到分裂中國的目的。英國在中國的情報機構負責人是臭名昭著的約翰·凱瑟克，他是英國設在殖民地香港的怡和洋行的董事長。1942 年 4 月，蔣介石和他的情報頭子戴笠命令凱瑟克和他的所有機構撤出中國。凱瑟克竭力要求美國保護他，但是羅斯福拒絕了。（劉詩平，2006：328）

即是說，二戰期間，在軍事及情報上扮演吃重角色的 JH·凱瑟克，明顯活躍於國民黨、共產黨，甚至美國軍政界之間，而他在考慮問題時，看來不只立足於英國的國家利益，亦側重於本身的商業利益。這雖屬商人本質，無可厚非，卻與他口中經常提及自己乃「中國好朋友」的公開形象頗有出入（*South*

China Morning Post, 20 July 1947 and 9 December 1950；參考其他章節討論）。

　　當中華大地的生意陷於停頓，WJ・凱瑟克和 JH・凱瑟克等則投身戰場時，香港的渣甸洋行自然亦大受打擊。資料顯示，當港英政府察覺到日軍侵略香港已迫在眉睫時，時任渣甸洋行大班兼行政立法兩局議員的 JJ・白德新被徵召入伍，且獲任命為上校，他在 1941 年 12 月 18 日日軍登陸香港島時，率領一批義勇軍與之對抗，可惜不敵被俘，被囚於集中營（劉詩平，2010：325）。另一渣甸洋行董事是老紐璧堅（David Locke Newbigging，其子在 1970 年代出任渣甸洋行大班，見第九章），他早年曾主持天津渣甸洋行業務，1930 年代被調到香港，主要打理省港澳輪船公司業務，他在日軍侵港時參與抗敵，同樣被日軍捉拿並囚禁於集中營。

　　當然，渣甸洋行在那次戰爭亂局中蒙受的巨大損失還不只於此，職工蒙難，財產被毀，生命朝不保夕等，乃意料中事。劉詩平如下一個概括估算，則可視作其重大損失的註腳。

**　　香港陷落使怡和（即渣甸洋行）損失慘重。在香港保衛戰中，怡和有 12 名員工死亡、6 人受傷。二戰期間怡和共有 19 名員工罹難，怡和輪船公司則損失了 35 名員工。[1]怡和輪船公司的「禮和號」於 1942 年 2 月在新加坡外海的海戰中，撞擊一艘日軍運輸船後遭日艦擊中，與日軍運輸船同沉海底。（劉詩平，2010：326）**

　　像渣甸洋行這樣的高資產大型企業，在戰亂時必然首當其衝，受到巨大打擊，甚至可能從此一蹶不振而隕落。但幸而領導階層都有巨大實力，在作戰前線上具有決定權與影響力，所受到的衝擊應減輕了不少。而且無論是 WJ・凱瑟克、JH・凱瑟克，甚至是 JJ・白德新等，由於他們曾奮勇參戰，贏得一定政

治能量和話語權，故在戰爭勝利後能爭取有利地位，令洋行迅速東山再起。

DJ・凱瑟克的懷疑洩密與結交共產黨

無論是 WJ・凱瑟克、JH・凱瑟克，甚至是渣甸及馬地臣家族後人，他們在戰時全力投入英國軍隊，上陣對抗敵軍，為國家貢獻，這是英國貴族和功勳子弟的傳統責任。但為何作為長子的 DJ・凱瑟克，在這次戰爭中卻不見蹤影，就如他在渣甸洋行一樣沒有任何角色？箇中原因，從一份存放在英國國家檔案館的政府調查文件，可提供一些重要參考，雖然該份檔案中有不少內容已被抽起，所以未能讓人一窺全豹。

從那份政府文件的內容看，於 1901 年在日本橫濱出生的 DJ・凱瑟克，[2] 應該亦是劍橋大學畢業，並在畢業後加入「皇家直屬蘇格蘭邊境兵團」，之後在一家從事金銀買賣與融資的商人銀行工作，所以他稱自己的職業為「銀行家／金融家」（banker/financier）。撇開他當年不加入渣甸洋行，而是受僱於別人公司的問題不論，他應於 1939 年左右申請加入英國軍情五處（MI5），擔任情報工作。為此，軍情五處向 DJ・凱瑟克所屬警區索取有關他的背景，得出的結果竟然是 DJ・凱瑟克與共產黨人有來往，而且曾牽涉洩密，因此拒絕聘用。而資料亦披露，由於政府對他的行為有戒心，故早於 1933 年他的行蹤應該已受到監察，並相信一直維持到 1955 年（David Johnston Keswick, British, in 1933/34 Keswick was suspected of being concerned in leakage..., 1933-1955）。

到底這個「與共產黨人有交往」及「懷

年輕時的 DJ・凱瑟克，曾被指與英國共產黨人過從甚密。

疑洩密」的指控是怎麼一回事？又如何影響了 DJ·凱瑟克的人生？政府文件指他屬「左翼極端人士」（Left Wing extremist），在 1934 年更曾以其名義協助一些非本國人入境英國，而這些人士相信屬共產黨人。更嚴重的，是指控他曾經利用其在英國律政司署（Attorney General's Office）的人脈關係，把在那兒獲得的機密資料轉交共產黨人。

從調查文件早於 1933 年 8 月 3 日已經建立這個重點上看，DJ·凱瑟克的舉動，應該自那時開始已引起政治部或警方注意，故立案調查。1934 年的調查資料較多，1939 年時亦有提及他申請軍情五處的工作，之後主要是戰爭部與不同部門有關他的一些討論，戰後的討論內容則較多集中於護照申請等事宜。必須指出的是，其中不少文件已被抽起刪除，亦有一些內容採用暗號或代號（例如 M、S、SB、CP 等），所以實在難以全面了解事件真相。

以下按文件一些先後次序，臚列 DJ·凱瑟克的一些重要行蹤。第一點是按已註銷的舊護照，列出他在 1922 至 1929 年間的外遊紀錄，內容如下：

- 1922 年 3 月 6 日至 4 月 22 日，前往德國及荷蘭，主要停留在法蘭克福（Frankfort）及奈梅亨（Nijmegen）；

- 1923 年 3 月 13 日至 5 月 23 日，前往法國北部的第厄普（Dieppe）及加萊（Calais）；

- 1924 年 4 月 7 日至 24 日，取道第厄普往法蘭克福；

- 1925 年 1 月 24 日，往紐西蘭威靈頓（Wellington），應在當地居住了一年多的較長時間；

- 1927 年 5 月到日本，因相關官員「看不懂護照上的日文，不知具體地方」（原文說明）；

- 1927 年 6 月 10 日，到溫哥華（Vancouver）；

- 1928 年 5 月及 8 月，到第厄普及加萊；

- 1930 年 6 月（具體日子因字體不清難以辨認，原文），到加萊。

單從這個紀錄上看，在那幾年 DJ·凱瑟克頻頻外遊，幾乎每年均有出國，而每次外遊所停留的日子均不短，足跡遍及歐洲、亞洲、澳洲和北美洲。由於他生於巨富家族，當然有足夠金錢讓他揮霍，環遊世界。

旅遊紀錄引伸出第二點重要經歷，指他曾任紐西蘭總督（Governor General）的近身幕僚（aide de camp），[3] 那應與他在 1925 年踏足紐西蘭，並在那裡居住了一段不短時間有關，此點當然亦揭示他個人或家族不容低估的人脈關係網絡。

第三點指他與一位名叫梅菲（James Jeremiah V.F. Murphy）的劍橋大學同學交往甚密。這位梅菲是一名共產黨員，且領導一些共黨組織，是英國共產黨早期核心人物。他曾兩度到訪俄國，並在 1934 年時在西倫敦開了一家書店，不但銷售宣揚共產主義的書籍，更成為共產黨人秘密聚首的地方。而梅菲也是蒙巴頓將軍的親密好友，二人過從甚密。[4]

第四點指梅菲所創立的那家書店，除了連結 DJ·凱瑟克，還有另外兩名人物：高頓（Hugh Gordon）及方力克（Charles Fenwick），他們被指具有「粉紅外表」（pink in outlook），應該曾經「沾染共產事務」（dabble in Communist affairs）（David Johnston Keswick, British, in 1933/34 Keswick was suspected of being concerned in leakage…, 1933-1955）。

這裡可先參考 Lownie（2019: 140）在 *The Moutbattens: Their Lives and Loves* 一書中提及的一些資料：既身為共產黨人但同時又與蒙巴頓有特殊關係的梅菲，自 1934 年開設一家主要銷售共產書籍的書店後，招來了軍情五處和美國聯邦調查局的調查，因此亦一度牽連到蒙巴頓及其妻子。

接著的事態發展是，英國政府發現共產黨人對於一些政府內部消息似乎能夠未卜先知，因此大惑不解，其中一點便是律政司署出現內部消息洩漏，觸發

調查。當年曾協助外國人進入英國，又被視為「左翼極端人士」的 DJ・凱瑟克，那時便被列為目標人物進行調查，並得出了前文第四點提及，具「粉紅外表」且已「沾染共產事務」的結論，惟可能仍沒掌握確實證據，沒採取進一步行動。

文件又揭示，在 1936 年 11 月，DJ・凱瑟克的弟弟 JH・凱瑟克曾回到英國，住在 DJ・凱瑟克家中，他們更曾舉辦了一場雞尾酒會，當時被稱為「紅上校」（Red Major）的梅菲亦獲邀出席，惟信函沒有提及他們的聚會目的或是談論內容，但卻清楚顯示 JH・凱瑟克與梅菲這個蒙巴頓身邊紅人相識。[5] 到了 1939 年 8 月，有關洩秘的調查得出結果，指律政司署的那項機密「絕對是從 DJ・凱瑟克那裡傳出去」（definitely been passed through David Keswick）（David Johnston Keswick, British, in 1933/34 Keswick was suspected of being concerned in leakage…, 1933-1955），雖則如此，政府似乎還是一直沒採取任何行動，例如控告他洩密。

就在 1939 年，曾經加入「皇家直屬蘇格蘭邊境兵團」的 DJ・凱瑟克，卻突然申請加入軍情五處，參與情報工作。為此，軍情五處乃向相關單位索取他的背景資料，而前文提及的內部檔案資料自然亦在整理後交給了軍情五處，至於結果，則是軍情五處覺得他不適合擔任情報工作，所以在 1940 年 5 月時拒絕了他的申請。

問題是，DJ・凱瑟克為何那時會想加入軍情五處從事情報工作？答案明顯屬於難以了解的謎團。從軍情五處拒絕 DJ・凱瑟克的申請看，自然是害怕他會做出不利英國利益、影響國家安全的事情，哪怕當時烽煙四起，乃求才若渴的用人之際。接著的 1940 至 1945 年間，雖然英國為了對抗軸心國，已動員了全國上下一切力量，DJ・凱瑟克似乎仍沒被派上戰場，與他兩名胞弟在不同戰線上奔走抗戰的情況相比，可謂截然不同。

可惜的是，自 1940 至 1954 年之間的不少檔案文件都被抽起或刪掉，我們沒法了解當中的問題。直至 1954 年 10 月，有一則報告指他們沒有 DJ‧凱瑟克夫婦的行蹤紀錄，但知他們除了在艾薩克斯縣哈羅區（Harlow, Essex）的大宅外，還有另一住址在鄧佛里斯郡的 Cowhill Tower。1947 年時，一位名叫格萊婷（Olga Norah Clayton）的女士，到哈羅區的大宅探訪 DJ‧凱瑟克太太，而這位格萊婷則是著名飛行家高邦（Alan Cobham）的秘書，高邦創立的 Flight Refuelling Limited 公司，則被指是一家「X 名單公司」（a List X firm）。文件又提到，1948 年 4 月，格萊婷獲得芬蘭一家學校的教席，她上任時途經斯德哥爾摩，拜訪了瑞典共產黨，期間有一名加拿大左翼記者及一名身份不明的第三者隨同。

這裡有必要介紹一下高邦和航空發展的簡單背景。高邦是 1920 年代著名遠途飛行先驅，曾率先駕駛飛機遠赴南非開普敦（Cape Town），乃航空飛行界的英雄人物。而飛機這種新興的科技發明，在 1910 年代末才開始投入民航服務，二戰期間更曾發揮巨大的戰略作用，軍隊利用戰鬥機從高空向敵方進行轟炸，具有極大的震攝力與殺傷力。正因如此，具豐富飛行知識與經驗的高邦，自然是英德兩國爭取招攬的對象，無論共產黨人或社會民主派都想爭取他的支持（Rieger, 2005: 232）。調查人員看來覺得 DJ‧凱瑟克及其妻子與共產黨人仍有接觸，並可能與高邦有關係。

由於 1947 年之後的資料全被刪掉，只留下 1946、[6] 1951 及 1954 年一些有關申請護照的表格及批核文件，另有 1954 年艾薩克斯縣警局發出的兩份文件，一份是檢視 DJ‧凱瑟克的政治活動，另一份則有關日本首相曾造訪其弟 WJ‧凱瑟克的住所。在那封於 1954 年 8 月發給一名總警司的信函中，指出 DJ‧凱瑟克仍住在哈羅區大宅，與妻子生活低調，他有時會在家中吹奏風笛；他們有一部汽車，每天會開車到市中心上班；此外，並特別提到不清楚 DJ‧

凱瑟克夫婦的政治立場，但若有選舉，他們會在窗上掛起三個政黨（保守、勞工、自由）的海報；他們平時甚少社交活動，似乎較為內向。

　　另一份文件寫於 1954 年 10 月，內容是有關日本首相吉田茂（Yukiko Yoshida）曾造訪位於泰登波斯（Theydon Bois）的 WJ・凱瑟克大宅，DJ・凱瑟克有時會到那裡與弟弟相聚，所以調查人員特別提醒「可能有些重要性」（may have a significance）。有一點令人玩味，在那份打印的信函上，有兩句似是上級寫給另一方的手寫文字：「你可能有些 g 興趣，[7] 凱瑟克兄弟真似是狗養的」（There could be g interest to you. The Keswicks seem to be a sheer beench），另有簡單簽名。自 1955 年之後，則再沒 DJ・凱瑟克的紀錄（David Johnston Keswick, British, in 1933/34 Keswick was suspected of being concerned in leakage…, 1933-1955）。

　　綜合以上檔案紀

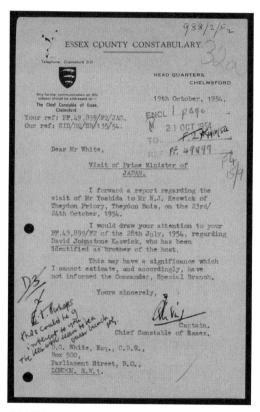

英國警方內部報告信函，提及 1954 年日本首相吉田茂訪英，將私下會晤 DJ・凱瑟克兄弟，信函並以髒話暗諷他們。

錄所見，出身大富家族的 DJ·凱瑟克，青年時期明顯思想左傾，更曾與一些共產黨人交往，[8] 因此招來了政府有關部門的監視，而他想加入軍情五處更是動機難明。他在戰時沒有被徵召上前線，反映英國政府對他的不信任，他相信亦心知肚明，所以之後的生活才變得低調。雖則如此，他在戰後一段時期內似乎仍受到監察，促使他更為低調，甚至在選舉時張貼各黨的宣傳海報，似是要刻意說明本身沒偏向任何一個政治立場。可以這樣說，DJ·凱瑟克和兩名弟弟之間不但性格迥異，政治態度不同，人生際遇亦大異其趣。

順作補充的是，到了 1958 年，英國法庭曾鬧出一宗 DJ·凱瑟克以信託申訴人的身份，要求限制信託權力，不把諸女兒的後代列為受益人的官司，引人關注。法庭在聽取雙方理據後，判其女兒得直（*South China Morning Post*, 10 December 1958），至於這宗官司之後，相信 DJ·凱瑟克和女兒們的關係不會好到哪裡去。到了 1976 年，DJ·凱瑟克去世，享年 75 歲（Keswick, 2008）。

青年從軍的獨特文化和意涵

中國民間有句俗語叫：「好仔不當兵」，背後原因除了行軍打仗有生命危險之外，亦與當兵待遇欠佳、缺乏出路，而中國文化又重文輕武等多重因素有關。然而，從本研究所探討圍繞渣甸洋行的各個家族——渣甸家族、馬地臣家族，甚至是凱瑟克家族——的情況看，他們的不少子孫在年輕時都會參軍，加入部隊，有些日後更選擇了當職業軍人。他們投身軍隊之後亦甚有出路，例如有些人曾升至將軍或准將的軍階，實在甚為顯赫。可見就算是對從軍問題，中英之間明顯亦有文化差異，更不要說生意經營了。

正如第三章中提及，亞力山大·馬地臣在第二段婚姻所生的其中一子 TG·馬地臣，長大後便選擇了職業軍人之路，曾參與第一次世界大戰抗擊德軍，日後擢升為將軍，地位顯赫，其成就與社會地位比乃父還高。TG·馬地

臣所生兩子，日後亦從軍，軍階為上校。羅拔・渣甸的曾孫 ARJ・渣甸，青年時期曾從軍，後來同樣選擇了當全職軍人，參與了第二次世界大戰，亦獲得很高的社會地位。

第五章提及的亨利・凱瑟克及胞弟大衛・凱瑟克，他們青年時均曾從軍，乃「皇家直屬蘇格蘭邊境兵團」成員，大衛・凱瑟克更在南非一場戰役中戰死沙場。亨利・凱瑟克其中兩子 DJ・凱瑟克和 WJ・凱瑟克同樣在青年時期從軍，加入「皇家直屬蘇格蘭邊境兵團」，1939 年時 DJ・凱瑟克更想加入軍情五處，惟因染有左傾共產思想及捲入洩密指控，故未能如願。至於 WJ・凱瑟克與 JH・凱瑟克則在二戰時雙雙加入英軍，在不同崗位上參與作戰，前者更獲准將軍階。

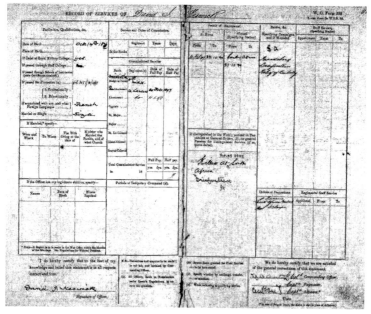

軍隊有關大衛・凱瑟克入伍及 1900 年在南非「普拉叢林」戰役中陣亡的記錄。

為甚麼從軍會成為巨富家族——甚至貴族及皇室——的一種「傳統」，乃年輕子孫開始人生事業的必走一步？當中具有某種好處或作用，自不難理解，下文且列舉三點主要原因作簡略討論。

　　其一是從軍有助鍛煉體格與意志，尤其可以培訓紀律。眾所周知，富貴人家的子弟，總是因為家族環境優裕，容易嬌生慣養，有些甚至流於揮霍放縱或是目空一切。讓他們加入軍隊，接受嚴格的體力及紀律訓練，既有助戒除自以為是的不良習氣，同時可鍛煉好體魄，建立面對困難不退縮，盡最大努力完成任務的堅毅品格。有這樣的體格與意志，日後投身社會，被交託重任時，才能做到有擔當、吃得苦，並排除萬難，以竟成功。

　　其二是從軍有助提升應對危機生死的意識。軍隊生活不只強調保家衛國、服從指揮，更必然會牽涉沙場殺敵時的種種突變和危機，有時甚至要面對命懸一線的考驗。這種場面，無疑可促使軍人深思人生意義，令那些有抱負、具思想、肯上進者領悟到，無論是個人、家族或企業，其生存或勝利皆決定於本身的戰鬥力，所以必須時刻操練，不能怠懶。

　　其三是結交同袍、建立關係，融入團體生活。部隊中的集體訓練，朝夕相處，有助建立互信，增進同袍手足感情，不只有助打造堅固的人際關係網絡，更可培養合群與尊重的團隊精神。這種精神，對像渣甸洋行這樣一家員工人數眾多的企業而言，更具積極作用，有助領導者明白到全體上下必須一視同仁的重要性，對企業的制度化和營運管理至關重要。

　　渣甸、馬地臣和凱瑟克家族中有不少子弟均曾參軍的現象，十分清楚地讓人看到一個特點：大英帝國本身幅員不大、人口不多，但卻能有強大軍力，向世界不同角落擴張，究其原因，傳統文化的尚武擁軍，對人民從軍、上陣殺敵給予正面積極的形象與地位，無疑極為重要，而這種文化相信又與英國信奉一神宗教的背景有一定關係，值得日後再作深入探討。

一個甚為有趣且值得注意的註腳是，即使到了今天，英國皇室大婚時——無論是英女皇之子查理斯，或是其孫威廉王子及哈里王子——都是一身戎裝，英姿颯颯，而他們年輕時均曾從軍，走上前線，與普羅士兵一起生活訓練，打成一片。這種皇室成員在年輕時投身軍旅的舉動，自然與前文提及貴族、巨富子弟也樂於從軍的情況一致，能豎立「以身作則」的形象，有助建立國家重軍尚武的「男子漢」傳統文化，取得軍功更成為其中一個有助社會階層往上流動的途徑。

回到渣甸洋行管理層的經歷上，一個不難想像的情景是，在一種尚武文化的氛圍下，管理層年輕時又曾經參軍，他們的生命中自然注入了軍隊生活的紀律與生死存亡的危機意識，同時必然建立了一定的軍隊網絡，所以到他們投身社會，或是經營企業時，必然具有某些與別不同的優勢與精神特質。可以這樣說，正因包括凱瑟克兄弟在內的渣甸洋行領導層，都具有青年從軍的歷練和經驗，他們在那次人類歷史上最為巨大的戰爭中，能獲得重用，躍升到領導崗位上，亦能在瞬間萬變的戰爭環境下得到多重保護，力保不失，避免成為被犧牲的對象，又能取得不少益處。

對於參軍當兵的問題，在華人社會，儘管不少人知道這種工作或活動具有不少優點，但畢竟還是不會接納將年輕子弟送進部隊，接受軍訓，這明顯又與中英文化及社會對此問題的看法具有巨大差別有關。因為重文輕武的觀念在中國文化中根深蒂固，只有那些人丁眾多的家族，才會因為無法養活所有孩子，而選擇把部份送往當兵。部隊生活艱苦，接受訓練時更是毫無尊嚴可言，更不要說上陣殺敵總是「十去九不回」，極為危險，而中國又沒一神宗教那種積極的傳教傳統，因此令「好仔不當兵」風氣揮之不去。

所謂今時不同往日，若果我們認同當今社會對投身軍旅已有不同看法，又認同參軍有助培養子弟頑強意志，鍛煉強壯體格，並能為日後更好應對危機打

好基礎，尤其能在過程中了解到只有提升自身戰鬥力、競爭力才能保護自己，讓自己不被擊倒等好處，則接受軍訓可以成為在這個和平日久，已經近乎失去憂患意識的年代的重要選擇，所以不妨如英國文化般，鼓勵下一代年輕時從軍，例如將軍訓列為大學畢業的「必修科」，更好地接受嚴格的紀律訓練，學習危機意識、求生意志及團隊精神。因為英國例子已可十分清楚地說明，年輕從軍的這種經歷，必然能令受訓者終身受用，這不只對家族企業，甚至對整個社會而言，也必能帶來更正面的影響。

抗戰勝利後的迅速重掌渣甸洋行

二戰快將結束之時，作為英國情報工作領導的 JH・凱瑟克，相信因為掌握了重要情報，所以可以快人一步地作出更好和更有利自身發展的應對。正因如此，這裡且先由 JH・凱瑟克的迅速行動說起。據 JH・凱瑟克日後回憶時說，身為蒙巴頓將軍麾下一員的他，當獲知日軍快將宣佈投降時，獲安排一架「卡達蓮娜兩棲飛機」（Catalina amphibian plane），由倫敦連夜兼程飛抵香港，在 24 小時內到達目的地（*South China Morning Post*, 8 April 1979）。

這裡必須補充的歷史現實是，儘管中國作為同盟國的一員，也為戰爭作出了極為巨大的貢獻和犧牲，但當美軍向日本廣島和長崎投下兩枚原子彈，日軍末路窮途之時，英國和美國洞悉日本投降在即，故互通眉眼，其中英國採取了捷足先登的策略，夏慤將軍率領英國的艦隊於 1945 年 8 月 29 日抵達香港的外海，搶先登陸，恢復殖民統治。其實在抗戰期間，國民政府與英國早就香港主權問題展開多次談判，中方要求廢除所有不平等條約，將香港歸還中國，但英方寸步不讓。結果，由於英國得到美國支持，再加上蔣介石要將精力投入到收復大片中國國土之上，令戰後香港繼續成為英國的殖民地。

JH・凱瑟克在日軍投降後快人一步踏足香港，除了立即安排被囚於集中營

的渣甸洋行管理層及職工獲釋，同時亦保護洋行財產，減少損失。而他對當時夏慤軍政府恢復香港社會秩序的行動有如下看法：

> **1945 年 10 及 11 月，在香港，我有五星期時間是和夏慤少將在一起的，看著軍政府展開（重建）工作，我覺得他們做了很好的工作。他們重建了香港貨幣、帶來充足糧食供應以維持米價每斤 2 毛錢、促使電力公司供電、食水亦恢復供應，更令工人復工，社會穩定下來。這六點乃涵蓋生活的主要所需。（Keswick, 1946: 3）**

由於 JH · 凱瑟克有份參與夏慤少將接管香港的工作，並擔當了重要角色，故 JJ · 白德新、老紐璧堅及眾多渣甸洋行的員工們很快離開了集中營，投入戰後重建的業務。由於自覺年紀已老，健康欠佳，重獲自由的 JJ · 白德新旋即宣佈在 1945 年底退休，在 12 月離港返英（*South China Morning Post*, 22 December 1945），由大衛 · 蘭杜爾兒子 DF · 蘭杜爾接替其職，成為渣甸洋行新任大班。

DF · 蘭杜爾於 1905 年在上海出生，童年時回到英國，在伊頓公學完成中學課程後考入牛津大學，畢業後再回到東方，加入渣甸洋行，主要打理航運生意。二戰爆發後，他於 1939 年被徵召入伍，[9] 主要在戰爭運輸部（Minister of War Transport）統籌交通，配合盟軍後勤支援。日軍投降後，他立即到港，接任渣甸洋行大班，並一如其他前任般，旋即獲港英政府任命為立法及行政局議員，令他有更大的政治權力與名望，可以更好地領導渣甸洋行，投入戰後各種生意重建（*South China Morning Post*, 29 June 1951）。

確立香港渣甸洋行的領導，讓生意可恢復發展後，JH · 凱瑟克於 1946 年初轉到上海，目的自然是要恢復在華業務。從資料看，JH · 凱瑟克顯然了解中

國政治或辦事方式的核心，即是無論要辦甚麼事，均從最高領導人入手。所以他立即找時任上海市長吳國楨協助，詳述渣甸洋行的戰前財產與業務，要求對方按國際社會的做法給予辦理和協助，確保渣甸洋行的戰前資產不被侵佔，並盡快交還。吳國楨為了爭取洋商支持，盡早開展重建經濟，給予了不少協助和便利，於是，渣甸洋行迅速便能恢復工業生產、開展各項生意。

之後，JH・凱瑟克還親赴營口、天津、廣州及汕頭等地，指揮各分行進行重建及重拾業務，令渣甸洋行在戰後十分快速地恢復起來。而在 1947 年年底，JH・凱瑟克和兩位兄長（DJ・凱瑟克和 WJ・凱瑟克）亦聚首上海，這是他們相隔數十年後的「三兄弟上海重聚」，[10] 據報導，他們喝酒狂歡，好不熱鬧（*South China Morning Post*, 28 November 1947）。

最後再看看 WJ・凱瑟克的情況。和平後，已擢升為「准將」的他，似乎沒再打理渣甸洋行的在華業務，而是回到倫敦，改任馬地臣洋行主席，並獲選為英國總商會主席，同時又兼任滙豐銀行、英倫銀行及太陽聯合保險（Sun Alliance Insurance Ltd）等著名企業的董事。到 1950 年時，他曾因應新中國成立後旋即爆發朝鮮半島戰爭一事表示擔憂，並指在華英資公司完全無法繼續業務（*South China Morning Post*, 24 May 1950）。與此同時，他再獲任為英國石油、哈德遜灣公司（Hudson's Bay Co）的董事。

WJ・凱瑟克擔任英倫銀行董事期間，銀行董事局曾發生一宗「洩密案」（The Leak Inquiry），由於倫敦乃國際金融中心，故該案不但轟動英國，亦引起國際社會關注。事緣在 1957 年，英倫銀行董事局舉行議息會議後，有股票經紀得悉本應保密的會議決定，趁機利用內幕消息買賣股票圖利，引來股票市場震盪。事件不但引起社會高度關注，執法部門更展開調查，最後轉送法庭審訊，作為英倫銀行董事的 WJ・凱瑟克自然捲入其中，曾多次被傳召上庭，接受控辯雙方大律師質問。經過多番聆訊，法庭最終沒法找出誰是洩密者，惟判

決時則指 WJ・凱瑟克的證供可信，算是還他一個清白（*South China Morning Post,* 6 December 1958 to 22 January1959）。

到了 1966 年，WJ・凱瑟克宣佈退休，把馬地臣洋行主席之職交給弟弟 JH・凱瑟克，但仍留任該洋行的非執行董事。事實上，就算退休之後，他仍擔任不少著名企業的非執行董事，直至 1980 年代初（*South China Morning Post,* 18-20 February 1985）。與其父及祖父一樣，WJ・凱瑟克亦是英國皇室衛隊成員。到了 1972 年，WJ・凱瑟克與胞弟雙雙獲英國皇室頒贈爵士頭銜（*South China Morning Post,* 6 June 1972）。

俗語有云「兵貴神速」，曾經當兵，具有作戰經歷的 JH・凱瑟克兄弟們，在戰爭快將結束時已經早作準備，故當日本一投降，便能迅速展開行動，不但成功維護自身利益，甚至爭取到更大的市場。正因能夠佔盡先機，渣甸洋行無論是在香港、上海，或是中國其他沿岸城市的生意投資，均能在戰後迅速恢復營業，並獲得不少發展上的優勢。

重建企業後再遇中國內戰

回到恢復和平後渣甸洋行的營運層面上。英國政府對香港重行殖民管治後，渣甸洋行領導層自然亦立即重掌他們的在港資產，並重啟業務，至於中華大地上的業務及資產，亦在國民黨恢復社會秩序後陸續重啟。可以這樣說，經歷漫長戰火洗禮，在那個百廢待舉的環境下，渣甸洋行屬於較早踏上復業之路，並作出更大貢獻的企業，DF・蘭杜爾和 JH・凱瑟克則成為恢復業務的重要領軍人。

先說 DF・蘭杜爾。他在二戰結束後匆忙上任，成為渣甸洋行大班，除了全力推動洋行及早復業，恢復生產，令生意不久便蒸蒸日上外，還不忘開拓新業務。其中較受市場和社會注視的，是他憑著戰時服務於戰爭運輸部的經歷

和網絡，了解到飛機運輸業大有可為，於是在 1947 年，聯同英國海外航空公司（British Overseas Airways Corporation）創立香港航空有限公司（Hong Kong Airways Co Ltd），搶佔航空業這個方興未艾的市場。順帶一提的是，在這項投資中，利希慎家族應該亦有參與，嶄露頭角的利孝和代表家族，成為其中一位創辦董事（*South China Morning Post*, 15 October 1947）。可惜，這生意日後發展不太成功，主要因為香港航空與太古洋行掌控的國泰航空簽訂了競爭協議，前者以發展香港以北的航空市場（中國大陸、台灣、朝鮮、日本）為主，國泰則佔據香港以南的航空市場（星馬泰等東南亞）。但後來，由於中華大地變天與朝鮮半島戰爭等因素，令香港以北航線的業務一直不理想，香港航空虧損嚴重，最後更被迫退出市場（鍾寶賢，2016）。

正如第五章中提及，進入二十世紀之後，渣甸洋行的業務和生意投資，如水銀瀉地般無孔不入，涉獵極廣，初期有出入口貿易、批發零售、航運、滙兌及金融保險，日後再不斷擴張至鐵路投資、採礦放貸、水火保險、釀酒、紡織、碼頭貨倉、地產投資、酒店、航空、旅遊觀光及公用事業等。儘管以上各項生意不是全部都能在和平後立即恢復，但那些原來由其持有的資產，則先後獲得發還，因此能減少損失。

然而，這種全國上下在和平穩定中投入經濟重建的日子並沒維持得太久，便因國民黨和共產黨之間爆發內戰而崩解。令人出乎意料之外的是，這場內戰很快便出現了國民黨兵敗如山倒的局面，勢如破竹的共產黨則步步進逼。在戰爭狀態下，生意的經營自然十分困難，JH‧凱瑟克在不同場合上亦曾提及生意難做，出現虧損的問題（*South China Morning Post*, 20 July and 27 October 1947），如 1948 年，JH‧凱瑟克回到倫敦，在某次獲邀的演講上，尤其提及中國政治形勢嚴峻，政權隨時變天，不利商業發展（*South China Morning Post*, 1 May 1948）。

JH・凱瑟克也曾提及通貨膨脹肆虐的問題，直指國民黨政府的政策嚴重失誤，不但令營商困難，更影響到一般老百姓的生活，情況已嚴重得難以承受。對於當時通貨膨脹極為嚴重的問題，他以中華民國貨幣——簡稱「國幣」——兌換美元的滙價作說明：

> **1944 年，國幣兌美元的官方滙率是 1 美元兌 20 元，1946 年轉為兌 2,020 元，1947 年升至兌 12,000 元，然後是 1948 年 3 月兌 258,000 元、4 月的 328,000 元及今天（7 月 20 日）的 468,000 元。四年間，1 美元由兌 20 元國幣銳減至 470,000 元。黑市更甚，今天的兌換價是 1 美元兌 6,000,000 元國幣。（Keswick, 1948: 5）**

　　如 JH・凱瑟克所指，通貨膨脹的確令老百姓深受煎熬，就以人民每日三餐所需的米糧為例，價格大幅飆升，生活難以負擔，無以為繼（鄭宏泰、黃紹倫，2004），自然是怨聲載道，並最為直接地影響了民心向背，令國民黨更加無力回天。

　　必須指出的是，國民黨軍隊 1948 年在華北、華東和華中等戰場上的相繼失利，令長江以南地區成為下一階段爭奪目標。作為中國龍頭都會的上海，一直是明爭暗鬥的角力場，那時更成為兵家必爭之地，共產黨軍隊——號稱人民子弟兵的解放軍——自 1949 年 3 月起開始對上海進行包圍與攻擊，令全市氣氛變得十分緊張，部份擔心受戰火波及的民眾開始離去。

　　JH・凱瑟克回憶起當年身在上海時，有一件讓他終生難忘之事：在 1949 年 4 月某一天，他如常在家吃早餐，突然有子彈射進他的家裏，在距離他的鼻子約一寸飛過，令他有與死神擦身而過的感受，日後他把那塊被子彈射中的屏風收藏在倫敦家中，作為一種另類紀念（*South China Morning Post*, 8 April 1979）。

1949 年 5 月，解放軍進入上海，上海市人民政府成立，陳毅擔任市長，社會氣氛外弛內張，凱瑟克家族在上海的大宅更被徵用，此點相信給 JH・凱瑟克帶來不少衝擊。同年 8 月 30 日，陳毅會見了 JH・凱瑟克，向他表示中共不會將外國人驅逐出境，希望他們為建設上海作出貢獻。事實上，JH・凱瑟克等人亦不想退出，因為他們在中國有巨大利益，英國政府亦支持「不退出中國」的政策，考慮的原則本質相同。

　　可以這樣說，在那個前所未見的重大歷史轉變時刻，任何人都沒有水晶球，無法對未來前路有全盤了解與掌握，任何決定基本上只能視作一種賭博，考驗自己的運氣。基於現實考慮的 JH・凱瑟克，那時選擇了一動不如一靜的做法，因為洋行有極龐大的資產在中華大地，搬不動、拿不走，只好留下來向新政權表示忠誠，期望在共產黨執政後仍能在當地繼續發展。結果人算不如天算，政局的發展出乎他的計算和預料，渣甸洋行亦因此損失慘重。

撤出大陸的巨大損失

　　1949 年 10 月 1 日，新中國成立之後，由於實行社會主義，按資本主義原則運行的私人企業自然難有發展。儘管 JH・凱瑟克一心想維持渣甸洋行的在華業務，但最終還是因為局勢出現巨大變化而無法如願以償，被迫撤離。這一舉動固然導致洋行的不少財物與投資損失，但更為嚴重的，其實是失去了中國大陸的龐大市場，因為後者其實等同切斷了長期收入與盈利。到底這個撤離過程有何波折，又造成哪些損失？

　　從資料上看，新中國成立前後，不少資本家先後收拾細軟，舉家離開中國大陸，有些移居香港或台灣，有些撤往更遠的美歐等地。至於 JH・凱瑟克則並沒如大多數洋商般急急離去，而是直至 1950 年才離開，此點相信與他清楚計算過，如果一走了之，損失實在太巨大有關。

據 JH・凱瑟克本人所說，上海解放後，他仍一心想留在中國。儘管如此，為了安全計，他還是於 1950 年初安排家屬離滬到港（*South China Morning Post,* 18 March 1950），而他本人則轉到了天津，相信是為了安排當地業務。可是，正是因他突然到了天津，之後又有一段時間失去音訊，乃至一度有消息傳出指，他在天津被扣留。期間，朝鮮半島突然爆發戰爭，聯合國又對中國實施「貿易禁運」，國際形勢急轉直下。同年 11 月中，JH・凱瑟克回到香港，並向傳媒表示，他在天津沒有遭到扣留，亦沒遇上不好對待，但對於留津期間發生的事及如何順利回到香港，則不想多談（*South China Morning Post,* 7-18 November 1950）。之後，JH・凱瑟克先行回到倫敦，相信是要向 JW・渣甸及兄長 WJ・凱瑟克作滙報，並就局勢發展商討接下來的應變策略。

這裡需要補充的是，朝鮮半島於 1950 年 6 月正式爆發戰爭之後，中國經濟十分低迷，不少民營企業出現嚴重虧損，上海永安百貨便是其中例子（上海社會科學院經濟研究所，1981）。渣甸洋行的眾多生意和投資，自然亦難以避過不景氣。就以上海怡和紡織漂染廠為例，在 1950 年便出現了嚴重虧損（*South China Morning Post,* 5 September 1950）。即是說，那時留在中國大陸的企業，自進入五十年代起，受經營環境銳變的影響，已經出現了連年虧損的問題。

就在那個國際與區域政治形勢驟變的時刻，於 1945 年底接掌渣甸洋行大班一職的 DF・蘭杜爾，宣佈將會在 1951 年退休返英。而自 1950 年返到英國檢討得失一段時間後，JH・凱瑟克相信對恢復業務已有對策，並得到渣甸洋行大股東的支持及接納。其後他獲任命為新的大班，赴港接替 DF・蘭杜爾留下的空缺，成為渣甸家族第五代領軍人（即凱瑟克家族第三代）。到港不久的他既獲任命為立法局議員，並進入行政局（*South China Morning Post,* 10 May 1952），如其他渣甸洋行大班般，一手掌管龐大的生意，另一手則染指香港政治，成為香港的風雲人物。

儘管 JH·凱瑟克一直想維持渣甸洋行在內地的業務，但政治環境的急速轉變，已令其無法落實這一目標。由於當時的中國政府對外資企業推出了「對價轉讓」政策，讓那些不願留下的外資企業，以當時價格計算其產業價值，轉售予中國政府，與渣甸洋行具相同背景的太古洋行、滙豐銀行等，都相繼採取這種方法「離場」（劉詩平，2006：338-339）。

　　那時的渣甸洋行在深入評估後，亦只能作出相同的決定，接納了「對價轉讓」的安排，全面撤離中國大陸。對於渣甸洋行這次極為重大的生意投資決定，劉詩平有如下簡略描述：

1954 年，怡和啤酒股份有限公司、公和祥碼頭股份有限公司、怡和

機器有限公司、怡和紗廠股份有限公司，作出對價轉讓。這年夏天，

怡和關閉了在大陸的全部辦事處，結束了在中國大陸 122 年的歷史。

（劉詩平，2006：339）

　　洋行在這次「轉讓」中的損失極為巨大，不過，損失最為慘重的，卻並非凱瑟克家族，因為他們並非大股東，甚至只可視作「打工仔」而已，最大股東一直仍然是放棄管理權的渣甸家族，即第四代傳人——渣甸的曾侄孫——JW·渣甸。到底這次事件給 JW·渣甸家族帶來多大損失呢？或者更為直接地說，渣甸家族到底持有渣甸洋行多少股份呢？造成這次巨大損失之後又有甚麼應變呢？

　　表 6-1 是 1948 年渣甸洋行的股份登記資料。先看普通股份方面，總數有 998,000 股，JW·渣甸及其妻子持有 587,000 股，即佔有 58.9%。若加上優先股（假設優先股與普通股的面值相等），則達 1,187,000 股，即佔總股份（1,598,000 股）的 74.3%。對於 JW·渣甸的持股問題，他第二段婚姻所生一

子 CJ・渣甸，在 1979 年接受記者訪問時所說的一些簡略內容，無疑可以作為一個重要參考。他指出，其父 JW・渣甸在 1947 至 1949 年間失去了上海的大量資產，而香港的物業則因財政需要，於 1955 年賣掉。他表示，1950 年時，JW・渣甸持有渣甸洋行 75% 股份，之後數年間出售了 25%。到 1961 年，即渣甸洋行上市之時，再出售餘下 50%（*South China Morning Post*, 27 October 1979）。由此可見，CJ・渣甸指其父在 1950 年時持有渣甸洋行 75% 的數字，與表 6-1 計算所得的 74.3% 基本一致。

表 6-1：1948 年渣甸洋行控股權分配狀況

持股者姓名	報稱地址	普通股數量
JW・渣甸及妻子 ①	Castlemilk, Lockerbie, Scotland	252,500
JW・渣甸 ②	同上	334,500
艾黛・凱瑟克、WJ・凱瑟克、JH・凱瑟克	3 Lombard Street, London, E.C. 3	57,319
JH・凱瑟克	上海洪橋	26,617
DF・蘭杜爾	香港石澳 Nithsdale	21,500
約翰・貝艾榮	Whitehill, Lockerbie, Scotland	19,350
DGM・布拿德及妻子	25 Rutland Street, Edingburgh	12,900
WJ・凱瑟克	3 Lombard Street, London, E.C. 3	9,589
DGM・布拿德	c/o Bank of England London, E.C. 3	8,600
伊莉莎白・布拿德	3 Lombard Street, London, E.C. 3	8,600
AJR・莊士通	25 Rutland Street, Edingburgh	7,525
滙豐銀行（信託）有限公司	香港皇后大道中 1 號	239,000
普通股總數		**998,000**

註：①同時持有 400,000 股股息 4% 的優先股。
　　②同時持有 200,000 股股息 4% 的優先股。
資料來源：Jardine, Matheson & Company Limited, 1948

若細看 WJ‧凱瑟克和 JH‧凱瑟克兩兄弟的持股量，則不難發現，其佔普通股的 9.4%，若加上優先股，則只佔總股份的 5.9% 而已。其他如蘭杜爾家族、貝艾榮家族、布拿德家族及莊士通家族，亦持有一些股份，所以亦蒙受了一些損失。另外亦有一些持股者身份未知，只以滙豐銀行（信託）有限公司名義持有，但相信亦是與渣甸或馬地臣家族有關係的人士，他們亦蒙了不少損失。

從某個層面上說，控股權與管理權分家的管理方法，必然潛在中介費用（agency cost）極高的問題（Jensen and Meckling, 1976），尤其會出現那種「贏是我的功勞，輸是你的錢」的狀況。在那個特殊環境下，儘管 JH‧凱瑟克已經作出了千方百計的努力，爭取維護渣甸洋行的利益，但政治局勢的翻天覆地變化，畢竟並非他的主觀意志能夠轉移，結果令 JW‧渣甸成為最大輸家，此點明顯又促使他日後作出了出售控股權的決定。有關渣甸家族全面撤出的過程及影響，將留待下一章中再作討論。

結語

毫無疑問，戰亂及社會制度劇變都會對個人、家族與企業帶來極大的衝擊。當社會無法安定時，不但人身安全沒有保障，私人財產亦可能在瞬間化為烏有。在第二次世界大戰、國共內戰以及共產黨建國的經歷中，凱瑟克家族及渣甸洋行亦如無數家族、企業及職工般投身抗敵大潮中，有些遭遇不測，有些身受重傷，有些成為階下囚。走過苦難歲月，倖存者在接下來的日子仍要掙扎求存、不斷努力，家族及企業才能恢復昔日光輝，甚至更上層樓。

無論是抗戰期間，或是戰後重建之時，凱瑟克家族採取了種種積極進取的對策，讓渣甸洋行獲取最大利益。至於他們能夠取得這種優勢的其中一些重要原因，又與他們青年時期曾經從軍有關。他們在從軍的過程中，既掌握了軍

事知識，建立軍中關係，又培養了逆境自強的頑強鬥志，尤其明白到只有本身具有戰鬥力與競爭力，才能有生存下來的本錢，所以無時無刻不採取種種手段，強化自身競爭優勢，而這些人生哲學或理念，則讓他們能在不同環境下努力爭取勝利。

註釋

1. 據 Keswick（2008: 305）所指，渣甸洋行二戰時被殺害的職工數目為 52 人。
2. 英國政府曾質疑 DJ·凱瑟克的英國國籍，因他出生於日本，其父則在中國出生，惟他的祖父則指他是 1837 年在英國出生，此點與其他資料有出入（有指他是 1834 年生於加拿大），可能是 DJ·凱瑟克與登記官之間的溝通問題所致。
3. 那時紐西蘭總督為 Charles Fergusson，蘇格蘭裔，伊頓公學畢業，職業軍人，曾參與第一次世界大戰，得將軍官階。
4. 梅菲曾於 1920 年到莫斯科，出席「紅色國際勞工聯盟」（Red International of Labour Unions），帶回不少資金返英，然後創立了「英國分局」，當然亦積極吸收成員，宣揚共產主義，備受社會及英國當局注視（Pelling, 1958: 47-48）。在二戰期間，梅菲曾加入 MI5，編號為 17460，職位為「執行官」（Executive）。之後，梅菲被蒙巴頓委任為「政治戰爭處」（Political Warfare Executive）及「特殊行動處」官員，更常在蒙巴頓身旁（James Jeremiah Victor Fitzwilliam Murphy, born 14.07.1897, 1939-1946），有研究更指他影響了蒙巴頓的政治思想（Lownie, 2019）。
5. 此點不知與 JH·凱瑟克提及，他在 1943 年獲蒙巴頓任命一事是否有關係。
6. 1947 年 11 月，DJ·凱瑟克和兩弟曾在上海相聚（*South China Morning Post*, 28 November 1947），揭示他基本上一直行動自如。
7. 這個小楷英文字母「g」字，似是一個暗號，意思不明。
8. 身為富家子弟的 DJ·凱瑟克染有革命或共產主義思想，情況並非罕見。在那個火紅年代，不少富裕或上層社會子弟，青年時期亦有這種思想或行為傾向，利希慎之子利銘澤、余東旋堂弟余東雄便是一些例子，後者更直接投身武裝革命，最終成為黃花崗烈士之一（鄭宏泰、黃紹倫，2011；鄭宏泰，2019）。
9. DF·蘭杜爾有一胞弟（Peter W.F. Landale）二戰時在空軍服役，1941 年因飛機失事去世，所駕駛飛機及屍體均沒找回（Aircraft Accidents in Yorkshire, no year）。
10. 從 DJ·凱瑟克那時能前往上海的情況看，他雖然受到監視，但並沒影響自由，仍能全球各地四處走。

第七章

渣甸上市
控股權和發展局面的重大轉變

香港發展成為國際金融中心，是二戰結束後的事，在此之前只算是國際貿易轉口港，但五十年代的貿易禁運後，因中國大陸與西方世界的貿易幾乎斷絕，香港的轉口港地位不再，改為走上工業生產之路，股票市場和金融業也逐步發展起來。然後是六十年代末的股票市場全面開放，激發了市場活力，不少戰後起步的企業，經過二三十年發展後，有了藉吸納更大資本以進一步擴大規模的需求，給股票市場的開拓創造了上佳條件。而那些企業上市後，不但能藉著公眾資本的力量進一步壯大，亦能提升公司管治，令香港的經濟與商業環境丕變。

進入二十世紀六十年代，渣甸洋行亦發生了自 1832 年創立以還的另一次巨大轉變。關鍵舉動是洋行正式上市，一改過去一個多世紀因為本身資本雄厚，無須公開集資，所以一直沒有上市的做法，因此既引人好奇，亦吸引了中外社會無數投資者的目光。至於這一舉止背後，則是與渣甸家族本脈第四代人決定全面退出，不再作為最大股東有關。原來的控股大股東決定套現離場，凱瑟克家族第三代人則在這個重大時機取而代之，成為渣甸洋行名正言順的控股家族，而洋行日後亦有了更為巨大的脫胎換骨的變化。

JH・凱瑟克領導下香港業務重建

從某個層面上說，失去中國大陸的龐大市場一事，或非個人力量所能左右，但對時局評估出錯，未能及時撤走多項重要資產的責任，則與 JH・凱瑟克有很大關係。因為他一直對中國共產黨持較正面的看法，覺得共產黨執政後若然要發展經濟，不可能不依賴資本家的努力，因此提出繼續留守中華大地的意見，導致渣甸洋行不少資產未能及時撤出中國大陸，蒙受了巨大打擊。1951年，JH・凱瑟克獲任命為渣甸洋行大班，接替 DF・蘭杜爾，似乎帶有讓他「戴罪立功」的味道，他自然更要施展渾身解數，證明個人才幹。

正如上一章中提及，1950 年 6 月朝鮮半島爆發戰爭後，聯合國向中國大陸實施貿易禁運，直接衝擊香港社會和經濟。一方面是移民持續湧入，民心不穩、失業者眾；另一方面是轉口貿易戛然而止，不少企業家在前途未卜的形勢所迫下，忐忑地走上了工業生產之路。人力資源充沛、工資低廉，成為香港走向工業化的一些有利因素。具有深厚工業生產背景和經驗的渣甸洋行，自然亦順勢而行，一如其他大小企業般，投身本地工業生產大潮。

讓世界驚奇的是，匆忙間走上工業化道路的香港，竟然不斷取得突破，各種輕工業製品因為價廉物美而行銷全球。就以渣甸洋行投資甚巨的紡織、漂染與製衣業為例，生意極為興旺，大小工廠要日夜 24 小時開工，才能應付四方八面湧到的訂單；而其他業務如航運、倉庫、保險、工程等等，亦同步迅速發展。所謂「失之東隅，收之桑榆」，在中華大地生意投資失利的渣甸洋行，很快又從香港經濟轉型與持續興旺中迅速壯大起來，並積極地收購其他企業，如在 1954 年，收購了新加坡上市公司 Henry Waugh Ltd，[1] 藉此進軍東南亞進出口貿易及工程建造等生意。

在 JH・凱瑟克帶領下，渣甸洋行的業務發展迅速，並逐步收復中華大地的投資虧損，對洋行及股東而言自然功勞甚大。不過，他為了洋行利益，曾帶

頭反對興建紅磡海底隧道,惹來不少非議。原來,香港經濟和社會自五十年代以還急速蛻變,具前瞻目光的政商界精英早在 1948 年,已提出應興建一條橫跨維多利亞港的海底隧道。進入五十年代,政府同意相關長遠發展規劃,並成立顧問委員會,檢討渡輪服務與港九交通配合,該委員會於 1954 年提出興建跨海隧道的構思。

但因渣甸洋行是天星小輪公司的大股東,JH·凱瑟克在 1955 年的天星小輪股東大會上提出「個人」反對意見,指出跨海隧道計劃只是「一條巨管夢」(a vast pipe dream),暗示並不現實,預計工程花費多達 1,000 萬英鎊,更是極為巨大的數目。若然政府出資,則必然要加稅,給市民大眾帶來沉重負擔,因此認為應「按需裁衣」(cut our cloth according to our need),而非弄出大白象工程(*South China Morning Post*, 7 December 1955)。他的言論引來不少支持者呼應,覺得社會無法負擔巨額資金投入,要求政府放棄計劃,相信之後還有不少遊說與施壓,暗中向政府表達反對。

儘管 JH·凱瑟克領導的渣甸洋行提出反對,但因該規劃確實能更有效解決港九交通連結問題,政府支持上馬,而為了解決巨額融資問題,減輕庫房壓力,乃引入了俗稱 BOT 的投資概念,即由投資方自行集資興建(Build),項目完成後給予一段時間的專利經營(Operation),向使用者徵收費用,到專營權屆滿後該設施則交還政府(Transfer)。投資方因項目落成後有穩定資金流,乃可以向銀行申請巨額借貸,正是利用這種具創新概念的融資安排,項目可以不需政府拿出真金白銀,就化解了財政與政治壓力,JH·凱瑟克等自然反對無從,因此有了 1959 年成立「維城發展有限公司」(Victoria City Development Co Ltd,即日後的香港海底隧道有限公司)。[2] 然後經過仔細的工程研究及行政程序批核,於 1969 年工程正式展開,並在 1972 年落成通車,給香港交通運輸與社會連結帶來了極為巨大的便利(*The Hong Kong Cross-Harbour Tunnel*, 1972),至

於香港天星小輪公司的生意當然大受影響，失去了昔日的光輝。

1956 年 1 月 13 日，JH・凱瑟克在香港會所（Hong Kong Club）舉辦了一場「凱瑟克家族的遠東一個世紀」（The Centenary of the Keswick family in the Far East）的慶祝活動。原來從凱瑟克家族第一代人——威廉・凱瑟克——於 1855 年抵華參與渣甸洋行的經營算起，踏入 1956 年時，凱瑟克家族在遠東工作和生活已有一個世紀了。為了隆重其事，早已退休的 DJ・凱瑟克及 WJ・凱瑟克均攜同妻兒等再臨香港，當然還有不少華洋重量級嘉賓到賀，參加總人數近 500 人，氣氛熱鬧自不難想像（South China Morning Post, 14 January 1956）。之後，家族還舉辦了連串大型宗教祈禱活動，並有報章就凱瑟克家族多代人的事業，作出了大篇幅專題報導（South China Morning Post, 28 August 1956）。[3]

引人想像且值得玩味的是，過去，作為小股東或「打工仔」的凱瑟克家族，其實甚為低調，不會太宣揚本身家族的歷史，因為大老闆始終是渣甸家族。因此，這次舉止無疑較為罕見，揭示他們有意突出自己在洋行或社會上的存在及角色，當然亦是想爭取社會認同和肯定，顯示他們為洋行及香港經濟作出的巨大貢獻。

為了彰顯家族對香港社會的貢獻，自 1951 年獲委任為高等教育委員會（Committee on Higher Education）主席的 JH・凱瑟克，致力推動香港的職業教育，認為應該藉此配合工業化發展（South China Morning Post, 11 December 1951）。到了 1956 年時，更以家族名義主動捐款給香港工業學院（Hong Kong Technical College），[4] 用於興建樓高兩層的凱瑟克大樓（Keswick Hall），推動工業教育，此舉獲得社會不少掌聲。

1957 年，JH・凱瑟克退休返英，渣甸洋行大班職位交到巴頓（Hugh D.M. Barton）手中。回到倫敦的 JH・凱瑟克與兄長 WJ・凱瑟克於 1958 年採取重要行動，在獲得倫敦三家投資銀行——即霸凌兄弟、羅拔菲明及威廉奇連——

支持下，據說收購了渣甸家族在渣甸洋行的股份，令其控股權大增（劉詩平，
2010）。惟那次行動相信仍未令凱瑟克家族擺脫聽命於渣甸家族的局面，而是
要等到 1961 年渣甸洋行上市之後，掌控大權才有關鍵性改變。

世事發展總有不少令人意想不到的地方。新中國成立，實行社會主義，
以及朝鮮半島在二戰結束不久再次爆發戰爭，曾引來國際社會對第三次世界大
戰的憂慮，而處於東西方冷戰狹縫中間的香港，當轉口貿易戛然而止時，更曾
出現人心浮動、前景不明的多重困擾。令人意外的是，在那個波譎雲詭的背景
下，香港卻能迅速邁出工業化步伐，取得巨大成功。至於作為龍頭大行的渣甸
洋行，在 JH・凱瑟克帶領下很快便恢復了元氣，而且能夠再現活力，在不同
生意投資上屢獲佳績。

渣甸家族套現離場的思考

對於香港股票市場發展而言，戰後有多個階段尤其重要，其一是 1947 年
3 月「香港股份總會」和「香港證券經紀協會」合併，組成「香港證券交易所」，
俗稱「香港會」，透過壟斷式的規範化經營，令上市公司有了更好的名聲和地
位；其二是 1969 年底「香港遠東交易所」（俗稱「遠東會」）成立，打破了「香
港會」的壟斷局面，令一些中大規模企業可以上市，並帶動了股票市場的突飛
猛進。而渣甸洋行在 1961 年上市，可說是建立上市公司名聲和地位的最好例
子，因此特別受到重視（鄭宏泰、黃紹倫，2006）。

這裡不妨先談談 1961 年的股票市場發展，以及渣甸洋行上市這個吸引中
外投資者目光的重大市場舉動。踏入 1961 年，香港股票市場出現了戰後難得
一見的熱烈氣氛，買賣活躍。同年中，作為英資龍頭大行的渣甸洋行宣佈上市
集資，更加成為城中熱話。該公司以每股 16 元的定價，公開發售 902,948 股新
股，集資約 1,400 萬元。市場對此反應熱烈，超額認購 56 倍，凍結資金 8 億多

元（*South China Morning Post*, 1-16 June 1961）。渣甸洋行股票上市當天，收市價為 31.25 元，差不多高出認購價的一倍（鄭宏泰、黃紹倫，2006）。股價的急速上升，反映投資者都看好渣甸洋行的前景，不惜高價爭相購入其股票。

不過一個令人深思的問題是，渣甸洋行一直財力雄厚，不缺資金，根本沒有集資壓力。就算碰到具吸引力的重大投資項目，過去的做法是另外成立專項公司，再進行內部集資，向具實力又友好的目標人物籌集資金，吸引他們成為策略股東。香港置地、省港澳蒸汽輪船、印華蒸汽輪船等基本上均採取這種投資方法，渣甸洋行無須到了六十年代創立 130 年時，才「臨老上花轎」，像那些創立不久且需資金去拚成績的「年輕」企業般上市，向投資者「拋繡球」，伸手要錢。既無集資需要，那渣甸洋行這次項莊舞劍，到底抱有什麼目的呢？

上一章中提及 JW・渣甸的兒子 CJ・渣甸，在一次訪問中曾表示家族在 1950 年代開始減持渣甸洋行的股票，之後還進一步出售（*South China Morning Post*, 27 October 1979）。而在 1958 年，凱瑟克家族在銀行支持下，曾大量買入渣甸洋行的股份（劉詩平，2010）。兩個家族一賣一買、一退一進，除反映雙方對企業前景的看法及投資意向外，也令人覺得他們似已不滿各自目前的角色：身處幕後的渣甸家族不想資金由別人控制，台前的凱瑟克家族則不願再為他人作嫁衣裳。

所謂「冰封三尺，非一日之寒」，渣甸家族後代與凱瑟克家族後代之間其實早現嫌隙。一方面可能是大家已進入第三四代，親屬關係遠不如父祖輩緊密；加上較少交往接觸，生活環境又各異，感情一代比一代薄弱乃十分正常之事。另一方面則可能與撤離中國大陸一事令洋行蒙受巨大虧損有關。作為大股東的渣甸家族，要為事件付帳埋單，自然損失甚巨，他們對領導層犯下的嚴重錯誤極為不滿，卻發覺在現有機制下，無法「嚴懲」凱瑟克家族，只能無奈承擔損失，故滋生了分手的念頭，亦是情理中事。

至1956年初，渣甸洋行在港站穩陣腳，發展一帆風順，凱瑟克高調慶祝其家族在遠東一個世紀的「威水史」，歌頌家族多代人的努力及對洋行的貢獻。相反，渣甸家族在遠東的歷史更久，影響更大，反而既沒舉辦相似的慶祝活動，亦鮮有提及他們多代人的貢獻。凱瑟克這種「功高蓋主」的做法，相信令渣甸家族更為不滿，並加速售賣手上股份，套現離場，終結了兩家人多代以來的合作，也代表從此以後，渣甸家族與渣甸洋行再無關係。

　　不過，由於渣甸洋行資產值不菲，凱瑟克家族沒可能全數購入，但若讓渣甸家族的股份售予其他小股東，則會令小股東們壯大，影響到凱瑟克家族獨掌洋行的優勢，甚至有機會大權旁落，實非其願見。故唯一可行之路便是上市，向市場公開集資，將股份分散至無數更為細小的股東手中，這樣便能連消帶打，既可讓渣甸家族立即套現，凱瑟克家族又能依舊穩坐釣魚船，緊握渣甸洋行領導大權。至於如何落實上市安排，這個責任便落到與渣甸和凱瑟克家族均沒有親屬關係的巴頓身上。

　　巴頓於1957年從JH·凱瑟克手中接過渣甸洋行領軍大旗。他乃愛爾蘭人，1911年出生，1933年於劍橋大學畢業不久即來華，加入上海渣甸洋行。巴頓的父親乃英國駐北京大使，位高權重，與渣甸洋行自然有極為密切的關係。1939年，英國對德國的戰事擴大，巴頓應召入伍，返英加入愛爾蘭衛隊（Irish Guards），官階中尉，直至二戰結束才再次到華，並在五十年代初轉到香港，在協助JH·凱瑟克發展工業方面表現突出，深得其信任（*South China Morning Post*, 14 June 1963）。

　　接掌渣甸洋行大班之職後，巴頓同樣獲委任為立法局及行政局議員，以及其他著名企業的董事與不少公職。他出任大班期間，除了要帶領洋行繼續開拓業務外，更重大的挑戰，其實是如何「中立」地處理渣甸與凱瑟克家族的去留問題。對渣甸家族而言，他們一心想出售股份，但洋行實力雄厚，業績又持

續向好，所涉及的金額自然是天價；凱瑟克家族則想購入股份，雖無力一人獨吞，卻又要維持過往的領導大權。兩邊就股權價格、收購時間及程序等方面，各自力爭對自己最有利的條件，最後他們想出最好的安排，便是上文提及的上市，渣甸家族將持有的大約五成股份向公眾投資者出售。這樣做除了不會威脅凱瑟克的領導地位，而且作價由他們自己決定，過程也較為公開透明。而整個過程交由巴頓負責，更可減少渣甸家族與凱瑟克家族之間的潛在矛盾與猜忌。

一如不少企業上市，事先必然做了很多前期安排與籌劃，渣甸洋行亦如此。而從招股書中的一些內容，能讓人更清楚洋行的業務、組成等細節及特點，也令人對那時渣甸家族一心求退更加大惑不解。

一、上市時公司董事局有九人，由巴頓任主席，其餘董事包括薄新季（David I. Bosanquet）、布魯斯（Ian D. Bruce）、夏禮士（Michael A.R. Herries）、皮雅信（George M.R. Pearson）、徐厚羽（Hsu Hou Yu，譯音）、JH・凱瑟克、DF・蘭杜爾、屈士（Erik F. Watts）。當中前六人身在香港，徐厚羽則是第一位進入董事局的華人，可能是利希慎家族的代表；JH・凱瑟克和DF・蘭杜爾退休後居英國，屈士居日本。由此可見，董事局的組成裡家族色彩大減，多了「多元」色彩。

二、整個集團表現理想，其中洋行過去十年的盈利最為突出，也對整個集團的盈利貢獻佔比最為巨大。例如在 1951 年，洋行稅後盈利近 600 萬元，佔集團稅後盈利達 75.7%。到了 1960 年，洋行盈利達 800 多萬元，佔集團稅後盈利更達 93.3%。即是說，洋行盈利理想，且有輾轉上升之勢，對集團的盈利貢獻佔比亦持續上升。

三、洋行（集團）業務相當多元化，並非獨沽一味，母公司與附屬公司同樣具多元投資特點，生意散佈世界不少角落。母公司為馬地臣公司（Matheson & Co），1848 年成立，1908 年轉為有限公司，主要從事銀行、進出口、航運

表 7-1：渣甸洋行上市時董事局成員名單

董事姓名	地址	職業身份
巴頓	香港石澳	主席兼董事總經理
薄新季	香港石澳	執行董事
布魯斯	港島加列山道 36 號	執行董事
夏禮士	港島種植道 38 號	執行董事
皮雅信	港島加列山道 89 號	執行董事
徐厚羽	銅鑼灣新寧道 9 號	商人，非執行董事
JH・凱瑟克	5 Chester Place, London	商人，非執行董事
DF・蘭杜爾	Dalwinston, Dumfries	銀行家，非執行董事
屈士	Kogai-cho, Azabu, Tokyo	商人，非執行董事

表 7-2：1951-1960 年渣甸洋行與集團除税後盈利（港元）

年份	整個集團	渣甸洋行	洋行盈利佔比
1951	7,780,197	5,888,528	75.7%
1952	3,891,208	4,484,399	115.2%
1953	6,216,720	5,034,877	81.0%
1954	6,787,963	5,931,102	87.4%
1955	7,746,554	7,695,780	99.3%
1956	7,503,194	6,493,771	86.5%
1957	6,037,481	5,644,153	93.5%
1958	5,785,298	5,649,645	97.7%
1959	7,613,149	6,320,001	83.0%
1960	8,827,844	8,237,669	93.3%

及保險等業務；附屬公司有九家，依次為：日本渣甸洋行（Jardine, Matheson & Co（Japan）Ltd）、渣甸華夫洋行（Jardine Waugh Ltd）、渣甸工程（Jardine Engineering Corp Ltd）、渣甸漂染（Jardine Dyeing and Finishing Co Ltd）、香港中華置業（Hong Kong and China Property Co Ltd）、帝國金融（Empire Finance Co Ltd）、夏利維京（Harry Wicking & Co Ltd）、古靈紐特洋行（Goodlake &

Nutter Ltd）、渣甸波河洋行（Jardine Balfour Inc）。除此之外，還有如下四家資本規模較少的附屬公司：台灣渣甸洋行（Jardine, Matheson & Co（Taiwan）Ltd）、加勒比渣甸洋行（Jardine, Matheson & Co（Caribbean）Ltd）、賓哥投資（Bangour Investments Ltd）、珍高物料（Jamco（Supply）Ltd）。雖然某些公司屬於專門生意，但在整個集團的組織下，則可取長補短、互相配合，帶來不少協同效益。至於業務與公司分佈全球不少角落，更突顯了地理層面的投資多元化。

表 7-3：1960 年渣甸洋行母公司及附屬公司業務狀況

公司名稱	佔股比例	主要業務
馬地臣洋行	母公司 / 不詳	銀行、進出口、航運及保險
日本渣甸洋行	子公司 /100%	一般貿易與代理、船務
渣甸華夫洋行	子公司 /50%	一般貿易、出入口、工程合約
渣甸工程	子公司 /100%	一般工程、設備入口與維修、建築材料、科技
渣甸漂染	子公司 /100%	漂染、紡織、布料及成衣出口
香港中華置業	子公司 /100%	工商與住宅物業投資
帝國金融	子公司 /100%	金融投資
夏利維京	子公司 /100%	出入口貿易，輕工業製造
古靈紐特洋行	子公司 /90%	股票經紀、外滙買賣
渣甸波河洋行	子公司 /60%	茶葉貿易、經銷
台灣渣甸洋行	子公司 /100%	台灣一般貿易
加勒比渣甸洋行	子公司 /100%	加勒比海區一般貿易
賓哥投資	子公司 /100%	金融投資
珍高物料	子公司 /100%	物料供應

單從以上三點可以看到，洋行或集團連年盈利，每年進帳不少，是一隻「可生金蛋的鵝」，按常理沒有人會願意放棄或出售。另一方面，管理層組成只有很少控股家族成員在內，顯示坊間所重視的由非家族專業人士管理的模式，在這家洋行中得到充分落實，所以管治水平應有所保證。至於生意投資和業務

更是相當多元化，就連市場分佈亦如是，不再如過去般較多集中於中國大陸。然而，渣甸家族卻選擇在那時全身而退，放棄這間日進斗金的公司，除非當中另有隱情，如家族財政出現巨大困難，或有其他盈利更豐厚的投資選項，否則退出實在說不上是一個理智的投資決定。

正如前文提及，踏入 1961 年，香港股票市場出現了二戰以還難得一見的熱烈氣氛，買賣異常活躍，而渣甸洋行在那時乘勢上市集資，所以反應極好，公眾者認購十分熱烈。這次上市能夠取得如此滿意的成果，巴頓等管理層相信做了大量工夫。不過，當渣甸洋行成功上市後，公司股票交易就隨著大市氣氛迅速回落，不知該說是渣甸管理層目光精準敏銳，有先見之明；還是運氣奇佳，如有神助。

要了解渣甸洋行上市的特別之處，便要先細看當時香港股票市場的發展。據鄭宏泰、黃紹倫（2006）在《香港股史：1841-1997》一書引述香港證券交易所由 1948 至 1967 年各年股票成交總值，顯示自 1947 年香港證券交易所重整後，股票開始恢復買賣交易，企業亦可申請上市，但由於當時經濟仍風雨飄搖，股票交易與新股上市其實一直甚為疏落。至渣甸洋行上市前一年多，股市成交才開始活躍，1960 年的升幅明顯突出。到渣甸洋行上市的 1961 年，成交額尤其急漲。但當渣甸洋行完成上市活動後，股市交投又旋即大幅回落，1964 年雖又略為回升，但之後又進一步下滑（表 7-4）。

渣甸洋行上市前後的股票成交總額暴升急跌，這個特殊變化，或者可為前文提及渣甸洋行上市前數年間業績驕人、盈利豐厚，是一隻會生金蛋的鵝，但主要控股家族卻選擇將之出售那個令人不解的問題，提供一些分析線索，惟始終與事情的真象仍有距離，依舊像夢又像花，難以準確判斷。雖則如此，某些發展進程卻是客觀事實，例如渣甸洋行上市後，並沒如一般上市公司般隨即出現眾多大型或長遠投資舉動，反而一如舊觀，和上市前沒有兩樣，不難讓人覺

得似是「造勢」下的結果。

表 7-4：1948-1967 年香港證券交易所每年股票成交總額

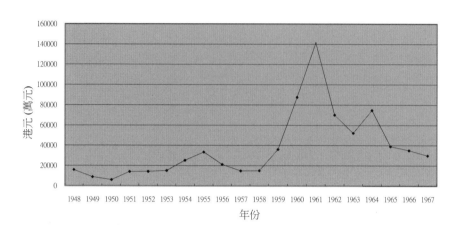

資料來源：鄭宏泰、黃紹倫，2006：230

JH‧凱瑟克退而不休的奔走政商

至於 JH‧凱瑟克方面，他在渣甸洋行尚未上市時已將領導大權交給巴頓，自己則隱身幕後。但由於他當時才年過 50 歲，身體仍十分壯健，故退位後並沒有從此退出政商舞台，反而是在其他位置，以不同身份為渣甸洋行及家族的發展作出貢獻，同時服務國家及社會。他本人曾提及的其中一個目標，則是致力促進中國與英國之間的文化及經貿往來（*South China Morning Post,* 11 March 1973）。

先說商業方面的奔走。簡單地說，1957 年回到倫敦的 JH‧凱瑟克，繼續擔任渣甸洋行非執行董事，以及馬地臣及英倫銀行等重大企業的董事，雖然大多屬非執行董事，但在商業上仍十分活躍。另一方面，退居後方的他，應與兄

長 WJ‧凱瑟克就家族的長遠發展作出規劃，然後多方連結，並於 1958 年取得霸凌兄弟、羅拔菲明及威廉奇連三家投資銀行支持，吸納了部份渣甸家族持有的洋行股份，令凱瑟克家族控股量大增，對洋行有更大話事權。至 1961 年，在渣甸洋行藉上市轉移控股家族一事，JH‧凱瑟克相信亦扮演了「背後發功」的重要角色。

到了 1966 年，WJ‧凱瑟克年過 60 歲，退下馬地臣洋行——渣甸洋行母公司——主席一職，JH‧凱瑟克乃接任其位，直至 1970 年當夏禮士退休返英後，JH‧凱瑟克才卸任，改為擔任非執行董事，那時才算退下商業管理的實務工作（*South China Morning Post,* 11 November 1970）。

再說政治方面的奔走。渣甸洋行成功上市那年，JH‧凱瑟克獲推舉擔任「中英貿易會」（Sino-British Trade Council）主席，這一身份成為他奔走於中國與英國之間的最亮麗名牌。他在華從商多年，熟知中國文化，了解中國社會，能講一點華語，又曾結交不少政商界人士，讓他成為「老中國通」（old China hands），在促進中英與華洋互動時，擁有不容低估的力量（*South China Morning Post,* 30 June 1982）。

據他自己在接受記者訪問時提及，在 1961 至 1973 年擔任中英貿易會主席的八年間，他曾多次率團訪問中國，[5] 期間「見了不少老朋友」，尤其會晤了國家總理周恩來，因為他們在抗日期間的 1940 年初早已認識。他亦提及自己喜愛中國文化，又盛讚中國文化，強調自己是中國的朋友。他認為英國、日本及其他西方國家，其實應加強與中國的貿易往來（*South China Morning Post,* 8 April 1979）。

雖然我們沒法確定 JH‧凱瑟克多次率團訪問中國的情況，但當中有一些較為公開且曾高調接受傳媒訪問的行程，可作參考。他第一次率團應是在 1961 年，亦是他離華後首度踏足中國，當時中國正受饑荒影響。在那一年內，他曾

兩次到訪，一次在年頭的 3 月份，一在年尾 11 月。有關他在中國訪問時見了甚麼人，說了甚麼話等，資料極缺。但 3 月那次訪華後，他轉赴日本，並和時任首相池田勇人會晤，據說他建議池田勇人應學習英國，與中國恢復貿易往來，因為貿易應該「沒有意識形態」（free of ideologies）（*South China Morning Post*, 25 March 1961）。11 月時，JH・凱瑟克又再踏足中華大地，這次主要是到廣州出席「中國進出口商品交易會」（簡稱「廣交會」），[6] 因為不少英國商人希望與中國進行貿易合作。之後他轉到北京，主要是與官員討論與國營企業的投資合作，由於牽涉商業機密，具體內容沒對外公佈（*South China Morning Post*, 4 October 1961）。

接著的 1964 年 3 月，JH・凱瑟克再以中英貿易會主席身份到訪中國。這次他先到北京，因為英國政府有意參與中國政府於該年底在北京舉行的工業生產設備展銷會，JH・凱瑟克乃親到北京，與相關部門商討工業生產設備輸華，以及買賣交易等事宜。完成北京之行後，一行人由北京乘火車到廣州，出席了「廣交會」，然後再轉到香港，渣甸洋行董事局不少成員如夏禮士、許厚羽等均前往迎接。至於訪問到底有否取得一些實質成績，JH・凱瑟克則未有提及（*South China Morning Post*, 21 March 1964）。

到了 1970 年 10 月，[7] JH・凱瑟克再次以中英貿易會主席身份，率同不少英國商界精英到訪中國大陸，目的仍是推動中英兩國的貿易往來與投資。這次行程先是由英國飛到香港，然後到廣州，出席「秋交會」，之後再飛北京，與政府高層會晤，然後再回到香港，最後還到東南亞等地訪問，然後才返回倫敦（*South China Morning Post*, 17-23 October 1970）。

接著的訪華行程在 1971 年，那年 JH・凱瑟克剛卸下馬地臣洋行主席一職，但仍是中英貿易會主席，所率的訪問團主要是到廣州出席商品出口展銷會，然後再轉赴北京，亦會見了不少國家高層領導，之後到訪南京等地（*South*

China Morning Post, 29 April 1971）。之後的 1972 年 3 月，他同樣以出席「廣交會」的理由到訪廣州和北京，既了解中國的政經發展，亦接觸了不少新舊朋友，總之便是進行一些強化人脈關係的「軟性外交」活動。在那次行程中，JH・凱瑟克率領的英商訪問團成員包括：國會議員小邱吉爾（Winston Spencer Churchill，英國戰時首相邱吉爾之子）、英國首任駐華大使艾惕斯（John Addis）、英國總商會主席布魯克（R.E. Brook）等，一行人獲得周恩來總理接見，而陪同周總理與 JH・凱瑟克等會晤的，則為副外交部長喬冠華及對外貿部副部長李強等（*South China Morning Post*, 15 April 1972）。由於擔任中英貿易會主席的近八年間，JH・凱瑟克致力推動英國對華貿易，錄得顯著發展，使他和胞兄 WJ・凱瑟克於 1972 年同時獲英女皇授予爵士頭銜，肯定了他們的貢獻（*South China Morning Post*, 6 June 1972）。

到了 1973 年，快將退任中英貿易會主席的 JH・凱瑟克臨別秋波，藉「春交會」的活動再次率團訪華，由南至北地走訪了廣州、長沙、上海、杭州、西安及北京等多個城市。他除了親身觀察中華大地的民生經濟轉變，亦接觸了各地官員，了解情況，回到香港後曾與傳媒聚首，談及不少對中國大陸最新發展的見聞，當然仍主力推銷與中國大陸進行貿易的重要性（*South China Morning Post*, 11-20 May 1973）。

之後，JH・凱瑟克靜了下來一段時間，直至中國政府粉碎「四人幫」，開始實行「改革開放」政策。他於 1978 年 4 月到訪日本時，在日本英商會的演講中提到，中國投入發展經濟會產生巨大需求，英商若不爭取機會，必為美商獨佔，所以建議英商把投資目光轉到中國大陸（*South China Morning Post*, 22 April 1978）。

正是基於中國政府邁開了「改革開放」步伐之故，1979 年春，JH・凱瑟克這次以「英國中華協會」（Great Britain China Society）名譽會長身份，再次

怡和大廈，落成於 1973 年。（圖片出處：怡和集團網站）

率團訪華，地點主要在北京，目的是推動中英文化交流。這次行程的最大亮點，是獲得了國家領導人鄧小平接見，揭示規格不低，受到北京政府高度重視（*South China Morning Post*, 8 April 1979）。

行程完畢回到香港後，JH・凱瑟克曾接受傳媒採訪。他特別提到，雖然他乃商人，但那次行程的主題放在文化交流互動之上，尤其針對中國教育尚未發展的問題，建議引入英國實行已久的公開大學制度（open university system），讓付不起高昂學費的普羅青年可以較低廉、便利，甚至不影響工作謀生的情況下有更多自學機會。還有一點值得注意，JH・凱瑟克在訪談中高度評價鄧小平，指他有遠大目光和願景，又充滿活力，會談時將中國碰到的問題率直相告，對推動現代化一事採取務實態度，令他留下深刻印象（*South China Morning Post*, 8 April 1979）。

那次訪京之後，JH・凱瑟克又略為低調下來，沒在政商或社交場合出現。到了 1982 年 6 月，渣甸洋行舉行 150 週年紀念活動，JH・凱瑟克曾與妻女一同到港，參加那次慶典。活動完結回到英國不久，他便因心臟病於 7 月 4 日去世，享年 75 歲。對於 JH・凱瑟克的傳奇人生，《南華早報》指他有如現代版

的十三行頭面人物「浩官」（伍秉鑒），讚揚他在推動中英貿易上扮演極為吃重的中間人角色（*South China Morning Post*, 7 July 1982）。然而，對十三行歷史及浩官人生經歷心水清的人都知道，浩官曾因想討好中英兩方，最後落到兩面不討好的結局，不但本身憂鬱而死，行號無以為繼，豐厚家財亦迅速如流水般散盡。可見以浩官稱讚JH‧凱瑟克並不適合，除非旨在暗諷他兩面討好，或是前後兩張臉。

工業持續發展與銀行業曾現波動

回到渣甸洋行的發展上。如前文所述，洋行上市後，卻沒大舉投資，開疆闢土，業務只是平穩發展，引證了它上市主要目的，是為了便利渣甸及凱瑟克家族間的股權易手，而非需要集資作大規模的投資。至 1963 年，洋行上市後兩年，曾宣佈開拓澳洲業務，但主要仍是經營貿易生意。同年 6 月，巴頓功成身退，宣佈任期屆滿離港返英，渣甸洋行大班之位交到夏禮士手上。

巴頓離任後，獲港府委任為香港駐「歐洲共同市場」（European Common Market）貿易代表處負責人，故他在休息一段時間後即轉到歐洲，負起向歐洲各國推廣香港貿易的職責（*South China Morning Post*, 14 June 1963）。這個職位自屬「優差」，既薪高糧準、工作自由，更可經常公費到歐洲「遊歷」，得到官方接待，絕對是任何退休人士樂意擔任的好工。

接替巴頓成為洋行大班的夏禮士生於 1923 年，是蘇格蘭鄧弗里斯郡人，與渣甸家族同鄉，而他接受教育與走向事業的道路，亦與不少渣甸及凱瑟克家族的成員相似：首先是在伊頓公學完成基礎教育，然後考入劍橋大學，惟大學期間二戰爆發，他加入了「皇家直屬蘇格蘭邊境兵團」，上陣殺敵，並因表現英勇獲頒「Military Cross」軍事勳章。二戰結束後他重返校園，在完成大學學業後，於 1959 年離英東來，不久即加入渣甸洋行，服務於會計部門，開展了

「打工」生涯（*South China Morning Post, 29 May 1970*）。

由於工作表現突出，夏禮士獲洋行重用，職位亦不斷上升，並曾被派遣到日本和新加坡等地考察業務，之後再回到香港，於 1959 年獲擢升為執行董事，處理更多重大發展項目與投資，如在推動渣甸洋行上市一事上，他亦是有份參與並親力親為的關鍵人物之一，作出重要貢獻。自他擔任執行董事職位開始，亦按慣例獲委任為立法局議員、香港賽馬會執行董事、大學資助局主席及滙豐銀行董事等眾多幾乎屬於渣甸洋行大班常任的職位。

夏禮士任內，香港工業繼續保持良好發展勢頭，惟 1965 年一度爆發銀行擠提風潮，牽動社會民心。不過，由於問題只集中於華資銀行，英資的滙豐銀行與渣打銀行反而漁人得利，渣甸洋行亦間接獲益，其中又以滙豐銀行乘勢收購恒生銀行一事最為轟動，對這兩家銀行乃至整個香港銀行業及金融市場發展而言，亦影響深遠（鄭宏泰、陸觀豪，2017）。作為渣甸洋行在滙豐銀行董事局成員的夏禮士，自然亦參與了整個決策過程，協助平息事件之餘，渣甸洋行從中亦獲得不錯的投資收益。

渣甸洋行於 1965 年銀行風潮中全身而退，非但沒有受到衝擊，反而獲利不少，洋行及其子公司的各項業務亦能保持良好勢頭，盈利持續上升，不單投資者笑逐顏開，員工們自然亦能分甘同味。於夏禮士退休後接替其職，成為渣甸洋行新大班的小亨利‧凱瑟克（Henry Keswick），如下一段言簡意賅的話，概括了夏禮士任內渣甸洋行局面持續向好的情況：

作為主席的夏禮士，總是向股東、社會和員工三方面承擔責任，有了交代：股東們可以享受到股息的增加，整個社會亦得到夏禮士先生的服務尤其擔任立法局議員期間，至於全體員工則獲得薪酬的提升。
（*South China Morning Post*, **29 May 1970**）

順帶一提，到了夏禮士任期快將屆滿的 1969 年，子公司渣甸華夫洋行收購了新加坡 Guthrie Waugh Ltd 50% 的控股權，該公司主要從事地產投資、電機工程及通訊設備業務，這次收購舉動在於擴大新加坡的投資。同年，JW．渣甸去世，享年 69 歲，喪禮低調舉行，ARJ．渣甸則成為大家長，惟那時的渣甸家族，與渣甸洋行已沒實質聯繫了，所以渣甸洋行上下亦沒作出甚麼消息公佈或舉行甚麼悼念儀式，畢竟人走茶涼，中外社會皆然。

正如上述，到了 1970 年 5 月，夏禮士宣佈退休，接班人乃凱瑟克家族第四代人（以渣甸家族計則屬第六代），標誌著渣甸洋行將進入另一發展階段。在夏禮士任內，由於洋行採取了穩紮穩打、深耕細作的發展策略，強調埋頭做事，不做冒進投資或收購，洋行因此積累了較強財力，負債比率尤低。不過，這樣的投資取向，在某些具進取心的人看來，自屬不夠積極的表現，難怪自小亨利．凱瑟克上台後，渣甸洋行的發展策略便有了截然不同的轉變。

渣甸家族第六代接班的攻與守

毫無疑問，傳承接班乃任何跨越多代的家族企業必須面對的重要挑戰，像渣甸洋行這間快將進入二百年的長壽企業，自然經歷了無數次這樣的考驗。話雖如此，1970 年那次接班仍然別具意義，因為那是凱瑟克家族第四代走上前台的開始，亦是渣甸洋行上市近十年後，領導大權再次回到家族後人手中的標誌。事實上，1970 年 6 月從夏禮士手中接過大班之職的小亨利．凱瑟克，那時只有 32 歲，十分年輕。由於他已是凱瑟克家族第四代中年紀最長者，難怪當 1956 年 JH．凱瑟克退休時，領導大權沒有直接交到第四代手中，因為他們那時年紀尚輕，大部份都仍在求學。[8]

小亨利．凱瑟克在 1938 年出生於上海，自幼被送回英國，在戰亂中成長，求學時期在伊頓公學度過，之後考入劍橋大學，修讀經濟與法律。惟據他

憶述，在劍橋大學唸書時，由於並不用功，把太多時間放在體育等玩樂上，沒有好好學習，最後只獲得三等榮譽畢業，[9] 感到可惜。而離開大學後 15 年的工作，反而讓他學懂更多（*South China Morning Post*, 15 April 1975）。

據小亨利・凱瑟克本人所述，他於 1961 年——即渣甸洋行上市那年——加入洋行工作，開始為接班鋪路。經過一輪基礎與底層磨練，他擢升為部門主管，初期處理部門內部事務，後來負責地區事務，無論是 1963 年開拓澳洲生意，或是 1969 年收購新加坡 Guthrie Waugh Ltd 等，他均曾參與其中。年紀輕輕的他能多次參與這些重要的投資項目，相信反映了洋行對他的栽培，以豐富他的履歷並讓他建立威信，證明其領導能力。至 1967 年，他獲任命為渣甸洋行董事，向大班之位靠近了一大步。在這個更為吃重的位置上，小亨利・凱瑟克有了更多發揮機會，到了 1970 年夏禮士宣佈退休，他即順理成章登上大位，成為渣甸洋行的領軍人。

出任渣甸洋行大班之職後，志大氣銳且一心要幹出成績，以證明自己才幹的小亨利・凱瑟克，很自然地改變了前任領導穩打穩紮、深耕細作的保守發展策略，在接著的日子中主動出擊，不斷進行開拓與收購合併。雖然，在他任內香港股票市場經歷了暴升急跌（參考下一章討論），但他的進取策略成功令渣甸洋行的規模不斷壯大，吸引市場和社會的不少注視目光。他任內所開拓的業務，基本上可分為六個範疇，包括金融業、貿易、輕工業、地產、服務業及天然資源。

綜合資料看，小亨利・凱瑟克上台後首項引人注目的舉動，便是強化金融力量。他於 1970 年與英國商人銀行羅拔菲明公司（Robert Fleming & Co. Ltd）組成渣甸菲明有限公司（Jardine Fleming & Co. Ltd，又稱怡富有限公司），進軍商人銀行業務，俗稱「吃大茶飯」，即從事融資借貸的投資銀行生意，包括為收購合併等重大金融交易提供資本。這家公司發展甚為順利，並在金融業界

打響名堂。

　　緊接著的是貿易與輕工業生意的開拓。因應渣甸華夫洋行自 1970 年起業績表現持續欠佳，小亨利・凱瑟克決心進行重組整頓，於 1971 年出售渣甸華夫洋行手上持有的 Guthrie Waugh Ltd 股權，並於 1972 年將渣甸華夫洋行改為東南亞渣甸洋行控股（Jardine Matheson Holding（SEA）Ltd），業務進一步擴展至馬來西亞、印尼及澳洲等地，把貿易市場與輕工業生產擴大至整個東南亞地區，希望帶來規模效益。

　　同年，渣甸洋行亦大力拓展地產業，其中，最吸引投資者目光的，無疑是旗下香港置地公司吞併牛奶公司一事。牛奶公司擁有龐大且價值不菲的土地儲備，更有強大零售網絡，引來渣甸洋行垂涎。不過，牛奶公司當時資產穩健，加上其主席乃曾任行政立法兩局議員的周錫年，又有華懋集團的王德輝在背後力撐，因此一直堅拒香港置地公司的吞併。經過多番交手，牛奶公司股東終於不敵小亨利・凱瑟克高姿態出價的「銀彈」攻擊，最終屈服，從此落入香港置地之手（《大公報》，1972 年 12 月 6 日；《星島日報》，1972 年 12 月 15 日），小亨利・凱瑟克亦坐上了牛奶公司主席之位。

　　由於當時股市興旺，物業土地價格飆升，食髓知味的小亨利・凱瑟克乘勝出擊，宣佈香港置地公司將斥資 90 億元，進行一個為期十年的中區重建大計，反映洋行對香港物業地產前景非常樂觀，有意進一步加大投資規模（*South China Morning Post*, 23 December 1972，相關發展細節參考下一章討論）。此外，小亨利・凱瑟克又於 1973 年斥資 6.65 億元，先後收購倫敦的 Reunion Properties 及夏威夷的 Theo H Davies Co Ltd，前者集中於物業地產投資（*South China Morning Post*, 16 March 1973），後者主要業務則在天然資源方面，兩項收購均在本地及國際投資市場上引起高度關注。到了 1974 年，渣甸洋行搬入新落成的集團旗艦物業——康樂大廈（日後易名怡和大廈），乃當時全港最高的

大廈。雖然那時香港經濟甚為低迷，但喬遷之喜，畢竟還是讓渣甸洋行上下瀰漫美好期望（*South China Morning Post*, 1 September 1973 and 2 September 1974）。

到了 1975 年，渣甸洋行又收購面臨財困的金門建築（Gammon Hong Kong Ltd）及仁孚公司（代理 Benz 平治，又稱奔馳汽車），對前者擁有 100% 股擁，與地產生意相配合；對後者則持有 75% 股權，旨在擴大銷售與服務業生意，因為高檔汽車的市場需求隨著香港經濟發展不斷提升。除此之外，洋行還在那年斥巨資成立「渣甸國際石油有限公司」（Jardine International Petroleum Ltd）。自 1974 年石油危機後，石油被視為極具戰略意義又利潤豐厚的行業，渣甸洋行這次進軍天然資源的生意，自然引起國際社會的高度注視（*South China Morning Post*, 18 April 1975）。

從以上各項，小亨利・凱瑟克的投資策略無疑十分進取，其收購吞併的目標，往往並非無名小卒，而是資源豐厚的著名企業，難怪他被視為只做大買賣的生意人，投資交易無寶不落。至 1974 年 5 月，渣甸洋行宣佈小亨利・凱瑟克將於 1975 年任期屆滿後離港返英，坐鎮倫敦大本營，從夏禮士手中接任倫敦馬地臣洋行主席之職。香港渣甸洋行主席之職，則由紐璧堅（David K. Newbigging）頂上（*South China Morning Post*, 22 May 1974）。

小亨利・凱瑟克那時年紀尚輕，只有 37 歲，而其他大班多是過了 50 歲退休年齡才退下火線的；而且他手風正順，投資出手屢戰皆勝，幹出了不少成績（見下文），故市場對他沒有「再坐一會」大感意外。更令人不解的是，他把主席之位傳給紐璧堅，而非如上一代般兄落弟上，由胞弟齊平杜・凱瑟克或西門・凱瑟克頂上——尤其西門・凱瑟克那時已在洋行工作了一段不短時間了（參考下一章討論）。

對於自己任內的表現，一向極有自信的小亨利・凱瑟克相信亦十分滿意，所以他在卸任大班一職且快將離港返英前，特別抽出時間，在康樂大廈的辦公

室內接受訪問，談及自己任內渣甸洋行的重大發展，更詳列一些數據，說明這五年間的重大突破：

- 在任五年間，公司股東由上任前只有 3,000 名，大幅上升至卸任時多達 30,000 名，可見洋行獲得更多投資者垂青；

- 在任五年間，洋行利潤增加 5.56 倍，由上任時的 3,800 萬元，上升至卸任時的 2.15 億元；

- 每股股息在其五年任期內增加 4.2 倍；

- 洋行資產毛值由上任時的 2.85 億元，增加至卸任時的 26.71 億元。

受訪時小亨利·凱瑟克已年過 37 歲，但尚未結婚，屬於名副其實的「鑽石王老五」了，記者自然亦不放過機會，追問他會否覺得孤獨寂寞，以及對結婚的看法。他則表示自己對於婚姻並不著緊，由於工作繁忙，根本沒時間想到孤獨問題。此外，他還提及自己對政治感興趣，但返英後會否參選國會議員，則只能如婚姻般，一切隨緣（*South China Morning Post*, 15 April 1975）。

小亨利·凱瑟克剛過而立之年便登上渣甸洋行大班的大位，在其領導下，洋行開疆闢土，企業規模不斷壯大，投資亦更為多元化，無疑是交出了一張亮麗的成績表。但必須留意的是，他在位時，香港股票市場正由壟斷走向開放，市場熱火朝天，其開拓策略和收購吞併自然諸事順遂。但後來市場出現逆轉，泡沫爆破，出現股災，加上石油危機夾擊下令投資氣氛低沉，經濟蕭條，他仍只攻不守，則令戰線拉長，埋下久攻必失的伏線。誠然，小亨利·凱瑟克全方位進攻策略的失誤，在他任內尚未暴露出來，故渣甸洋行仍能保持不錯發展，但到其接班人上台後，由於經濟與營商環境進一步惡化，出現更多暗湧，早前過度擴張的問題便不斷湧現，給企業發展帶來巨大挑戰。

結語

　　以渣甸洋行這樣一家幾乎年年賺錢、快速發展的公司，又在香港不同政經層面享有壟斷地位，哪怕在中華大地變天時曾蒙受巨大損失，實在亦屬於非戰之罪，大勢難逆；況且洋行在香港的業務自五十年代起已迅速恢復，按道理，渣甸家族不應在六十年代各項生意均持續高速增長之時盡售手上股份，全面退出。除非渣甸與凱瑟克家族之間的關係已經破裂，不想再容忍對方，又或者是受不全面消息誤導，做了錯誤決定。當然亦可能是 CJ · 渣甸曾提及，其父「那時想藉著洋行重見興旺的好時機，減輕日後可能再有不可預見麻煩引來巨大損失的局面」，所以便選擇「套現」（*South China Morning Post,* 27 October 1979）。是耶非耶，相信真相沒法知曉。

　　渣甸家族退出後，凱瑟克家族對洋行的掌控和領導便更為自由，亦更隨心所欲，而上市之後，有了股票市場這個隨時能夠融資集資的平台，洋行的發展前路與背後支援無疑更為堅實。正因如此，當凱瑟克家族第四代接班人上台後，曾經志大氣銳地東征西討，致力擴張渣甸洋行生意版圖，力求恢復昔日輝煌。這種過於進取的策略，當遇上發展前景向好時，當然是火乘風勢，愈燒愈烈。但一旦環境逆轉，則難免陷於困窘，以致一度瀕於破產邊緣，令不少人大感意外。有關這種令人出乎意料的發展進程，且留在接著的篇章中再作深入探討了。

註釋

1. 此公司前身為 Katz Brothers & Co，創立於 1864 年，在新加坡有一定名聲，後為 Henry Waugh Ltd 所吞併，而渣甸洋行收購了 Henry Waugh Ltd 後，則易名 Jardine Waugh Ltd。

2. 此公司的主要投資者為會德豐（Wheelock Marden & Co Ltd）、和記國際（Hutchison International Limited）、廣宏（Kwong Wan Ltd）及嘉道理家族（Sir Elly Kadoorie Successors Ltd），渣甸洋行榜上無名。

3. 因為威廉・凱瑟克於 1859 年被派到日本開拓業務，到了 1959 年 4 月，凱瑟克家族又高調慶祝他們在日本開展生意一百周年（*South China Morning Post*, 16 April 1959）。對於渣甸洋行或凱瑟克家族，過去的討論較多集中於中國，很容易忽略他們與日本的關係。事實上，正如第六章中提及，DJ・凱瑟克和 WJ・凱瑟克均在日本出生，1955 年，時任日本首相更曾到 WJ・凱瑟克家中作客。到了 1961 年，當 JH・凱瑟克訪日時，同獲時任日本首相池田勇人（Hayato Ikeda）接見，主要討論對華貿易（*South China Morning Post*, 26 March 1961）。以上各種舉止揭示，凱瑟克家族與日本關係非淺。

4. 此學院日後併入香港理工學院，即現今的理工大學。

5. 在某次訪問中，JH・凱瑟克提及他自 1950 年離華後，再次踏足時是 1961 年，那年他剛退下渣甸洋行大班之職。有關那次行程的資料極缺，惟他十分清楚地指出，「渣甸洋行其實一直與中國維持貿易交往，就算文化大革命時亦如此，因他們（指中國政府）知道我們不玩政治」（*South China Morning Post*, 11 March 1973）。

6. 當時的「廣交會」分春秋兩次舉行，春季舉行的稱「春交會」，秋季舉行的稱「秋交會」，兩者均屬中國與外國貿易往來的重大盛事，備受國內外商人重視。

7. 在 1967 年時，JH・凱瑟克可能曾踏足中國大陸，惟因缺乏資料而無法確實。

8. 在凱瑟克家族第三代中，DJ・凱瑟克育有五女，JH・凱瑟克只有一女，只有 WJ・凱瑟克育有三子（小亨利・凱瑟克、齊平杜・凱瑟克和西門・凱瑟克），因此成為必然接班人物。

9. 1956 至 1958 年，小亨利・凱瑟克曾加入蘇格蘭衛隊，接受軍事訓練。

第八章

時移勢易

華資企業對渣甸洋行的挑戰

作為英資龍頭大行，又被視為管治香港的其中一股強大力量，渣甸洋行過去均屬「造王者」（king-maker），無論對政治、經濟及社會均具支配地位。相對於其他在港經營的大小華資或外資企業，渣甸洋行總是高高在上、地位超然。簡單而言，只有它對別人企業予取予攜，別人既不能望其項背，亦難以作出甚麼挑戰。然而，自七十年代開始，局面開始改變，那些過去被視為弱勢的企業，已經不再是吳下阿蒙，而是可以與渣甸洋行並駕齊驅，甚至可以取而代之，成為與其分庭抗禮的強勁對手。

所謂「今時不同往日」。在那個前所未見的新形勢下，不但渣甸洋行本身的經營表現強差人意，旗下控股企業亦乏善足陳。簡單而言，是市場競爭力大不如前，因此才會屢遭挑戰，對手則是那些新崛起的華資企業，它們覬覦渣甸洋行旗下不少尚未全面發揮資產效益的公司，伺機收購吞併，令渣甸洋行寢食難安，抗拒乏力，並出現了自創行一個多世紀以來最為巨大的危機。

過度擴張埋下的發展危機

香港的發展成就無疑是一個神話，尤其可視作中西碰撞下的歷史際遇或產物。開埠後的第一個世紀，香港一直扮演著國際貿易的自由轉口港角色，到1950年代突然改變跑道，走上了工業化道路，「香港製造」在國際社會闖出名堂。不過，最終真正令香港揚名立萬的，卻是走向高增值的金融業，並建立起國際金融中心地位。香港之所以能成功轉型，關鍵是1960年代末，股票市場的壟斷局面被打破，不少中等規模的華資企業亦獲得上市機會，並能充份利用股票市場吸納公眾資本、提升公司管治及健全企業運作，因而更能盡展所長，不斷壯大，成為香港經濟和金融的主體力量，建立起他們的商業王國，亦造就了香港的國際金融中心地位。

事實上，華資企業向來有敢拚肯捱，做事懂得靈活變通，對中國大陸市場及本地社會有更深刻了解等特點，一旦它們可以在一個公平的競爭平台（a level playing field）上與競爭對手拚真功夫，自然能夠搶得不少優勢，令企業可以更為旺盛地發展起來。自1950年代踏上工業化道路後，無數「山寨廠」（簡陋工廠）在港九新界不同角落，如雨後春筍般生機勃發地發展起來，產品價廉物美，在國際市場取得突出發展，便是很好的說明。

經過近20年的持續發展，進入1970年代，部份表現突出的華資企業，積累了一定財力及能量，便乘著1960年代末股票市場開放的歷史時機上市，令企業發展出現了巨大蛻變。與渣甸洋行上市並非因欠缺資金的情況不同，長期「求財若渴」的華資企業，過去一直受資金所限，未能盡展所長，造成了發展上的窒礙。當他們能在股票市場吸納低成本的資本，而後續的融資集資又更有保障時，自然會善加利用，開疆闢土，建立起生意王國。新鴻基地產、新世界發展、長江實業、合和實業、恒隆地產、信德集團、恒基地產、鷹君地產、利豐貿易等等，均是受惠於股票市場開放而不斷壯大和脫胎換骨的最佳例子（馮

邦彥，1997）。

　　可以這樣說，當小亨利‧凱瑟克憑著渣甸洋行的雄厚財力四出東征西討時，尚屬中等規模的不少華資企業，亦充份利用了股票市場的力量，涉足一些需要較多資本投入、回報期較長，但利潤也較豐厚的投資項目，其中以房地產市場最受看重，吸引無數企業投身其中。受地理條件的制約，香港山多平地少，當中以香港島的發展歷史最早，更屬政經核心所在，自二戰結束後一浪接一浪的移民湧入，不但把港島擠得滿滿，九龍半島亦現人滿之患，居住空間狹窄，木屋區（臨時房屋）林立等問題，人盡皆知（方國燊、陳迹，1993）。

　　那時，不少華人地產開發商，正是看到這個特點，認定地少人稠的香港必然寸土尺金，於是將全副精力、財產投入到地產市場上，而且想出了「分層出售」、出售「樓花」（類似樓宇期貨）及發展九龍邊陲與新界等地的不同策略，結果賺得盆滿缽滿。儘管每當香港政經環境出現巨大波動時，物業市場都有所回落，但總體上卻是輾轉上升，而且升幅突出。那些華資地產商便從這個發展過程中迅速壯大起來（馮邦彥，2001），日後更成為渣甸洋行的強勁挑戰者，令不少人大感意外。

　　這裡先回到小亨利‧凱瑟克把帶領渣甸洋行的大旗交給紐璧堅一事上。新任大班紐璧堅與渣甸洋行其實關係不淺，在第六章中提及，其父親老紐璧堅早於 1919 年已加入渣甸洋行，曾被派駐福州、天津及上海等地，負責當地業務。[1] 而紐璧堅於 1934 年在天津出生，至 1938 年，老紐璧堅獲委任為洋行董事，並調到香港，負責省港澳輪船公司的管理，年幼的紐璧堅乃轉到香港生活。

　　日軍逼近香港時，老紐璧堅加入香港防衛志願軍團，為了安全起見，他把太太及一子一女送到加拿大。1941 年，他因獲港府委任為糧食管理專員（Food Controller），乃辭去了渣甸洋行職務，[2] 不久日軍壓境，老紐璧堅被俘，囚於集

中營。至香港重光後，他因健康欠佳，退休返英，紐壁堅及母親等則由加拿大回到英國與父親團聚，他並考入北安普頓郡（Northamptonshire）一家著名寄宿學校——安都學校（Oundle School）——接受中學教育。1948 年，老紐壁堅去世，享年 52 歲（*South China Morning Post*, 20 July 1948）。

中學畢業後，紐壁堅並沒進入大學，而是如不少凱瑟克家族成員般，加入「皇家直屬蘇格蘭邊境兵團」，獲少尉軍銜。1954 年，剛年過雙十的紐壁堅決定離開軍隊，在親戚的建議下應徵渣甸洋行的工作，並在獲聘後東來。紐壁堅曾被派遣到不少地方如台灣、[3] 馬來西亞、澳洲及倫敦等地工作，之後再調回香港，並於 1966 年升任董事，再於 1970 年因表現突出被任命為董事總經理，五年後的 1975 年當小亨利・凱瑟克退位時則成為主席（*South China Morning Post*, 21 April 1975; Sinclair, 1982）。

與小亨利・凱瑟克在 1970 年登上大班之位時的情況不同，紐壁堅於 1975 年上台時，渣甸洋行的規模實在已今非昔比。就以小亨利・凱瑟克本人所說的股東數目為例，已由 1970 年的 3,000 名大升至 30,000 名，生意涉獵層面之廣自不待言。而且，當紐壁堅上任時，香港經濟可說是自 1967 年以後最為低迷的時期，利息和失業率同樣高企，陷於財困的企業更是比比皆是，惟他卻要為小亨利・凱瑟克在任時期的擴張投資「執手尾」（善後），因而要面對各方壓力。

正如上一章中提及，1972 年 12 月下旬，小亨利・凱瑟克宣佈了香港置地公司及渣甸洋行聯手，投資一項高達 90 億元的大型發展計劃（*South China Morning Post*, 23 December 1972）。由於香港置地公司在中環心臟中樞地帶擁有不少地皮，而地段上的物業大多在二戰前興建，十分破舊，又未能充份利用已經放鬆的地積比率，加上大廈多是單幢發展，缺乏連結，未能發揮協同效應，所以決定全數拆卸重建，以整體規劃模式，發展經濟效益更高的物業。另一方面，渣甸洋行在根據地銅鑼灣同樣擁有大量地皮，加上小亨利・凱瑟克自擔任

旅遊發展局主席一職後，銳意發展旅遊生意，有意在銅鑼灣的海皮位置興建能夠遠眺維多利亞港優美景色的五星級酒店，所以亦決定系統化地發展銅鑼灣區。然而，這幅美麗的發展藍圖卻埋下了巨大危機，因為不久之後，香港經濟環境逆轉，原來的優勢很快變成劣勢，給企業發展帶來衝擊。

正是在那個大興土木的發展藍圖中，在完成內部各項計劃後，中環與銅鑼灣的各個重大發展計劃乃在 1973 至 1974 年間，先後向政府相關部門申請審批，主其事的乃曾在政府工作，後來投身香港置地的白福德（Trevor Bedford）。[4] 由於白福德在政府工作多年，深明政府運作，亦掌握建築工程的複雜性，故採取了弄好部份項目的手續，便立即開展工程的彈性做法，令香港置地可以更好地邁出發展步伐（Su, 1983; Walker, 1983）。

到紐璧堅接替小亨利‧凱瑟克初期，地產復甦浪潮仍然強勁，白福德更獲重用，各項地產項目的開拓亦更進取，中環歷山大廈（1974 年重建）、告羅士打大廈（1977 年拆卸重建）、太子大廈（1965 年建成）、公爵大廈（1983 年建成）及文華東方酒店（1963 年 9 月開業）等建築群先後動工，工程塵土飛揚的忙個不停；銅鑼灣的怡東酒店於 1973 年開幕、皇室堡及世界貿易中心（1975 年落成）等地盤亦日夜趕工。當然，這個過程不久便碰上市場逆轉，令渣甸洋行和香港置地一度陷於財政崩潰邊沿。

到紐璧堅進入第二任期時，社會及投資環境已有很大變化，前文提及的利息高企，尤其對各項投資經年的建築項目造成巨大打擊，因為地盤開了不能叫停，而工資、原材料及融資的利息開支等，卻是持續上揚，開

拆卸重建前的舊告羅士打行

銷巨大。若然只是一兩個項目，以渣甸洋行的財雄勢大，尚可遊刃有餘，不難應對，但因那時渣甸洋行和香港置地卻又同時左右開弓，即俗語中的「點了太多火頭」，或是戰術上的「把戰線拉得太長」，令其不易應對，甚至疲於奔命。

所謂「福無重至，禍不單行」。當渣甸洋行因過度發展而陷於困難時，羽翼已豐的華資企業也開始對香港置地公司和渣甸洋行手持的黃金地皮垂涎欲滴，如蟻附羶般從四方八面悄然湧至，有些是公開叫陣挑戰，有些則暗中挖牆腳，這些在明在暗的舉動，均給渣甸洋行的發展帶來巨大威脅（馮邦彥，1996；劉詩平，2010）。為此，領軍人的紐璧堅乃顯得疲於奔命，其中尤以暗中挖牆腳者的舉動，相信令他覺得最難應對。

可以這樣說，當小亨利‧凱瑟克大張旗鼓，一心要把渣甸洋行推上另一高峰時，香港及世界的經濟與營商環境仍十分暢旺，他進取的策略本無不妥。可是，當這種投資策略碰到經濟及營商環境逆轉時，則無可避免地會掉進困境，更會面對資金周轉不靈或利息開支沉重的問題，觸發資金斷裂危機。紐璧堅上任後的局面，恰恰正是如此。初時，他或者仍能應對，但當困境持續、局面難轉，在久守必失的情況下，必然會掉進問題深淵。

由捕獵者變成被獵者

商場如戰場，強調的是適者生存強者勝。小亨利‧凱瑟克掌權前後，便曾憑著本身財力，加上無人能及的政經地位東征西討，收購合併了不少企業，如渣甸華夫洋行、Guthrie Waugh Ltd、Theo H. Davies Co Ltd、金門建築、仁孚公司等等，均是當中一些較引人注視的例子。儘管這些企業規模不一，小亨利‧凱瑟克卻相準便即出手，總之大小通吃。

誠然，利用以力打力的槓桿力量開拓業務，自有其優點，尤其可令企業迅速壯大，領導層可以較快做出成績，樹立權威，贏得各方肯定。但問題是過度

擴張，戰線拉得太長，則容易產生反效果，就如暴飲暴食後容易導致消化不良或拉肚子，影響健康。小亨利‧凱瑟克任內正值經濟向好，問題或尚未浮現，但到他退位後，各種負面效果便暴露出來，令原來的捕獵者變成了被獵者。早年被遏抑，不能在公平競爭平台上一較長短的華資企業，則成為其最大競爭對手，「世界輪流轉」的情況又再得到很好的證明。

　　1973 年香港股市泡沫爆破，恒生指數由該年 3 月 2 日高位 1,774.96 點，持續大跌至翌年 12 月 10 日的歷史低位 150.11 點，跌勢之急速，跌幅之慘烈，令不少投資者虧損嚴重，欲哭無淚（鄭宏泰、黃紹倫，2006：308-320）。由於不少企業的股價極為低落，因此淪為被收購吞併的對象，有些則被母公司或大股東私有化，渣甸洋行旗下的印華輪船有限公司便是一例，於 1976 年被渣甸洋行以每股 1 元之價值收購，然後私有化。與此同時，紐璧堅又宣佈以現金每股 100 元的價值，全面收購隆德保險，冀藉以壯大洋行的金融力量。除此以外，洋行旗下的香港置地公司，又籌劃收購會德豐，惟行動因雙方沒法達成協議而告吹。

　　由此可見，自小亨利‧凱瑟克退下，把領導大權交到紐璧堅手上後，[5] 洋行仍沒停下擴張腳步，而是攻城掠地，表現依舊進取。例如在 1976 年，紐璧堅還磨刀霍霍，計劃吞併面對財困的老牌洋行和記國際（Hutchison International Ltd）（*South China Morning Post*, 26 October 1976），

1903 年出現在 *Chronicle and Directory for China* 上的香港黃埔船塢廣告

惟該公司後來與香港黃埔船塢（Hong Kong & Whampoa Dock Ltd）合併，組成和記黃埔（Hutchison Whampoa Ltd），成為當時香港其中一家擁有龐大資產值的企業（*South China Morning Post*, 2-6 June and 7 December 1977），而部份股權在那個過程中，由於信貸問題落入滙豐銀行手中，日後成為造就李嘉誠鯨吞和記黃埔的關鍵所在。

由於「火頭點得太多」，渣甸洋行出現外強中乾，資產流動性受到限制的情況。最能說明這種變化的例子，是紐璧堅與李嘉誠於 1977 年短兵相接，競投地鐵公司中環站和金鐘站的上蓋物業發展權一事。由於兩個地皮均屬黃金地段，很多有實力的企業都出標競投，財雄勢大的香港置地公司更一直被視作「大熱」，紐璧堅亦表現得志在必得。但結果是「大熱倒灶」，李嘉誠以「黑馬」之勢跑出，一舉奪得這兩幅地皮的發展權，該等物業落成後，即現今中環的環球大廈及金鐘的海富中心（鄭宏泰、黃紹倫，2006）。

紐璧堅「老貓燒鬚」，敗於當時名氣仍不響亮的李嘉誠，相信會受到倫敦的小亨利‧凱瑟克等馬地臣洋行管理層的批評，但這應該仍未讓渣甸洋行管理層意識到，華資企業羽翼已豐，將會成為他們未來發展的挑戰，遑論為威脅，故在投資策略上沒有改弦易轍，或採取什麼應對措施。接下來，洋行仍一如過往，當發現旗下某些企業的股價低下但資產較為豐厚時，便會進行收購合併和私有化行動，例如在 1978 年 5 月 15 日，香港置地公司宣佈以每股 40 元的價格收購城市酒店餘下的 47.4% 股權；與此同時，洋行也宣佈收購渣甸實業（Jardine Industries，又稱怡和實業），令相關企業變成了置地公司的附屬機構，希望重新整合集團的力量（鄭宏泰、黃紹倫，2006）。但是，由於連串收購行動牽動龐大資金，資金流已見緊張的渣甸洋行於是出售部份資產套現，如在 1979 年 11 月 27 日，便出售了早前購入的 Reunion Properties，套現 4.58 億元（*South China Morning Post*, 28 November 1979）。

必須注意的是，當香港股市及經濟開始發生重大變化時，中華大地亦出現了歷史性變化，牽動了香港社會的發展進程。先是自 1950 年遭到聯合國實施「貿易禁運」，之後又發生包括「文化大革命」在內的連番政治運動，至 1978 年底國策更出現重大轉變，宣佈實行「改革開放」政策。接下來，中美兩國於 1979 年 1 月 1 日宣佈建立正常外交關係，恢復自 1949 年新中國成立以來中斷 30 年的邦交。到了 1980 年代初，中英兩國就香港前途問題開始了商討，未來發展備受關注。

　　無論是協助中國大陸與世界接觸，或是直接推動國內的經濟改革，香港均處於關鍵位置，惟這個角色會否因主權回歸而受到影響，則最為牽動社會民心，華洋商人的反應尤其呈現了很大不同。正如上一章中提及，因應當時中國大陸的新形勢，JH·凱瑟克曾在 1979 年春率團訪問北京，並獲國家領導人鄧小平接見，而渣甸洋行在那年起先後在北京、上海及廣州等地設立貿易代表處，但顯然只屬起步階段，實質生意不多。[6]

　　一個甚為明顯的現象是，當時華洋資本對局勢發展的取態甚為不同，概括而言是外商舉棋不定、華商則顯得積極進取，以下的例子可反映出兩者投資取向的分別：1978 至 1979 年間，靠航運起家的馬登（Marden）家族，趁著香港物業地產市場回穩，大量出售物業地皮，並將套現的資金改為購入貨輪，壯大船隊（*South China Morning Post*, 28 August 1978; 馮邦彥，1996），此舉難免讓人覺得家族有意把搬不動的投資改為能走動的投資，以便隨時「走人」，離開香港。與此同時，趁著股票市場低迷，李嘉誠不斷吸納表現持續欠佳的和記黃埔股份，並在 1979 年 9 月吸納滙豐銀行手上持有的二成二股份，一躍成為和記黃埔的單一大股東，控制了這家資產值遠較長江實業巨大且有強大零售網絡的企業，其舉動被稱為「蛇吞象」（陳金華，辛磊，2005）。在那個轉變時代，華洋企業一進一退之間的應對，明顯反映他們對香港未來的不同看法。

回到渣甸洋行與華資企業的角力上。早前洋行敗於李嘉誠手下，失去了中環站和金鐘站上蓋物業的發展權，算是開啟了洋行與華商角力較量的序幕。至1980年，渣甸洋行再與被稱為「船王」的包玉剛，因為爭奪九龍貨倉碼頭（簡稱九龍倉）而直接對碰。由於當時包玉剛決心「棄舟登陸」，開拓航運以外的業務，並因九龍倉的資產底子豐厚，故相準了香港置地旗下這家公司，一直不斷吸納其股份。後來相信是與李嘉誠達成協議，得以收購其手中持有股份，令包玉剛持股量驟升。

另一方面，紐璧堅同樣明白九龍倉的價值所在，自然不願放棄這家公司，於是提出以香港置地公司新股及債券折讓的方式，令九龍倉股票上升至100元，想以銀彈攻勢迫退包玉剛，重新奪回對九龍倉的掌控。不過，包玉剛顯然有備而來，他在取得滙豐銀行信貸支持下，宣佈以105元的現金收購價格作更大力的回應，而自知現金流動性不足的紐璧堅，顯然沒能力再提高價，只能看著眾多小股民把手中持有的九龍倉股票售予包玉剛，而九龍倉也終於成了包玉剛的囊中物（*South China Morning Post*, 23 June 1980）。當然，渣甸洋行在這次收購戰中亦有進帳，因手上持有的股票以每股105元出售後「賺」了不少，惟那算是「贏了粒糖，輸了間廠」，因為九龍倉持有的不少海旁地皮（尤其尖沙咀一帶），日後變得寸土尺金，升值巨大，回報豐厚。

對於這次華商與洋商硬碰硬的直接較勁，並能出乎意料地取得勝利，有本地中文報紙以〈華資團結顯威風〉為文，突顯華資企業早已不是昔日的吳下阿蒙。若與當年小亨利‧凱瑟克指揮下香港置地併吞牛奶公司的情景相比，更讓人覺得時移勢易，後浪推前浪了（《星島日報》，1980年6月24日）。而渣甸洋行這次的敗仗，更可視作對過去一段時間過度擴張的當頭棒喝，因為若果不是早前過度擴張，點得太多火頭，以洋行的雄厚財力，絕對不會因為一時拿不出資金而痛失九龍倉的。

痛失九龍倉後，渣甸洋行的惡夢並未結束。或許是九龍倉一役暴露了渣甸洋行的弱點，故一眾新崛起的華資企業都想趁虛而入，而他們的目標，不止是洋行旗下的企業，甚至渣甸洋行本身以及旗下資產最為豐厚的香港置地公司，亦成垂涎對象。領教過包玉剛與李嘉誠合作狙擊，滙豐銀行又不肯賣帳，紐璧堅甚至是凱瑟克家族知悉這一威脅時，自然是寢食難安。當時，報章上的財經分析師指出，按市值計算，渣甸洋行時值 36.0 億元，香港置地為 76.5 億元，已被包玉剛吞併的九龍倉則為 62.5 億元。[7] 假設每一公司的策略性控股量為 25%，要掌控渣甸洋行的資金投入額其實不足 10 億元（36 億 × 25.0% = 9 億）。那時不少華資巨企的財力已應付有餘，而控制了渣甸洋行後可進一步主導香港置地，其巨大吸引力可想而知，那些目光銳利的投資者因此覬覦香港置地，甚至渣甸洋行，一點也不為奇（Simpson, 1979: 50）。

事實上，自李嘉誠以「暗度陳倉」手段鯨吞和記黃埔，然後又有包玉剛硬拚渣甸洋行並成功獨佔九龍倉後，市場上便不斷傳出新崛起華商正暗中吸納渣甸洋行、香港置地，或是「渣甸系」（即由其控股的各家企業）其他企業的傳聞（馮邦彥，2001）。由於渣甸洋行的股票可在倫敦交易所買賣，當地股價的異動便尤其吸引投資者目光，例如 1980 年年中，當渣甸洋行在倫敦的股價大幅飆升時，不少投資者便會預期有大戶意欲爭奪渣甸洋行的控股權。至於香港「渣甸系」的股價波動，亦會惹來同樣猜測（*South China Morning Post*, 7 July and 1 November 1980）。

儘管那時的渣甸洋行和香港置地面對巨大挑戰，但由於當時房地產市場向好，地皮物業價格或租金持續上揚，而這兩家公司及其子公司都持有不少珍貴地皮與物業，仍有充足實力抗擊外敵，故控股權仍能牢牢抓著，所以自 1980 至 1982 年間，整個集團仍能按照小亨利・凱瑟克當年定下的發展藍圖般前進。雖則如此，從 1970 年末渣甸洋行的發展腳步常受阻擋，有時甚至有些步履不暢

順、進退失據的情況看，集團似乎已經失去了過去那種獨領風騷的光環了。掉進這個局面的原因，一方面相信是小亨利‧凱瑟克任內，或是紐璧堅上台之初擴張過度之故，另一方面則應與進入 1980 年代營商及社會環境已有巨大變化有關，本地華商以極快的速度壯大，相形之下，渣甸洋行自然顯得停滯不前了。

樓市逆轉與香港置地遭遇狙擊

正如上一章中提及，1982 年，渣甸洋行慶祝創行一個半世紀，集團上下近 40,000 名員工本應充滿喜樂，亦滿懷自信，紐璧堅更曾高調接受不少媒體專訪，講述渣甸洋行的「威水史」，當然還強調了本身對香港經濟商業的貢獻（*South China Morning Post*, 28 June 1982），惟不久即傳來 JH‧凱瑟克在倫敦去世的消息，令喜慶氣氛驟變。渣甸洋行的發展軌跡亦出現這種情況，1982 年仍意氣風發，繼續按當年小亨利‧凱瑟克訂下的 90 億元發展大計而行，其中透過銀團貸款取得了 60 億元資本，開始了地盤的建築工程（Blendell, 1983）。可是，在接著的日子中，由於中英兩國就香港前途問題的談判屢傳出不利英方的消息，尤其是中方立場堅定，必然會在 1997 年恢復行使香港主權，香港樓市乃迅速逆轉，樓價大跌，渣甸洋行和香港置地乃陷於進退維谷的困境，難以自拔。

這裡先要交代中英兩國有關香港前途談判的進程與社會情緒轉變等問題。正如前文提及，當中國政府推行「改革開放」政策，恢復與世界各地的交往時，英國政府亦急不及待與北京展開接觸，其中的 1979 年 3 月，港督麥理浩訪問北京，會見了國家領導人鄧小平，提及有關出售新界土地時年期能否超越 1997 年的問題，引來了鄧小平如下回應：「到 1997 年，無論香港問題如何解決，它的特殊地位都可以得到保證。說清楚一點，就是在本世紀和下世紀初相當長的時間內，香港還可以搞它的資本主義，我們搞我們的社會主義。因此，

請投資者放心」（袁求實，1997：1）。

　　之後，兩國政府展開不同層面上的深入接觸，並有了 1982 年 9 月英國首相戴卓爾夫人訪問北京，與鄧小平會晤，力圖維持英國對香港的統治能夠超越 1997 年。在獲鄧小平斬釘截鐵地回應，指中國政府必然在 1997 年 7 月 1 日收回香港主權後，戴卓爾夫人走出人民大會堂時在樓梯上跌了一跤，似乎預告了英方將在談判中節節敗退。而兩國的談判自然引起香港社會高度注視，由於前途未明，投資市場出現巨大震盪，自 1970 年中持續上揚的物業地產市場（俗稱「樓市」）旋即轉勢，早前已大興土木的香港置地首當其衝，受到巨大影響（馮邦彥，2001），渣甸洋行慶祝 150 週年的氣氛也冷卻下來。

　　物業市場逆轉的同時，股票市場亦難以獨善其身，最好的說明自然是恒生指數。1981 年底，恒生指數為 1,405.82 點，到了 1982 年底，已跌至只有 783.82 點，跌幅高達 44.2%——其中戴卓爾夫人跌了一跤後，股市曾持續下滑至 12 月 2 日的 676.30 低點，之後才略為回升，否則該年跌幅更大。投資環境逆轉必然產生其他連帶性的市場反應，包括銀行增加利息，收緊銀根等，令資金流動性大幅減少，而銀行公會在 1983 年 9 月更要大幅加息 3 厘，以應對港元兌美元急跌（鄭宏泰、黃紹倫，2006：364-365）。以上這些同時湧現的因素，無疑均令擴張型的長期投資帶來極為致命的打擊。

　　在那個極為嚴峻的投資環境下，渣甸洋行和香港置地亦掉進了債台高築的泥沼。在 1983 年年初，香港置地據說已出現高達 40 億元債務等待支付的困難，尤其急需 12 億元短期資金周轉（*South China Morning Post,* 26 January 1983）。本來，作為上市公司，在重大長遠的投資發展上碰到巨大資金需求時，一般可以採取發行新股或配股等方式再集資，避免借貸之途，因為巨額長期借貸的利息甚高，令成本上漲，不利企業發展。可是，那時的渣甸洋行和香港置地正面對不少對其控股權虎視眈眈的人，正在市場上不斷收集其股份，故

對凱瑟克家族而言，任何有可能進一步弱化其控股權的方法都成了畏途，不被考慮。由於無法透過股票市場集資，等於廢掉紐璧堅的應對武器，銀團借貸乃變成了唯一選擇。

面對當時的巨大挑戰，紐璧堅顯然極為頭痛，左支右絀，不單要想方設法調動資源繼續工程，更要絞盡腦汁應對虎視眈眈的覬覦者。到了 1983 年 3 月，他宣佈退任渣甸洋行資深董事總經理之職，只出任主席。由倫敦調來的凱瑟克家族第四代成員西門・凱瑟克（Simon Keswick）——即小亨利・凱瑟克的幼弟，則獲任命為渣甸洋行行政總裁（Chief Executive Officer），顯然，紐璧堅的權力遭大大削弱（*South China Morning Post,* 31 March 1983）。在同年 6 月 13 日的香港置地股東會議上，紐璧堅除了報告業績，更發表了強硬言論，大力炮轟銀行公會的高息政策嚴重損害商業活動，要求大幅減息二厘。會上，他又宣佈自 1984 年起，西門・凱瑟克將出任香港置地主席一職，而在此之前則擔任香港置地副主席，協助他處理香港置地事務，立即生效（*South China Morning Post,* 17 June 1983）。

這次股東會議上，紐璧堅要求銀行公會大幅減息的言論引起傳媒注視，折射了他作為渣甸洋行大班，仍然霸氣十足，當本身利益受損，洋行被高息折磨得喘不過氣時，便對銀行公會的決定指手劃腳。此外更引人注意的，是西門・凱瑟克的突然空降，登上前台。由於在此之前已有傳聞指，凱瑟克家族不滿渣甸洋行和香港置地的業績，對紐璧堅的表現極感失望，甚至傳出雙方曾有爭拗，關係受損。西門・凱瑟克在那個時刻登場，似乎印證了這些傳聞所言非虛（Kamp, 1981）。

兩天後的 1983 年 6 月 18 日，渣甸洋行宣佈出售其對南非 Rennies Consolidated Ltd 持有的 51.7% 控股權，套現 13 億元，此舉自然是為了應對香港置地財政緊絀的問題。事實上，在此之前的 1983 年 3 月，渣甸洋行在迫於

無奈下，已出售手中 38.8% 香港電話控股權，套現 14 億元，藉以清還到期債務。到了 10 月份，又把金門建築的 50% 控股權轉售英國地產巨企特拉法加集團（Trafalgar House），套現 2 億元。之後再出售夏威夷 Theo H. Davies Co Ltd 旗下 Hamakua Sugar Co 的甘蔗種植園和製糖業務，套現 5.4 億元（Blendell, 1983; *South China Morning Post,* 19 June 1983; 劉詩平，2010：424-426）。

除此之外，洋行曾與李嘉誠洽售香港電燈控股權，惟價格一時談不攏。心水清又數口精明的李嘉誠當然知道對方急需資金，故想將價錢盡量壓低；而紐璧堅及西門・凱瑟克則因虧損太多而不願出售。事情一直拖沓至 1985 年 1 月——紐璧堅離去之後——才因股市反彈，最終談妥價錢，以 29 億元的價格轉手，渣甸洋行又失去了一家核心企業的控股權（*South China Morning Post,* 2 February 1985）。從這些交易看來，面對沉重的債務負擔，無論是紐璧堅或西門・凱瑟克都難以扭轉乾坤，只能均採取了「賣子救母」的方法，把部份控股公司或子業務出售，套取現金還債。

所謂「屋漏兼逢連夜雨」，那時的渣甸洋行和香港置地碰到了接二連三的困難，既有華資巨企虎視眈眈、伺機出擊的威脅，甚至有傳聞指李嘉誠、鄭裕彤和李兆基等正在市場上不斷吸納渣甸洋行和香港置地的股票（Winn, 1987 and 1988; *South China Morning Post,* 27 March 1988; 參考下一章討論），又因政治經濟環境欠佳及投資過於進取，而出現資金不足的情況。由於早前洋行已吃了包玉剛及李嘉誠的虧，凱瑟克家族應該十分著緊，擔心家族可能失去江山。惟這種把家族利益置於整個集團最高位置的考慮，相信與紐璧堅屢起衝突，特別是不准他於股市集資，猶如廢掉他應對債務的最佳武器，這相信令他們的關係越趨緊張。而西門・凱瑟克於 1983 年中突然走上前台的安排，則揭示了凱瑟克家族對他的不滿，已到了難以和解妥協的地步。

內外爭奪交困與紐璧堅下台

算是「紅褲子」出身的紐璧堅，在英國北安普頓郡安都學校畢業後，沒有接受大學教育，而是走上從軍之路，之後東來加入渣甸洋行，可說是從低做起，過五關斬六將，才得以登上渣甸洋行大班大位。那時的構思，是由他執行小亨利‧凱瑟克的宏圖大計，並預計在那個位置做足十年，但由於中間出現巨大轉變，令他應接不暇、疲於奔命。當後來渣甸洋行最為重要的資產香港置地亦受到波及，有可能落入他人之手，而凱瑟克家族的控股地位亦可能會失掉時，紐璧堅卻未能站在凱瑟克家族的位置看問題，急其所急，他被撤換已成無可避免之事了。

市場一直有一個說法，指凱瑟克家族其實大約只持有渣甸洋行 5% 至 15% 控股權而已（*South China Morning Post*, 28 November 1986），而這一數據可能是在不同時間、以不同標準計算所得。簡單點說，在 1964 年渣甸洋行上市或之前，他們或者大約持有 5% 左右（參考第六章），到渣甸家族套現離場時，則可能增加至 15%，當然相信他們還透過其他關係或附屬公司，以「相互持股」（cross-shareholding）的方式間接持有部份股權。但無論如何，凱瑟克家族雖是渣甸洋行的控股家族，但不是大股東（majority shareholder），則屬毋庸置疑的事實。作為整個集團的領導，紐璧堅覺得不應單從凱密克家族的利益看問題，而應注重整體集團利益，但每當他作出重要決策時，總是招來凱瑟克家族指手劃腳、諸多掣肘，雙方難免發生爭論和衝突，大家關係因此鬧得很僵，自是不難理解。

本來，作為渣甸洋行大班，紐璧堅以維護整個集團利益為己任，實在屬於自然不過、無可挑剔的事情，他很可能覺得當時的投資環境逆轉只屬短期波動，低估了樓價急跌與利息急升的雙重打擊。更加嚴重的，則是中英之間爭拗日烈，令香港前途問題變得更為困擾，加劇了投資市場的恐慌情緒。由於紐璧

堅長期未能扭轉困局，雖然多番「賣產」，仍一直無法「止血」，一方面渣甸洋行及香港置地隨時遭到狙擊，迫在眉睫，他面對的巨大壓力可想而知。

對凱瑟克家族而言，紐璧堅既不能和家族保持統一口徑，又沒有維護他們最為關注的核心利益，自然不是他們心目中的最佳代理人。到了 1982 年，凱瑟克家族顯然已經拍板，決定要將紐璧堅拉下台，於是以當時渣甸洋行及香港置地的債務長期未能解決作藉口，調派西門·凱瑟克到港擔任渣甸洋行董事總經理之職。當時公佈的消息指，西門·凱瑟克主要打理國際商業營運，明顯是要奪紐璧堅之權，並立心取而代之，哪怕論才幹、資歷、往績等，西門·凱瑟克其實都和紐璧堅相去甚遠。眼利的傳媒亦能一眼看出，此舉明顯衝著紐璧堅而來，雙方的不和已無法緩解，並到了爭逐大權的關鍵地步（*South China Morning Post,* 28 December 1982）。

1983 年 3 月底，西門·凱瑟克出任渣甸洋行的行政總裁（*South China Morning Post,* 31 March 1983），這個洋行前所未有的「新職位」，基本上屬於主席之下的全權領導，其架空主席位置的色彩十分濃烈。對於紐璧堅而言，當時香港投資環境急劇惡化，非他所能掌控，而他作為渣甸洋行、香港置地等多家上市公司領導，在面對財政危機時，本來有不少武器可用，惟凱瑟克家族的控股考慮，他又不能置之不理，而多番「賣產」，卻仍無法填補負債的巨大缺口。種種問題雖然棘手，但尚未至於令他決心掛冠而去，因為他顯然仍想盡一己之力與集團共進退，解決困難。惟凱瑟克家族在諸多批評後，採取了「架空」其領導權一招，顯然令自信心極強、個性自負的紐璧堅不能忍受。

到了 1983 年 10 月，紐璧堅宣佈離任，渣甸洋行大班之位由西門·凱瑟克接任，而他則仍會留任董事至該年年底，直至完成交接，此舉無疑令凱瑟克家族舒了一口大氣（*South China Morning Post,* 30 September 1983）。可以這樣說，自 1980 年開始了第二個五年任期的紐璧堅，本來仍有一番抱負，要完成小亨利·

凱瑟克當年定下的發展藍圖，但最終在內外交困下決定掛冠而去（*South China Morning Post*, 29 May 1988），沒法完成整個任期，結束了個人與渣甸洋行近 30 年的賓主關係。那時，紐璧堅尚未滿 50 歲，可說仍屬壯年。

在渣甸洋行及香港置地風雨飄搖之時登上大位的西門‧凱瑟克，到底有何過人才能與經歷，接班後如何緊抓家族對渣甸洋行和香港置地的掌控大權不放，又如何扭轉危機？在深入分析這些關鍵問題之前，且先了解西門‧凱瑟克的成長背景與接班進程。

<u>反叛個性的特殊接班經歷</u>

無論從哪個角度看，西門‧凱瑟克的接班之路其實都不如坊間想像的輕鬆，而是甚為崎嶇，極具挑戰，實在可以視作家族企業傳承接班的重點個案。某些原因，與他求學期的少年輕狂，性格反叛有關，但另一些地方似乎又折射了家族在面對重大挑戰下的特殊安排，可見傳承接班問題既有細心籌劃的一面，同時亦有因時制宜、順勢而行的另一面，不能操之過急，亦無法過於強求。

正如之前各章提及，西門‧凱瑟克乃 WJ‧凱瑟克之第三子，亦即小亨利‧凱瑟克和齊平杜‧凱瑟克之弟，他於烽煙四起的 1942 年出生於英國，長大後如父兄般，入讀英國貴族學校伊頓公學，然後無驚無險地入讀劍橋大學，修讀政治與經濟，至此都是家族過去培養接班人的一貫安排。但在大學期間，據西門‧凱瑟克憶述，他因無心向學，結果被攆出校（he was thrown out of college），引起父親大怒（*South China Morning Post*, 23 June 1985）。

父親的最後決定是，讓西門‧凱瑟克「提早一點」離校，踏入社會做事，用他自己的說法是：「蒙羞地被放逐」（banished in disgrace）。他被安排進入三藩市一家英資公司工作，此公司相信與渣甸洋行有貿易關係。在那裡，他只能

當一名接近底層的打字員（typist），日常主要是處理船務提單等文件。這些工作雖然沉悶，卻令他開始學習到貿易的基本運作，並對做生意產生了興趣。工作了大約一年，公司遭大財團收購，不少基層員工都人心惶惶，他身處其中，自然更清楚其困境與不安。

當公司被收購後，西門·凱瑟克再被安排到香港工作。不過他並非乘飛機直抵香港，反而花了不少時間在亞洲各地旅遊考察，體驗各地的風土人情。如他到吉隆坡探望在當地工作的兄長小亨利·凱瑟克時，便曾在當地停留一段時間，從事推銷牛奶的工作。之後他轉到新加坡，亦曾停留了一段時間。最後他於 1962 年才抵達香港，在渣甸洋行工作，一開始時的職位則是「管理培訓生」（management trainee），主要負責推銷保險，聯絡重要客戶（*South China Morning Post*, 23 June 1985）。

在香港一段時間後，西門·凱瑟克被派往日本東京工作。日本是凱瑟克家族其中一個重要投資地，家族在那裡具有深厚的人脈關係，他被派到當地，工作重點自然亦包括要鞏固這份關係。在日本期間，西門·凱瑟克的主要任務是推銷木材和紙張，仍是一些要四處奔走的較低層工作。而他亦在這些前線工作中，磨走了富家公子的嬌氣，也更懂得掌握客戶所需，強化了他對市場的觀察。

在日本培訓一段時間後，西門·凱瑟克被轉調新加坡，初時被安排到營業部，成為銷售經理，職位頭銜雖然提升了，但工作性質仍是需要「拋頭露面」的客戶推銷，要懂得觀言察色，從客戶反應了解他們的實質需求。他日後接受記者訪問時笑言，自己主要是「推銷果醬與酸瓜」（sold jams and pickles）。之後，他雖被調到服務部，不用跑到銷售前線，但仍需與客戶聯絡，了解他們的實質需要。

無論是在三藩市，或是回到香港，甚至轉到日本與新加坡等地，由於畢竟

屬於前線位置，從中能了解客戶需求、掌握銷售技巧等，對於事業發展有很大幫助。不過，西門‧凱瑟克開始覺得工作沒法帶給他成就感與滿足感，而且按他的說法，是「周身刀，沒張利」（a jack-of-all traders, master-of-none）。經過多年低層工作磨練後，西門‧凱瑟克應向父兄等表達了自己的看法與要求，而父兄也察覺到他變得認真踏實，不再「吊兒郎當」，可以進一步交託重任了，於是在 1960 年代末把他調回香港（*South China Morning Post*, 23 June 1985）。

返回香港初期，他還是加入保險部，不久即獲提升為主席私人助理，接觸更多生意投資的決策，而這一職位其實正是為了確認其才能與練歷，乃至踏上接班大位的重要一步。擔任主席私人助理期間，西門‧凱瑟克自然有不少與管理層出差的機會，據他所說，在某次返回倫敦收購一家保險公司時，他認識了其時只有 19 歲的 Emma Chetwode，並在交往半年後於 1971 年結婚，相信又令父兄對他的事業和接班工作有了進一步安排。

婚後不久，西門‧凱瑟克被派往澳洲，擔任當地生產主管，因渣甸洋行在澳洲亦有不少重大投資和業務。1972 年，他的長子柏文‧凱瑟克（Ben Keswick）在澳洲出生。在澳洲工作期間，他曾患腎病入院，情況一度十分嚴重，結果要切除其中一個腎臟，之後更要花近半年時間休養，才能回復健康。康復後他回到倫敦，初期主要擔任馬地臣洋行金融服務部主管之職。

在英國期間，有報章報導西門‧凱瑟克與查理斯王子、威靈頓公爵及兒子約翰等人，一同到西班牙格拿大（Granada）郊野打獵（*South China Morning Post*, 23 November 1973）。雖然這只屬一則花邊消息，但從他能與王子及公爵等貴族交好，日常會一起消閒娛樂，已清楚反映他的政治人脈網絡相當雄厚，過的日子也如貴族一般，普通平民百姓只能仰望而不可即。

到了 1977 年，西門‧凱瑟克獲委任為「渣甸馬地保險經紀行」（Jardine Matheson Insurance Brokers）的主席，主力發展洋行的保險產品。他之所以能

獲得此職，相信與他在客戶推銷方面具有十分實質豐富的經驗有關，這類業務極講求顧客的信任，也要有出色的傳銷技巧，故公司認為他的經驗可以在這個方興未艾的市場大派用場。對於此項任命，西門‧凱瑟克自是全力以赴，而他早年的練歷果然有助他做出優異的成績，令公司的保險生意有長足的發展，他本人亦覺得獲益良多。而他對於這一成績或發展有這樣的感受：「保險生意需要一定的地理覆蓋（geographic spread），渣甸洋行則有這樣的優勢」（*South China Morning Post*, 10 July 1982）。

從推銷保險產品的過程中，西門‧凱瑟克本人得出的經驗是：「要認識他人，並讓他人對你喜歡，你才有機會踏足人家門口」（*South China Morning Post*, 10 July 1982）。當然，令西門‧凱瑟克大感滿意，日後仍會經常提及的「戰績」，顯然是在他領導下的渣甸馬地臣保險經紀行，不久發展成全球十大保險經紀行之一（*South China Morning Post*, 23 June 1985），表示他確實有過人才幹，做能出這樣的優異成績，一洗過去「讀書不成」，甚至「蒙羞地被放逐」的負面形象。[8] 或者可以這樣說，馬地臣洋行或渣甸洋行很早便涉獵保險生意，但進一步擴展，尤其是走向國際化或全球化，則是在他領導下才開展的。

正因西門‧凱瑟克在帶領渣甸馬地臣保險經紀行一事上幹出了成績，故當香港的渣甸洋行和香港置地遭遇前所未見的巨大危機，凱瑟克家族與紐璧堅又因立場不同，對事態的處理方法產生嚴重分歧時，他作為凱瑟克家族第四代中年紀較輕的成員，乃獲臨危授命，被託付重任，於 1982 年 12 月底被派到香港，初時出任渣甸洋行董事總經理之職，之後旋即擢升為行政總裁，然後在紐璧堅掛冠而去後頂替其職，成為渣甸洋行新任大班。

從年齡上看，於 1982 年被交託重任來港的西門‧凱瑟克，那時只剛進入不惑之年，尚算年輕，但因他早年因病切掉一腎，身體不算健壯，也不能太勞累，故若非迫不得已，相信不會由他披甲親上戰場。但因那次危機關係到凱瑟

克家族能否繼續掌控渣甸洋行及香港置地等問題，具生死存亡的重大意義，而家族可信賴的人選又著實不多，所以最終只能由他出征了。而這次的任命又可更為深刻地反映凱瑟克家族把本身利益，置於渣甸洋行及香港置地整體利益之上的考慮，其日後的主要應對策略，基本上亦反映這種思想和意識。

結語

　　毫無疑問，紐壁堅出任渣甸洋行大班期間，香港政治、經濟與社會環境出現了巨大變遷。政治方面當然是中華大地實行「改革開放」，並且把收回香港主權提上日程，有了中英兩國就香港前途問題進行談判，過程中的角力與爭拗，極為直接地牽動了香港社會與民心，投資市場尤其波動。經濟方面是華洋企業與資本在逐步走出戰後第一次巨大股災與經濟衰退後，雙方的競爭力與資本實力出現「大洗牌」的情況，過去被壓抑的華資企業，由於有機會利用到股票市場，因此成為挑戰洋資企業一股不容低估的巨大力量。渣甸洋行和香港置地此時的發展，卻既受困於政經環境波動，又受挫於早前的過度擴張，在應對那些新崛起華資企業的挑戰時，乃顯得左支右絀，難以應對。

　　今問題變得複雜，而且影響紐壁堅領導地位的，則是那些挑戰危及凱瑟克家族對渣甸洋行及香港置地等子公司或關連公司的掌控。由於此點與凱瑟克家族的榮辱福禍攸關，他們特別緊張自不難理解，當然亦要求紐壁堅以維護其掌控權為先。但作為整個集團領導的紐壁堅，卻未能完全滿足凱瑟克家族的要求，加上公司債務問題長期無法紓解，在各種原因糾纏下，凱瑟克家族最終逼令紐壁堅下台，重奪渣甸洋行的領導大權。至於這個財政與管治危機的處理過程，則可十分清楚地讓人看到，哪怕凱瑟克家族的控股權不及二成，卻仍具對渣甸洋行有實實在在的話事權與支配權。

註釋

1　生於 1896 年鄧佛里斯郡，曾參與第一次世界大戰，戰後 1919 年到華。而據紐璧堅回憶，他們雖來自鄧佛里斯郡，但與渣甸家族沒親屬關係，其父當年能獲聘用，相信是跟參與一戰時表現突出有關（Sinclair, 1982: 11）。

2　由於老紐璧堅已離開了渣甸洋行，他自然失去了渣甸洋行給予的福利和工資，此點相信影響了紐璧堅及母親妹妹們的生活。

3　在台灣期間，他曾學習國語，且說得頗為流利。由是之故，當他於 1958 年到廣州參加「廣交會」時，據說其流暢的普通話令不少中國人驚訝（Sinclair, 1982: 11）。

4　白福德曾任民政事務專員及輔警指揮官，於廉政公署成立時亦曾調職其中。

5　小亨利・凱瑟克擔任渣甸洋行大班時，並沒擔任立法局及行政局議員，只擔任旅遊發展局主席一職，相信與他一心要擴大洋行旅遊生意有關，而他不願擔任公職的原因，可能是想集中精力發展業務。那段時間，洋行改派出董事局代表進入行政立法兩局。到紐璧堅出任大班後，則如其他大班般，先後獲委任行政立法兩局議員之職。

6　其中較有實質合作的，相信是香港的美心集團與國營企業組成合營公司──北京航空食品有限公司。雖然渣甸洋行持有美心集團一半股權，惟整個合作過程由伍氏家族出面，渣甸洋行的參與身影並不明顯、直接。

7　其實香港置地還持有不少其他如牛奶公司、印華輪船、城市酒店及文華酒店等資產豐厚，盈利穩定，在市場上又有很強競爭力的企業。

8　在倫敦開拓保險業生意期間，西門・凱瑟克妻子先後於 1978 及 1980 年誕下一子一女，日後的 1984 年再在香港誕下一子。

第九章

力挽狂瀾
西門・凱瑟克的是非功過

作為英資龍頭大行，曾挑動鴉片戰爭的渣甸洋行，其企業發展歷史比香港被英國殖民統治的歷史還要長，洋行領導層又必然進入行政局、立法局，以及其他重量級的法定組織，如高等教育委員會、賽馬會、香港總商會、城市規劃委員會等，影響力無疑深入政商不同層面，所以無論在政治權力或經濟資源上，均具壟斷地位，一直沒有其他公司能望其項背。但他們亦如無數擁有壟斷地位的生意或企業一般，往往會因為生意「唔憂做」（不用怕沒生意），顯得盛氣凌人，更容易流失憂患意識與競爭力，進入七十年代的渣甸洋行，亦逐漸顯露了這些問題。

與此同時，過去一個多世紀雄霸全球的英國，自二戰結束後國力急速滑落，而英資商人過去獨領風騷，對香港經濟予取予攜、全面支配的力量，亦隨之逐漸消退，地位大不如前。至中國政府決定收回香港主權，如渣甸洋行這些曾在新中國成立時吃過大虧的外資洋行，對於去或留、放或收等問題，自會有更多的思慮，也影響到它們接下來的發展路向。

登上大位即投下「百慕達炸彈」

上一章談及凱瑟克家族與紐璧堅經歷一番明爭暗鬥後，最終以紐璧堅下台、西門‧凱瑟克登上大位作結。不過，在 1983 至 1984 年那個時刻，渣甸洋行及香港置地其實已被視為「技術上破產」（technically bankrupt），某些銀行更聞風而至，紛紛向其追討借貸了（*South China Morning Post*, 28 November 1986）。在那個屋漏兼逢連夜雨的飄搖時期，獲得家族臨危授命的西門‧凱瑟克，到底有何巨大能力可以扭轉危機呢？

日後看來，西門‧凱瑟克是採取了先發制人和先聲奪人的策略，而無論這一策略是否經過詳細的沙盤推演，背後是否具有不可告人的政治目的，或只是一時之氣的匆促決定卻歪打正著，一個客觀事實是，他猶如「盲拳打死老師傅」，成功化解了這間老牌英資龍頭洋行的危機，令這所剛慶祝成立 150 年的公司不用掉進破產的泥沼。至於他的策略，被稱為「百慕達炸彈」（Bermuda bombshell），為香港社會及中外投資市場帶來的巨大震盪，令不少人感到震驚，亦留下不少疑問（*South China Morning Post*, 29 March and 2 April 1984）。

這裡必須先扼要交代 1983 至 1984 年間中英兩國就香港前途談判時的爭拗。自戴卓爾夫人離開北京人民大會堂時在梯級上跌了一跤後，中英兩國開展了深入談判，但過程一如所料的極為崎嶇，明爭暗鬥頻頻出現。英國政府初期堅持早年的不平等條約有效，遭中國政府斷然否定後，又改為爭取「以主權換治權」，力圖延續其在香港的管治和利益。其中被視為「皇牌武器」的談判籌碼，則指殖民地統治締造了香港奇蹟，若然失去其統治，資金人才等必然四散，社會動盪，香港經濟將難再繁榮。

而由於香港過去一直沿用資本主義，無疑會對實行社會主義的中國大陸心存疑慮，加上那時的中國大陸剛走出「文化大革命」的困窘，幾乎一窮二白，「改革開放」的前路又未許樂觀，實在很需要穩定的社會及有利投資的環境，

當然亦很需要香港在各方面的支持配合，若然香港問題處理得不好，則會不利整個發展大局。英國政府顯然亦是看到這些特點，於是便在這方面頻頻發功，製造壓力，意圖迫使中國政府屈服。兩國爭議自然影響到香港的金融市場，其中常被引述的例子，便是上一章中曾粗略提及的港元兌美元滙價大幅波動，利息大幅急升，令投資市場巨浪滔天，樓市與股市雙雙急跌，嚴重衝擊香港經濟發展（鄭宏泰、黃紹倫，2006）。

面對這個嚴峻局面，鄧小平在 1983 年 9 月 10 日會見到訪北京的英國前首相希思時，明確要求英國政府打消「以主權換治權」的幻想。他表示，英國想用主權換治權是行不通的，若英國政府不改變態度，繼續提出不明智的要求，把路走絕，中國政府會在 1984 年 9 月單方面公佈解決香港問題的方針政策（袁求實，1997：13-15）。換言之，無論如何，中國政府必然在 1997 年 7 月 1 日恢復行使香港主權，而中國政府單方面公佈方案，英國政府便無法爭取最大利益了。同年 10 月底，英方同意不再堅持在 1997 年後延續管治，中英兩國的談判取得階段性進展，有關香港問題的談判乃進入新階段。

在中英兩國代表展開新一輪有關香港主權回歸安排的談判之時，西門・凱瑟克正式接掌渣甸洋行大班之職，可以全權主導渣甸洋行及香港置地的發展。他那時應該很清楚，這兩家公司基本上已處於「技術上破產」的情況。事實上，在物業貶值、股市低迷、利息高企的投資環境下，天文數字負債所帶來的財政壓力，實非單靠「賣產」能夠輕易解決，因為哪怕是再好的資產，在低迷的投資環境下，也不易賣得好價錢。況且把好的資產出售了，日後要復原便加倍困難了，故紐璧堅才會一直無力回天。可是利息卻是「秒秒鐘都在上漲」，如何有效化解實在費煞思量。

1984 年初，展開新階段談判的中英兩國代表，在不同層面上仍存在巨大分歧，英方為了維持對香港的影響而作出多方要求，或是想利用香港民意作為

其談判籌碼，因此常常招來中方強烈反應。就在那個中英爭拗不休的時刻，正式擔任渣甸洋行大班三個月左右的西門・凱瑟克突然高調宣佈，經董事局審慎考慮後，渣甸洋行決定遷冊英屬百慕達，因為那裡乃英國自治屬土，實行英國法律，能給集團更好的營商保護。他提出將會在百慕達成立渣甸洋行控股公司（Jardine Matheson Holdings Ltd，1984 年 8 月 31 日註冊），作為全球業務與投資的控股公司，取代原來的渣甸洋行（即擁有了上市地位，以後提及的渣甸洋行，性質上是渣甸洋行控股，或簡稱為「渣甸系」）。此外，集團日後的業務和投資將會更為多元化，投資比重將由當時大中華地區約佔 72% 下調至 50% 左右，即是逐步減少香港的投資並轉到其他地方，主要原因是不希望「把所有雞蛋放在同一籃子裡」（*South China Morning Post*, 29 March 1984; 袁求實，1997：18-19）。

一如所料，西門・凱瑟克的宣佈一出，恒生指數應聲急跌，在那個信心薄弱的年代，作為英資龍頭洋行的政治與市場力量畢竟不能小覷。本地中文報紙對此消息衝擊股票市場的情況有如下簡略報導：

> **昨日股市急瀉，是由怡和控股公司（即渣甸洋行控股）遷往百慕達所引起，雖然至今為止中、英雙方就香港前途的談判都表現頗為良好，但實質上沒有具體方案能令香港人信任，因此，昨日在英資公司帶頭撤離本港所影響，人心隨即為之動搖。在拋售壓力大為湧現下，市勢隨即出現急劇下挫。（《星島日報》，1984 年 3 月 30 日）**

即是說，有市場或投資者將英資龍頭大行的渣甸洋行遷冊一事，解讀為洋行對香港前途沒有信心，對中國政府收回香港不信任，並形容其舉動是給市場和社會投下「巨大炸彈」。也有評論認為，西門・凱瑟克是想為英國政

府「助攻」，或是作為「馬前卒」，給中國政府製造壓力，迫其讓步（劉詩平，2010）。更有分析指其舉動是「與英國政府精心計算的聯合行動（joint manoeuvre），在關鍵時刻給中方談判人員施壓」（Monks and Chen, 1984: 24）。

問題是，經歷多次談判，中英雙方其實已快將達成協議，為何西門‧凱瑟克不等待兩國正式公佈結果，或是在相關安排運作一段時間發現不妥之後，再作以上舉動？由於他公佈的時間點太敏感，加上洋行與英國及香港政府向來關係緊密，難免令人覺得他必有所圖（Monks and Chen, 1984: 24）。當時甚囂塵上的說法，是洋行配合英方給中國施壓，要求讓步，否則商人必然拋棄香港，到時香港經濟活動停滯，中國政府得到的只是一個不再繁榮的「死城」。但若從渣甸洋行正債台高築的角度看，西門‧凱瑟克似乎更像想先發制人、轉移視線。

對於西門‧凱瑟克高調宣佈遷冊之舉，北京政府顯然認為這是配合英國談判的把戲，故對此甚為不滿，並曾多次作出嚴厲批評。其中尤以鄧小平於 1984 年 7 月 31 日在北京接見英國外相賀維（Geoffrey Howe）時，提及中方對於香港過渡期存在一些憂慮，敦促英方妥善處理，其中一點便是「希望港英政府勸說有關方面的人不要讓英資帶頭轉走資金」（袁求實，1997：24）。

英國或港英政府與西門‧凱瑟克之間私下到底是否有任何協議，甚至遷冊是否屬「聯合行動」，相信未必有白字黑字紀錄，所以尚未能在檔案中找到證明（參考下一章討論），但無論在挑動鴉片戰爭，或是加入英國國會、港英政府行政和立法兩局方面，渣甸洋行及其代理人均扮演極吃重的角色，則是鐵一般的事實。中外社會就西門‧凱瑟克的舉動，作出了「給中方談判人員施壓」的分析，實屬意料中事。

有趣的是，面對巨大債務危機，西門‧凱瑟克那時不是馬不停蹄，四出張羅「撲水」（找錢），尋求任何可以籌得資金的機會，紓緩集團現金流不足的問題，反而在接著的 1984 年 6 月飛往公司即將遷冊的百慕達。由於渣甸洋行的

決定，令這小島頓成國際焦點，百慕達總理史雲（John Swan）自然笑逐顏開，並親自接見了西門・凱瑟克，除當面向他表達歡迎及讚賞外，當然也不忘大賣廣告，表示期望百慕達能成為大小企業的「避稅天堂」，吸引更多如渣甸洋行般的大戶落腳，為小島帶來巨大利益（*South China Morning Post*, 7 June 1984）。

毫無疑問，百慕達（及其他類似的英國海外屬土）在渣甸洋行遷冊事件中成為最大贏家，獲益良多。日後也有不少港商及上市公司遷冊當地，令當地的金融業發展蓬勃，帶來巨大的經濟利益。但是，若從事後看來，這個舉動無論對英國政府、渣甸洋行乃至於西門・凱瑟克，其實並沒獲得甚麼好處，反而因為這樣的「小動作」失去更多。就以渣甸洋行而言，由於太早決定靠邊站，配合英國政府的談判，變成與中國政府對著幹，結果失去了過往在中國貿易方面長期享有的發展優勢，日後便如大英帝國般淪為「二流」公司，被無數本來寂寂無聞的華資企業拋離。

西門・凱瑟克那時的舉動，很容易令人聯想到第七章中提及其兩年前去世的叔父JH・凱瑟克，他在1961年8月訪問日本，向時任首相池田勇人建議，日本應如英國般和中國開展貿易，尤其強調貿易應是「沒有意識形態」。這種對自由貿易的信念，其實亦與當年渣甸洋行創辦人一心投身中國貿易的追求一致。當中國關起大門，仍未走向「改革開放」時，渣甸洋行尚且鼓勵或相信應「與之貿易」，讓自己有多些生意做；到中國走向「改革開放」時，其實本應更加擁抱這一信念，惟那時的西門・凱瑟克卻採取了背道而馳的做法，若果JH・凱瑟克仍在世，相信不會認同。誠然，此舉或可達到西門・凱瑟克心目中的短期目標，轉移視線，但實際上或長期而言，則可謂得不償失。

事實上，當西門・凱瑟克決定不跟「祖訓」或叔父的策略，而與英國或港英政府採取「聯合行動」，一時間或許可贏得當局讚賞，甚至成功轉移公司資金周轉困難與巨大的債務壓力，暫喘一口氣，如讓債權人覺得他可能有英國政

府撐腰，或是具有重大政治能量，因此不急於向他「追債」，採取觀望態度。公司雖說避過即時債主臨門，但從整個集團的發展前景而言，無疑十分不利，因為這樣等於關閉了打進中國市場或開拓中國貿易的大門，無法與這個新興經濟體連成一氣，給自身生意注入動力，令洋行由本來的英資龍頭淪為「三流」企業。更現實的問題是，日後港英政府亦沒「賣」它的帳，令其最後憤然撤消香港的主板上市地位，轉移到新加坡和倫敦，而這樣又加速滑落，但這是後話。

樓股齊升的債務危機消散

有關家族企業研究的其中一個盲點，往往是低估了外圍因素轉變的巨大衝擊。早的不說，小亨利‧凱瑟克與紐璧堅時代均碰到這樣的問題。扼要地說，兩人出任渣甸洋行大班的過程，均無巧不成書地碰到了經濟環境及股票市場先揚後抑的局面，兩者接任時都是外圍環境暫見改善，又均在外圍環境低迷時離去。從這個角度看，西門‧凱瑟克接任時其實亦是十分困難，處於低點，但待「捱」過那個低點，便開始露出曙光。具體地說，他正式出任渣甸洋行大班時，中英兩國終於克服第一階段談判分歧，確立了中國政府收回香港主權，然後進入如何達至平穩過渡與落實「一國兩制」的目標。

更確實點說，假設西門‧凱瑟克沒有在 1984 年 3 月突然高調遷冊，以致節外生枝，中英兩國應可更早達成實質安排，有利凝聚更好社會氣氛與投資環境，更有利渣甸洋行擺脫債台高築的問題。但西門‧凱瑟克半途殺出，令問題變得複雜，既削弱了中英互信，亦拖延了大家達成協議及早宣佈成果的時間，渣甸洋行與中國政府關係鬧僵，更不利其日後開拓中國市場，失去了長期以來的發展優勢。

這裡又要回到中英談判與香港社會環境變遷的問題上。由於 1983 年底中英兩國克服了首階段談判障礙，投資環境立見改善，恒生指數由 10 月 4 日的

690.06 點回升至年底的 874.94 點。進入 1984 年，恒生指數旋即重越 1,000 點心理關口，之後仍能保持升勢，到 2 月 6 日更達 1,134.12 點高位。接著的日子雖略見獲利回吐，但仍維持升勢，至 3 月 19 日再升至 1,170.35 點。西門‧凱瑟克的遷冊舉動一出，恒生指數持續下跌至 7 月 23 日的 747.02 點，跌幅之大可見一斑。之後，賀維訪問北京，鄧小平提及「希望港英政府勸說有關方面的人不要讓英資帶頭轉走資金」，同時確保香港司法、行政及經濟體系在主權回歸後不會受影響，加上銀行公會隨後宣佈大幅減息 2 厘（此舉可能是回應 1983年中紐璧堅的要求），香港股市又迅速回升至 8 月 13 日的 926.39 點（鄭宏泰、黃紹倫，2006）。

由此可見，雖然西門‧凱瑟克的「小動作」曾引起社會高度注視與股票市場巨大震盪，但不久便因英方意識到時不我與，所以從實際利益出發，與中方達成共識，令香港經濟恢復活力。其中，雙方同意了《聯合聲明》的內容，然後在同年 9 月 26 日公佈，落實了 1997 年 7 月 1 日香港主權回歸，中國政府承諾在收回香港主權後實行「一國兩制」，維持香港資本主義制度及生活方式 50年不變，並採取「港人治港」模式，給予「高度自治」，這最具「定海神針」作用（袁求實，1997）。

即是說，自 1997 年 7 月 1 日起，香港作為中華人民共和國一個特別行政區，不但將結束殖民統治，又能維持過往的資本主義制度及生活，更會由香港人自己管理特區事務。由於這一安排較不少人的預期更寬鬆，在結束殖民統治的同時達至民族復興的目標，香港人又能享有前所未見的政治權利，因此被視為可以消解長期縈繞社會與投資市場的憂慮。最直接和最現實的反應，是樓市和股市隨即應聲反彈，並且輾轉上揚，恒生指數在《聯合聲明》簽訂後不斷攀升，由 8 月中旬未過 1,000 點，上升至 1984 年底的 1,200.38 點，然後是 1985年底及 1986 年底的 1,752.45 點和 2,568.30 點，便是最好說明（鄭宏泰、黃紹

倫，2006）。渣甸洋行與香港置地的債務危機，因此也迎刃而解。

　　若果要較為準確地評估西門・凱瑟克上任後的表現，最好的方法還是回到公司業績這個最能反映管理成效的「成績表」上。綜合渣甸洋行在 1985 年 3 月份發佈的 1984 年財政年度報告，可以看到在該年渣甸洋行錄得 9.18 億元巨大虧損，主要是受航運業務表現差強人意所累（*South China Morning Post,* 30 March 1985）。更為嚴重的是，那時洋行的負債與股東權益比率達 120%，總負債為 51.3 億元，總股東資本則只為 42.2 億元。正因自 1983 年財政年度起便出現這種狀況，有分析指洋行的財政狀況已是「技術上破產」了，並已有不少銀行打算向其追討借貸（*South China Morning Post,* 28 November 1986）。

　　換個角度說，面對這樣的財政狀況，若然是一般公司，尤其寂寂無聞又沒政治後台的華資公司，包括銀行在內的債權人相信很早便登門收數、封舖了。雖說渣甸洋行底子豐厚，母公司馬地臣洋行實力龐大，凱瑟克家族的政治資本及網絡亦雄厚，但西門・凱瑟克及其家族畢竟深刻了解問題的嚴重性，所以當他在 1984 年 3 月底提出這個遷冊行動時，家族亦給予支持，覺得這樣或者可以轉移債台高築的視線。

　　回到財政年度報告上，那時洋行的營運資本與上一財政年度比，錄得 5.49 億元的大幅下跌，至於股本回報則只有 1.89%。若拿這個股本回報與之前兩個財政年度相比，尤其能夠看到西門・凱瑟克的表現其實差強人意，因為在 1982 及 1983 年兩個財政度，股本回報率各為 11.26% 及 2.64%（*South China Morning Post,* 15 May 1985），基本上均較 1984 年高，而 1984 年的投資環境（股市和樓市）其實已有很大改善，可見在西門・凱瑟克任內，洋行表現其實更差。

　　雖則如此，由於自 1984 年下半年起樓市與股市逐步復甦，年底正式簽署《聯合聲明》後升勢更強，渣甸洋行與香港置地持有的眾多地產項目，其價值亦迅即大幅反彈，令原來帳面上資不抵債的嚴重財政危機獲得了很大紓緩，甚

至可說是消失於無形。

由此引申出來一個值得探討的問題。渣甸洋行自小亨利‧凱瑟克以還，採取了大興土木的擴張式投資，紐壁堅任內亦繼續開拓，著眼點尤其放在房地產上，這種策略放在香港這個地少人稠、寸土尺金的社會，實在無可厚非，亦基本上方向正確。唯一不幸是遭遇了投資環境逆轉，令資產大幅貶值，信貸利息大幅飆升則增加了利息開支，雙重夾擊下令洋行掉進了債台高築的險境。

這種困境，並非他們自身能夠在一時三刻拯救的，只有當大環境突變，尤其是投資市場穩定，樓股齊升之時，因為資產值大漲，才能令問題得到化解。但是，1984 年上台的西門‧凱瑟克，似乎沒有看到這個機會，反而在同年 3 月底突然投下了遷冊的巨型炸彈。此舉雖吸引傳媒視野，轉移視線，可能緩解了一時「追債」壓力，但其實因樓價與股價進一步下滑，令其負債比率更高，問題變得更為嚴重。

之後，儘管洋行錄得近 10 億元虧損，但當外圍投資環境改善，樓股齊升，銀行的債務問題日見改善，並最終脫離危機。雖則如此，就如不少領導般，西門‧凱瑟克相信亦不會認為是外圍環境改善「救了一命」，而是很自然地把洋行能逐步走出困窘歸功於自己的領導之上，因此又強化了個人的自信心和成就感。但是，一個不難想像的發展進程是，若然西門‧凱瑟克不是做出了遷冊的舉動，其財困問題可能提早半年便可獲得解決。

不但如此，西門‧凱瑟克那時衝著中國政府而來的舉動，明顯把 JH‧凱瑟克一生奔走與中國官員建立下來的關係化解殆盡，甚至令渣甸洋行過往走私鴉片與挑動鴉片戰爭等黑歷史再被揭起，惹來不滿，令其與中國政府的關係更僵，對洋行的長遠發展亦極為不利。之後的 1984 年 10 月，哪怕西門‧凱瑟克曾到訪北京，獲港澳辦主任姬鵬飛接見（Evans, 1993：17），雖被理解為向北京遞出橄欖枝，想藉此消除彼此間的緊張關係，但所謂覆水難收，局面已成，

渣甸洋行的中國貿易與關係從此失去昔日之盛。[1]

西門・凱瑟克接任渣甸洋行大班時，年紀已年過四十，又有不少在低層前線打滾的經驗（*South China Morning Post*, 15 May 1985 and 30 May 1991），按道理應表現得踏實穩健，不做急躁冒進之舉，難怪惹來不少人對他突如其來的遷冊之舉揣測不已，甚至認定他背後有政治任務，惟除了他自己，外人應該無法知悉其真正目的和用意。雖則如此，若我們不想得太複雜，純粹回到一些基本特點看，則不難發現，他的管理才幹其實並沒紐璧堅強，宣佈遷冊一事尤其揭示，他可能只是一時興起，當中存在很多考慮不周，未能兼前顧後的問題。不過他好運，遇到社會與投資環境穩定下來，樓股齊升，才歪打正著，令渣甸洋行和香港置地可以走出困境。至於洋行及他的投資與管理能耐，日後在另一戰場上才露出真章，那是 1990 年代的事了，且在下一章中探討。

家族利益至上的企業交互控股重組

當渣甸洋行和香港置地掉進財政危機，甚至可能遭遇新崛起的華資巨企狙擊時，紐璧堅與凱瑟克家族之間的應對策略明顯出現分歧，其中最大的衝突點，相信是到底應以維護凱瑟克家族利益為先，抑或以整個集團利益為先。最終把紐璧堅趕下台並臨危授命的人物，並非外人，而是來自凱瑟克家族，則十分清楚地揭示凱瑟克家族一心緊抓大權，將家族利益置於集團之上的事實。上台之初，西門・凱瑟克自然以化解債務危機為先，到擺脫債務危機後，則回到如何維持過去一直沿用的以小控大之法，強化家族對渣甸洋行與香港置地的掌控。

正如前文曾提及，有關凱瑟克家族持有多少渣甸洋行控股權的問題，市場有不同推測，一般指 10% 至 15%（*South China Morning Post*, 28 November 1986）。當然，這個控股量應只計算直接掌控的部份，若把透過其他公司或代

理人間接持有的股份亦計算在內，可能接近 15%。但無論如何，其直接或間接控股量加在一起，也不足於二成，所以才被歸類為「以小控大」的控股類別。

同樣利用「以小控大」的方式，渣甸洋行掌控了香港置地。雖然不同時期渣甸洋行持有香港置地的股份數量不同，但基本上亦相信維持在不多於 20% 的水平。若按此推斷，則凱瑟克家族約持有 3% 至 4% 左右香港置地股份。由於香港置地擁有中環黃金地段大量極珍貴地皮，因此吸引了不少虎視眈眈的捕獵者，而渣甸洋行或凱瑟克家族對香港置地持股量不多，更給予了捕獵者更多想像空間。2

放在西門·凱瑟克面前的，正是那個家族其實持股量不多（渣甸洋行持股香港置地也是如此），卻要緊抓控股權，不能讓其落入外人之手的特大難題，更不要說當時洋行及香港置地又一度債台高築。到底怎樣才能維持家族「以小控大」，從西門·凱瑟克上任後被形容為康樂大廈「48 樓的隱士」（Hermit of the 48th Floor），相信他在那個大班辦公室中花了不少心思、傷了不少腦筋。

從資料上看，西門·凱瑟克「坐正」大位後，立即採取果斷手段，系統地清除了洋行董事局及中高管理層的紐璧堅擁護者，令管理團隊完全聽命於他，就算是那些對事件不太了解的人，亦能甚為清楚地看出這場重整行動「主要是為了凱瑟克家族利益」（*South China Morning Post,* 28 November 1986）。儘管如此，西門·凱瑟克似乎並不介意，亦可能覺得天經地義，沒有甚麼不對或是需要辯護，所以沒有作出甚麼掩飾，當然亦一點不在意人家怎麼說。

對於如何能強化家族掌控，並化解遭到華資企業狙擊的問題，剛走出債務危機陰霾的西門·凱瑟克，立即又要大傷腦筋。當樓市股市均處於低潮時，那些覬覦渣甸系股份的華資巨企，同樣面對著資金緊絀、負債不輕的問題，所以能繼續高價吸納者仍屬少數。但當投資環境轉變時，雖然渣甸系帳面上的負債與股東權益比率已大幅改善，實際問題卻仍未真正解決，仍需採取壓縮開支措

施，減少負債（*South China Morning Post*, 13 May 1986）；而那些恢復得較快的華資巨企，卻又似展開了新一輪伺機吸納浪潮，因此令西門‧凱瑟克寢食難安，無法消解憂慮。

從資料上看，受到內外多重因素困擾的西門‧凱瑟克，在 1985 年 4 月應該曾經大病一場，主要相信是勞累過度，觸發腎病舊患復發，迫使他一度要停下工作腳步。初期，他在司徒拔道港安醫院接受治療，後來轉送倫敦，在一輪醫治後才得以逐步康復。在他養病未能主持事務期間，分別由李舒（Nigel Rich）及戴偉斯（David Davies）代為主持渣甸洋行和香港置地的日常工作（*South China Morning Post*, 6 June 1986）。

到了 1986 年 5 月，渣甸洋行再有人事異動，公司宣佈委任包雅士（Brian Powers）進入渣甸洋行董事局，成為執行董事（*South China Morning Post*, 4 May 1986; Wong, 1993）。包雅士是一位來自美國的金融才俊，被稱為「公司醫生」（corporate doctor），名聲甚響。這位被傳媒形容為「集團策略家」（group strategist）的人士之所以加入洋行，相信是背負了一項特殊任務：透過進行企業重組，設計一套能令凱瑟克家族穩抓控股的制度（Mulcahy, 1986）。

到底這位包雅士是何許人也？資料顯示，獲西門‧凱瑟克垂青的他，1951 年於美國賓夕凡尼亞州出生，青年時期在耶魯大學經濟畢業後，進入維珍尼亞大學，攻讀法律，之後在史丹福大學法律學院短暫任教，然後加入紐約著名律師樓 Debevoise & Plimpton，主要負責公司收購與合併，尤其涉獵地產、銀行與金融業務，並因「財技」十分了得而名揚金融界（*South China Morning Post*, 26 March and 11 November 1988）。

據西門‧凱瑟克本人憶述，由於欣賞包雅士的金融才華，相信其專長有助解決他內心的困惑和家族的綢繆，他曾親自飛往美國，登門造訪，闡明家族及公司正面對的問題，以及新崛起的華資企業對其控股權虎視眈眈、香港主權重

回中國引起的前景擔憂。然後，他力邀對方到港，加入渣甸洋行協助處理，雖然包雅士一度謝絕應聘，但在再三遊說下，最終接受了他的聘書，成為凱瑟克家族強化渣甸洋行與香港置地掌控的總設計師（*South China Morning Post*, 4 May 1986）。

到底包雅士設計了一套怎麼樣的控股制度呢？西門・凱瑟克在 1986 年 12 月，相信是經過與包雅士的多番深入討論，當然亦與倫敦的小亨利・凱瑟克有了充份溝通後，宣佈整個集團進行合併重組，其中重點如下：

- 維持早前在百慕達註冊的渣甸洋行控股，並以之統領原來業務及附屬與合股公司；

- 分拆牛奶公司及文華東方酒店上市，並重組業務；

- 於 1987 年 1 月 28 日在百慕達註冊成立渣甸策略控股（Jardine Strategic Holdings），並將早年創辦的渣甸證券併入渣甸策略控股；

- 將分拆上市的牛奶公司及文華東方酒店納入渣甸策略控股之下；

- 最為重要的一步，將渣甸洋行控股與渣甸策略控股這兩大旗艦企業進行前文提及的企業股份「互控」（cross-shareholding），即是讓大家緊抱在一起，防止別人將之「拆散」；

- 各控股及上市公司均在百慕達註冊，即是把這些公司從制度上變成了「外資」，一改過去的公司登記模式。

具體地說，於 1984 年註冊成立的渣甸洋行控股，主要是透過原來的渣甸洋行，掌控了之前一系列合股公司與附屬公司，控股比率則由二成至百分百不等。新成立的渣甸策略控股，主要是持有 26% 香港置地、35% 牛奶公司及 35% 文華東方酒店控股權，而這三家公司名下又利用槓桿方法，再持有不同業務與投資，以及相互持有對方一些股份。更為關鍵的，則是渣甸洋行控股持有 45% 渣甸策略控股，而渣甸策略控股則持有 26% 渣甸洋行控股，這樣

便令整個「渣甸系」緊密地連結起來（*South China Morning Post,* 25 February 1987; 表 9-1）。即是說，即使你吸納渣甸洋行控股，但沒同時吸納渣甸策略控股，便無法動搖其控股權，反之亦然。除非能兩者同時吸納，但那便牽涉巨大資金，而「渣甸系」則仍能在過程中作出反擊。在這種結構下，有心狙擊者看到當中的重重關卡，自然便會知難而退。

文華東方酒店

表 9-1：重組後渣甸洋行控股與渣甸策略控股的股權「互控」

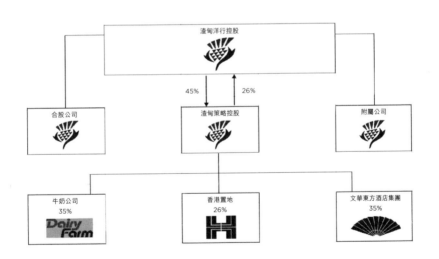

資料來源：*South China Morning Post,* 25 February 1987

不過就如俗語所云：「針無兩頭利」。包雅士設計的那套股權「互控」制度，雖無疑有助凱瑟克家族緊抓渣甸洋行及香港置地控股權的目的，但這樣的股權「互控」，又必然會「鎖住」（集中）大量資金，令洋行沒有充足的資金來開拓新業務，削弱整個集團的發展動力。儘管如此，由於這個安排畢竟可以化解凱瑟克家族失去江山的憂慮，令那些長期虎視眈眈的華資巨企難以下手，西門・凱瑟克仍然能重展笑容，算是完成了當初父兄在倫敦臨危交託給他的重要任務。從這個角度看，包雅士自然應記一功，更深得西門・凱瑟克信賴。

包雅士來去匆匆折射的發展盲點

由於覺得採取企業遷冊和股權「互控」後已經消除了兩大主要危機，西門・凱瑟克開始綢繆如何能強化集團投資多元化的問題。不過，由於他剛經歷大病，身體健康存有憂慮，所以他有意物色接班人，開始計劃在完成任期後退居二線，而在整個集團重組過程中深得器重的包雅士，則成為不二之選，他再獲交託重任，成為新領導人。惟令人意外的是，包雅士上任不足五個月便打退堂鼓，掛靴而去。雖說為何他會來去匆匆已不可考，但相信反映了前文提及西門・凱瑟克某些做人做事的作風與特點。一如他對中國政府的立場或應對，表現得進退失據，表面說不牽涉或沒興趣政治，且十分重視中國市場、對香港前途亦有信心，但行動上則事事對著幹，因此難免令人覺得是內外兩張面，甚至一時一樣。

先說投資多元化方面。一如不少媒體上的分析，西門・凱瑟克所指的投資多元化無非是將資金撤出香港的代名詞，撇除此舉大有向英國拋媚眼，衝著中國政府而來不談，自 1984 年宣佈那一決定，到 1985 年確認債務危機解決後，西門・凱瑟克確實言及履及地作出具體行動，最重要例子計有 1986 年初提出以 4.84 億元收購世界主要保險公司 Emmett and Chandler，強化渣甸洋行在保

險業中的領導地位（*South China Morning Post*, 26 January 1986）。之後的 7 月中旬又向傳媒透露，集團計劃收購澳洲運輸巨企 Fleetways（Holdings）Ltd，強化集團在當地的投資組合（*South China Morning Post*, 10 July 1986）。更為重要的，則是集團同時洽購美國金融投資巨企貝爾斯登（Bear Stearns），打算把投資進一步延伸至太平洋彼岸的美國。

不要說前兩者的投資最後鎩羽而歸，給集團帶來虧損，就算是後者，亦同樣敗興而返。資料顯示，西門‧凱瑟克本來以為貝爾斯登前景秀麗，計劃購入該公司 20% 控股權，作長期策略投資，強化本身在美國的投資。但在簽了意向文件，尚未簽定正式交易合約之前，卻突然碰上了 1987 年 10 月的巨大股災，貝爾斯登的股價急跌，嚇得西門‧凱瑟克即打退堂鼓，寧可撇下訂金不要，放棄了入股貝爾斯登的重大投資計劃（*South China Morning Post*, 25 October 1987）。之後，美國經濟持續低迷，投資當地更沒吸引力，西門‧凱瑟克亦很少再談及美國的投資。[3]

顯然，渣甸洋行走出去的步伐並不順利，所投資的生意不是虧本而回就是回報率甚低，反而在香港的各項業務，則發展順利，回報豐厚，支撐了集團的繼續發展。到 1988 年，西門‧凱瑟克更與一直吸納香港置地股票的主要華商李嘉誠、鄭裕彤及李兆基等達成最終協議，李氏等願意以 18.34 億元的價錢，出售他們手上持有的 8.2% 香港置地股份，並承諾在交易完成後七年內，不得再吸納香港置地股份（*South China Morning Post*, 28 March 1994; 劉詩平，2010：434）。由於每股成交價（8.95 元）只比當時市場價格（8.9 元）高不了多少，條件其實不是特別吸引，李嘉誠等那時同意出售，實在令人不解，因這些無寶不落且精明的巨商狙擊多年，最後卻「得個桔」，結局似乎甚不合理。惟有分析指大家初期都是虛張聲勢，作出威脅，但一直態度傲慢的西門‧凱瑟克後來態度軟化，於是有了和氣生財的戲劇性結果（Wong, 1988）。無論背後真正原

因如何，這次交易解除了凱瑟克家族的終極恐懼，令集團可以再專注於發展業務。

接下來說說令西門‧凱瑟克覺得「深慶得人」的包雅士。由於被認定在渣甸洋行重組一事中立了大功，有助消解家族長期縈繞的憂慮，鞏固了家族「以小控大」的安排，而西門‧凱瑟克一直因為健康問題困擾，想盡早退下火線，不願留在洋行大班的位置上太久，所以到了 1988 年 3 月，便急不及待地宣佈，他會退下董事總經理之職並由包雅士接替。且不要說那時的包雅士只有 37 歲，十分年輕，他加入渣甸洋行其實更只有 14 個月而已，這樣的做法，實在是渣甸洋行創立 155 年以來首見，因而轟動社會，引來議論紛紛（*South China Morning Post*, 26 March 1988）。

回到一改舊例起用包雅士的問題上。誠然，破格用人，古往今來屢見不鮮，問題是，若只單憑著那個股權「互控」安排，便看作立了大功，那實在過於草率。更直白點說，這種股權「互控」方法，無論是紐璧堅或其他公司，其實都有採用，只是「互控」比率不同而已。另一方面，西門‧凱瑟克明顯只看到那個安排有助強化家族「以小控大」的部份，卻忽略了整個集團大量資金給「鎖住」的問題，整個集團要為此制度「埋單」（付帳），不利整體發展。更須指出的問題是，這種「空降」的用人方式，無疑打擊了不少在集團內長期服務的員工的士氣，如前文提及的李舒及戴偉斯等，均在渣甸洋行服務了數十年，作出了眾多貢獻，過五關斬六將，才能逐步獲得提升，那時他們只差最後一步便能登上大班寶座，西門‧凱瑟克卻憑一己喜好，以單一指標作評核，令這些等著上位的資深員工大失所望。另一方面，包雅士對這家擁有起碼超過 60,000 名員工、業務及投資遍及 22 個國家與地區的集團其實又缺乏深入了解。如此種種，自然埋下了失敗的結局（*South China Morning Post*, 17 April and 8 June 1988）。

撇開包雅士的表現是否足以令他贏得渣甸洋行大班這個任命不談，更令人出乎意料的是，當西門‧凱瑟克於 1988 年 6 月下旬離開香港返回倫敦，包雅士坐上了那個無數人垂涎欲滴的位置不久，卻突然宣佈他將於 1988 年 11 月底離任返美，距離他正式接掌大班之職尚未及五個月，消息又再引起市場議論紛紛。表面上他解釋是因妻子健康出現問題，故他只好放棄高薪厚職，陪伴妻子返美（*South China Morning Post*, 26 March and 11 November 1988）。但實際理由則十分耐人尋味，內情相信只有他及西門‧凱瑟克知悉。

包雅士的來去匆匆，恰恰反映了西門‧凱瑟克任人處事那種獨斷偏頗的缺失，單憑一些片面的或單一的準則與信息，在未經通盤及周詳考慮後便作出重大決定，對資深老臣子的意見則置若罔聞。就如前文所述，有關股權「互控」的安排，其實只著眼於家族利益，但卻存在「鎖住」大量資金、不利集團和家族長遠發展的弊病，不見包雅士有任何方案堵塞這個漏洞，西門‧凱瑟克也聽任由之。而在任命包雅士一事上，一方面他與包雅士共事時間短，未能通盤了解對方情況，便貿然將整間公司交予對方；另一方面，新人「空降」領導必會衝擊升遷選拔的機制，又影響人事關係及內部士氣，猶如「自製」巨大管理風險。

從某個層面上說，包雅士的及早離去，就如貝爾斯登交易失敗一樣，對西門‧凱瑟克來說已是走運。包雅士雖長於財金技術，能在股壇翻雲覆雨，卻缺乏貿易、製造或地產業的投資及管理經驗，若然他貪圖高薪厚職，堅持留任，興趣卻只在大交易大買賣，對那些如「搵石仔」（細水長流的經營方式）的實務生意沒興趣，改為向「大茶飯」（金融投機）生意出發，大玩財技，相信更非渣甸洋行之福。包雅士離去後，大班之職乃由老臣子李舒擔任，公司管治算是重回穩健道路。

由於曾在 1950 年代初被迫以「對價轉讓」方式撤出中國大陸，過程中蒙

受巨大損失，渣甸洋行或凱瑟克家族對中國政府存在不信任自不難理解，但因JH·凱瑟克採取了「向前看」方式處理，並在生前做了大量工作，與中國政府保持良好關係，有利洋行拓展中國貿易。這種積極務實的方法，若然西門·凱瑟克能充份利用，絕對有可能成為香港過渡期的大贏家。但他選擇不跟隨已去世叔父的立場和做法，擺明車馬地要與中國政府「對著幹」。更大問題是，他又言行不一，口說自己或家族「不參與政治」、「沒興趣政治」，或是說對香港未來有信心，甚至指渣甸洋行乃「香港肌理的一個部份」，必會留下來，尤以集團擁有大量搬不動的地皮物業作為例子說明（South China Morning Post, 6 October 1987 and 6 May 1988），但各種行動上——尤其在中英兩國處於激烈爭拗時宣佈遷冊一事，則十分清晰地說明其對中國政府的反感及對香港前途的悲觀。

誠然，西門·凱瑟克本人雖沒如渣甸洋行其他大班般擔任港英政府行政、立法兩局議員，但渣甸洋行董事的鮑磊（Martin Barrow）仍有擔任立法局議員等職務，基本上是洋行代表，凱瑟克家族及洋行過去對政治涉入極深，成為殖民地統治其中一股核心力量，是人盡皆知之事（Hughes, 1976）。別的不說，就以當時渣甸洋行董事局的組合為例，另一執行董事蒲維（Charles Powell），更在戴卓爾夫人（Margaret Thatcher）及馬卓安（John Major）擔任首相時期出任其私人顧問，說他們對政治沒興趣，實在與事實不符。

在離開香港返回倫敦之前，西門·凱瑟克曾接受記者訪問，他一直強調，他們有「非政治化的名聲」，在變化多端世界生存 150 年，起碼展示了具有「一定政治靈敏度」（show a degree of political cunning）。粗俗點說即是「懂走位」，他指出「渣甸洋行較任何人了解香港。華人公司只是廣府人、潮州人或上海人，我們卻是香港公司的『聯合國』」（South China Morning Post, 29 May 1988）。然而，從連串政治應對上看，西門·凱瑟克的用人任事均犯上同樣的問題：做

決定時流於只看表面因素，未能作出全面周詳的思考，當然亦沒有叔父般圓滑的手腕，因此容易激化矛盾和衝突，不單令自己變成了爭議的焦點，渣甸洋行從此亦難在中國大地上有長足發展。

總括而言，西門‧凱瑟克在管理渣甸洋行期間其實犯了不少嚴重錯誤。如與中國政府公開「對著幹」的做法，無疑封掉了自己通向中國龐大市場的道路；不斷減少香港投資的「走出去」策略，帶有盲動色彩，未能了解發展大局。結果，無論是中國大陸經濟，或是香港經濟，都自 1980 年代以還持續高速發展，但渣甸洋行卻與這兩個經濟體愈走愈遠，無法分享當中的利益。而在內部改革及用人方面，他看輕了「互控」的缺點，又單憑包雅士重組渣甸洋行成功強化家族掌控權一事，便將公司交託對方，完全沒想到精通「財技」者未必能管理一家龐大跨國集團，而包雅士的突然離去，清楚反映西門‧凱瑟克其實對他的背景、家庭及志趣等缺乏全面了解，這是用人之大忌。由於渣甸洋行在西門‧凱瑟克帶領下不斷走錯路，其龍頭地位變得大不如前。更可惜的是，對於這種「看錯市、站錯邊」的現實，無論是西門‧凱瑟克或是其家族，看來又不肯承認或接受，最後付出的代價自然更大。

結語

歷史沒有如果，但卻能以事後孔明的角度作出分析，汲取教訓。若果當年凱瑟克家族不在 1983 年底逼令紐壁堅下台，仍由他繼續領導渣甸洋行，相信局面會截然不同。以下三點簡單分析，則可作為本章討論的註腳：

一、將全副心力投入到如何解決債台高築問題的紐壁堅，應該不會作出甚麼遷冊決定，中英之間的談判不會因此橫生枝節，應該可以及早達成共識，宣佈聯合聲明，令社會及投資者更早恢復信心，樓市與股市則可更早反彈，而幅度及力度可能更大，渣甸洋行帳面上資不抵債的問題應該可更早得到緩和。

二、在解決債務危機後，由於香港投資環境急速改善，投資回報十分理想，海外投資的吸引力自然大減。事實上，由於沒有遷冊舉動，渣甸洋行絕大多數投資仍會集中於香港，或是不用出售香港電燈控股權，甚至可以進一步擴張，因此必能維持其在香港的主導地位；而海外投資則會在精挑細選後才出擊，因此較能避過失誤，亦較有發展保障。

三、由於紐壁堅沒有如凱瑟克家族般捲入 1950 年代與中國政府的「恩怨」，在處理公司與中國政府的關係時，便沒像西門‧凱瑟克般背負「歷史包袱」，因此更能向前看。事實上，生於天津又對中國文化藝術十分欣賞的紐壁堅，與中國政府的關係比 JH‧凱瑟克更接近，因此相信能以較圓滑的手法解決問題，尋找更好的發展空間，令渣甸洋行在開拓中國大陸市場方面，可以獲得較一般華資企業優越的發展優勢。

但無論如何，歷史沒有若果。凱瑟克家族在 1983 年那個基於一己家族利益的決定，不但改變了這家洋行一個半世紀以來的發展軌跡，亦影響了凱瑟克家族本身的發展，無數小股東亦為此付出不少代價，誠為可惜。

註釋

1. 無論是其叔父 JH・凱瑟克，或是不少華商領袖如早年包玉剛、霍英東、王寬誠、李嘉誠等到訪北京時，哪怕只屬私人身份，他們總能獲安排國家領袖尤其鄧小平接見。渣甸洋行作為英資龍頭企業，地位最為突出，但那時到訪北京的西門・凱瑟克，卻只獲港澳辦主任接見，以中國官場規格或習慣而言，其冷待的信息已十分明顯。

2. 據估計，在 1988 年時，以李嘉誠為首的華資巨企，已持有香港置地近一成股份，比例不少（*South China Morning Post*, 27 March and 6 May 1988: 參考下文討論）。

3. 西門・凱瑟克可謂十分幸運，若然是簽了正式合約後才遇上股災，則渣甸洋行的虧損更巨。儘管如此，渣甸洋行「反口」引來對方興訟，追討 2 億美元損失，連串法律行動浪費了集團與家族的不少心力和資源，股價亦一直受壓，付出的代價實在不少（*South China Morning Post*, 3 March 1991）。

第十章

節節後退
在懷緬昔日光輝中不斷滑落

當中國政府為了收回香港主權與英國政府展開談判時，渣甸洋行的生意發展則遭遇多重不利，往昔雄風不再。由於它採取了靠邊站的做法，與中國政對著幹，作風比英國政府更為「鷹派」，對英國政府全力支持，甚至在不同層面上為其「助攻」，大大影響了渣甸洋行與中國政府的關係，幾乎切斷了其與中國大陸的貿易和投資，亦改變了在香港的發展佈局。另一方面，它的做法雖一度得到英國及港英政府的稱許，但卻只是口惠而不實，當它要求獲得特別待遇時，則遭無情拒絕，就如「竹籃打水一場空」，內心怨懟憤恨，實在可想而知。

從某層面上說，1980 年代以還的渣甸洋行，就如大英帝國的發展進程般，同樣掉進風光不再、不斷衰退的軌跡中。在利用股權「互控」機制，並購下那些長期狙擊香港置地控股權的股份後，凱瑟克家族以為可以高枕無憂，保住了自身對渣甸洋行的控制，但因發展大方向走錯了，甚至領導者的做人處事亦問題多多，所以公司在不同層面上遭遇了不少挫折，不但發展動力日減，生意投資逐步萎縮，在香港的地位與影響亦今非昔比。

李舒任內洋行捲入政經爭鬥加劇

　　1988 年 11 月，包雅士突然宣佈掛冠返美，時年 43 歲且深得西門‧凱瑟克信任的李舒即受命接替大班之位。其實，若不是中途突然殺出包雅士，一直備受器重且有相當年資的李舒早已登上領導大班。這時他終於上位，算是「失而復得」而已。與才華外顯、鋒芒畢露的包雅士比較，李舒被傳媒形容為實而不華，屬於實幹派。到底李舒有何背景與能量，讓他可以坐上渣甸洋行大班之位呢？在他任內渣甸洋行又有甚麼發展、碰到甚麼難題呢？

　　資料顯示，李舒於 1945 年在英國森麻實（Somerset）出生，父親乃一名商人，在當地做批發生意。李舒在當地完成中學後考入牛津大學，攻讀法律，但畢業後卻沒有走上法律專業，而是到了紐約曼哈頓區，加入著名會計師樓 Deloitte Plender Griffiths & Co，投身會計專業，並在當地結婚生子，過著平穩的生活，似乎有意在那裡紮根下來（*South China Morning Post*, 22 September 1993）。

　　到了 1974 年，快將屆而立之年的李舒，突然轉投渣甸洋行，成為會計部其中一名「會計主任」（Book Officer）。約於一年後，因身在倫敦的西門‧凱瑟克同時兼任洋行的「財政董事」（Financial Director），李舒成為其下屬，兩人有了較多深入接觸，李舒的工作表現及態度相信亦獲其賞識，獲更大授權處理香港渣甸洋行的金融與會計事務，並由處理單一會計事務或投資，逐步提升至集團層面的收購合併與債務重組等。之後，李舒更獲擢升為渣甸洋行主席私人助理，然後是總財務官（Chief Financial Officer），所以傳媒常以「會計師」專業稱呼他（*South China Morning Post*, 22 September 1993）。

　　而令李舒突圍而出的，是第八、第九章中談及應對 1983 至 1984 年間渣甸洋行面對的嚴重債務問題。那時，紐壁堅執行小亨利‧凱瑟克在 1970 年代初定下的藍圖，大力發展地產，白福德成為實質領軍人，亦深得紐壁堅器重。

可惜，樓市逆轉，加上渣甸洋行及香港置地等多家企業遭到華資巨企狙擊，西門‧凱瑟克突然自英來港，迫使紐璧堅下台及更換管理層。在射人先射馬的原則下，以集團負債急升為主要把柄，白福德先被開刀，結果只好於 1983 年 8 月黯然下台，但接替其職位的戴偉斯看來仍是紐璧堅的人馬。西門‧凱瑟克為了擴充自己的影響力，制衡紐璧堅，自然要加插「自己人」進入管理班子，而與他早有接觸，並被視為其「親信」的李舒，[1] 則被調任為戴偉斯的副手，掌管實務，當然亦帶有監察作用（Walker, 1983）。

由於具會計財務專業，李舒在集團債務重組上無疑發揮了巨大作用。到紐璧堅下台，西門‧凱瑟克坐正大位後，李舒亦獲交託更多重任。就算後來包雅士加入，並主導集團重組時，李舒其實仍掌握實務，屬於最核心執行人。正因如此，有財經分析員作出了如下觀察：

> 包雅士先生完全沒作出實質業務貢獻，李舒對集團業務的影響力，反而較包雅士更多……包雅士先生是個技工（technician），他把整個集團重組成現在的樣子，沒增加或減少集團的業務，他只把股東（權益）調來調去的重組，沒時間把他的個性嵌入到集團中去。（*South China Morning Post*, 20 November 1988）

對於包雅士一上台便提出連串重組的做法，作為香港置地領軍人的戴偉斯並不認同，惟他的看法不獲西門‧凱瑟克接納，他因此於 1986 年 8 月選擇離去，受西門‧凱瑟克信任的李舒順理成章地接替其職，成為香港置地新領軍人（*South China Morning Post*, 15 July 1986）。一般來說，李舒那時的職位是「一人之下萬人之上」，本待西門‧凱瑟克下台後，便會接替大班的職位。但包雅士這位空降部隊卻突獲破格提升，相信令他大失所望。直至大約 5 個月後又再出現

戲劇性變化，包雅士離任，他才「失而復得」地登上那個令人垂涎欲滴的大班寶座。

回到李舒任內渣甸洋行的發展狀況與阻滯問題上。上任之初，雖然中英之間仍爭拗不斷，但基本上維持著經濟向好、社會穩定的態勢。惟到了 1989 年 6 月初，北京發生了「天安門事件」，香港的社會氣氛和投資環境迅即逆轉，對主權回歸的「信心問題」再次被激化，不少企業仿效渣甸洋行進行遷冊，更有大量具有專業資歷與豐厚資產的中產階級，選擇移民歐美澳等地，形成了資本及人才外流的浪潮，深深地困擾了香港社會的發展（Skeldon, 1995; 鄭宏泰、黃紹倫，2006）。因為背後的凱瑟克家族有不少在明在暗的綢繆和思慮，這樣的變化，令李舒除了打理業務，更要兼顧政治問題。

「天安門事件」的突如其來，無疑強化了凱瑟克家族對中國政府的負面印象，並對中國政府所作的承諾信心全失。為了避免歷史重演並令資產受損，相信家族有意進一步撤出香港，以維護自身利益，惟卻要面對一些甚為複雜且充滿矛盾的兩難情況：首先，他們想減少香港投資，但偏偏香港的生意卻為集團帶來最好回報；其次，雖然他們對中國政府甚為恐懼，但也明白中國的龐大市場乃渣甸洋行最理想的發展舞台。除此以外，他們若要留在香港發展，還要時刻擔心日益壯大的華資巨企對洋行的資產虎視眈眈，加上他們自覺已為英國及港英政府付出甚多，功勞甚大，卻沒獲對方投桃報李，給予特殊待遇，故氣憤難平。

在第八章中提及的馬登家族，甚至其他家族，他們對於香港前景缺乏信心的共同反應，是出售資產，轉身離場。或者，凱瑟克家族亦曾有此念，故當遇到華資巨企吸納其股份時，會與對方探討出售價格。不過，他們看來又清楚知悉香港的投資回報遠較其他市場吸引，因此並沒全數出售在香港的資產，結束洋行業務一走了之。甚至每當遇到別人質疑其「撤資」時，他們總是表示

自己與香港共同成長，對香港前景仍有信心，不會離去。但正所謂聽其言觀其行，他們的表裡不一，相信早已被不少投資者看穿（*South China Morning Post*, 6 October 1987; 劉詩平，2010）。

　　至於渣甸洋行對中國的看法，亦同樣矛盾重重。有記者曾直接形容渣甸洋行有「中國恐懼症」（China fear）的病徵（*South China Morning Post*, 28 March 1994），一直擔心香港主權回歸後集團會掉進深淵；另一些報導更指集團是患了「對 1997 年後中國影響香港的偏執恐懼症」（paranoid about the effects of China on Hong Kong after 1997）。但是，洋行內部卻清楚中國發展潛力無限，如李舒便曾公開表示中國是集團盈利增長所在，因為中國擁有龐大市場，乃渣甸洋行多元化業務的理想投資地方（*South China Morning Post*, 6 October 1991）。沿此方向看，李舒本人應是看好中國業務，但凱瑟克家族卻抱持相反看法。面對這種分歧，李舒並不如紐璧堅般執著於整個集團或控股家族的利益，而是嚴格執行凱瑟克家族的指示。[2]

　　更準確地說，凱瑟克家族確實想保留在香港那些帶來高盈利的生意，惟華資巨企一直在旁虎視眈眈，伺機狙擊，令他們始終沒法完全放心。為免公司落入他人之手，1987 年，他們採納包雅士的建議，嘗試發行 B 股以鞏固自身利益，惟這做法遭證券及期貨監管委員會（Securities and Futures Commission，簡稱證監會，SFC）制止，指其破壞市場秩序。自此之後，渣甸洋行與政府之間的關係變得複雜，因為凱瑟克家族認為政府應「報答」洋行早前的同進共退，而他們所圖的是個別主義的特權，包括希望自己免受證監會的規管。

　　最能反映凱瑟克家族想要超然於證監會的例子，便是他們向政府要求獲得某些上市豁免（exempt listing status）。原來，李舒曾多番尋求港英政府協助，讓洋行獲得更好保護，惟時任港督衛奕信（David Wilson）卻不賣帳，支持證監會依法行事，令李舒空手而回。為此，渣甸洋行以取消香港第一上市地位作

威脅，但同樣未能讓證監會屈服。為證明自己「講得出做得到」，洋行在 1991 年把第一上市地位轉移到倫敦，惟仍保留香港的第二上市地位，算是為自己搭了下台階，亦留有後路，以便日後可向港英政府繼續施壓（*South China Morning Post*, 8 June 1991, 30 May 1993 and 23 March 1994）。

對於渣甸洋行把第一上市地位轉到倫敦之時的業務與股權掌控情況，表 10-1 可以提供一些說明。即如不少分析提及，凱瑟克家族持有渣甸洋行控股大約一成股權，並透過這家旗艦企業，掌控渣甸太平洋、渣甸保險經紀、渣甸菲明商人銀行等公司，並與另一旗艦企業渣甸策略控股進行股權「互控」，兩間公司緊密連結，而渣甸策略控股則掌控牛奶公司、香港置地和文華東方酒店。

當中有兩點值得注意：其一是渣甸太平洋及牛奶公司的業務，前者於 1989 年才成立，主要是統籌太平洋當地的零售批發與服務生意，十分多元化，不少屬 1984 年後才大力開拓的；後者主要是日常生活用品及超級市場，那是在 1970 年末興起的新潮消費模式。其二是「互控」或掌控股份的比例較以前增加。比起 1986 年重組之初（參考上一章表 9-1），無論是渣甸洋行控股與渣甸策略控股的「互控」比率，或是渣甸策略控股掌控牛奶公司、香港置地、文華東方酒店的掌控比率，均有明顯增加，其中渣甸洋行控股對渣甸策略控股的比率達 52%，而渣甸策略控股對文華東方酒店的控股達 50%。這樣高的控股比例，顯然反映家族擔心遭到狙擊之故。以上這些業務，大多是在 1986 年重組後不斷往外開拓的成果，而李舒上任後，這些業務基本上仍保持拓展。從業績表現上可見，香港地區業務的盈利貢獻，始終都較突出，海外業務則較遜色，李舒在不同時期的股東會上亦常提及此點（*South China Morning Post*, 21 March 1989, 22 March 1990 and 26 March 1992; Wong, 1993）。

回到渣甸洋行常捲入政治爭拗的問題上。由於多番向港英政府爭取特權待遇均失望而回，渣甸洋行似乎改變策略，攻擊時任港督衛奕信，指他對中國政

表 10-1：1991 年凱瑟克家族控股下「渣甸系」發展與股權「互控」轉變

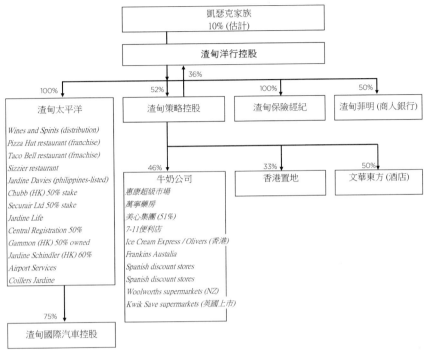

資料來源：*South China Morning Post,* 23 September 1991: 23

府「太軟弱」。小亨利・凱瑟克更曾多次公開要求撤換港督，並聯同其他「鷹派」人士向首相戴卓爾夫人和馬卓安等「告狀」，要英國政府「換人」（Gittings, 1991；魯平，2009）。他們的意見顯然影響到英國政府的取態，故衛奕信在未能完成任期下於 1992 年離去，代之而來的是擺明會採取強硬路線的彭定康（Chris Patten）。而他上任後的其中一項重要舉動，便是提出了被中國政府指斥為「三違反」的「政改」方案，令進入回歸後期的香港政治爭拗更為激烈（袁求實，1997；Chung, 2001）。

雖然彭定康並非凱瑟克家族心目中的選擇，但他對中國政府的強硬路線應得到其支持，而據彭定康本人所述，他提出的「政改」方案，亦得到李舒及蒲

維（Charles Powell，時任渣甸洋行董事，曾任戴卓爾夫人及馬卓安私人顧問）的支持（*South China Morning Post*, 19 December 1992; Patten, 1998: 70）。[3] 惟凱瑟克家族雖在旁搖旗吶喊，積極助威，但一如早前中英談判時的結果——這次也未能獲得彭定康或港英殖民地政府另眼看待，同意給予他們上市豁免的「特殊優惠」。哪怕李舒和蒲維等為彭定康做了不少「助攻」，渣甸洋行還是空手而回，揭示渣甸洋行的政治能量已今時不同往日了。

到了 1993 年 9 月，快將完成五年任期的李舒拿著豐厚酬金，宣佈退休返英，[4] 大班之職將於 1994 年交到莫理臣（Alasdair Morrison）手中。按李舒本人的說法，雖然當年上任時曾承諾做足十年，但因覺得工作太繁重，他想有一些私人生活，做些自己喜歡的休閒活動，所以選擇退休。加上香港回歸在即，及早讓接班人上位有利集團平穩過渡，所以便有了退休離港的行動（*South China Morning Post*, 22 September 1993）。

概括地說，李舒任內，渣甸洋行在港業務保持發展，並持續增加海外投資，但不少資源及精力，顯然耗費在政治角力之中。由於凱瑟克家族對中國政府本已不信任，「天安門事件」更強化了他們的看法與預期，故想方設法轉移投資，自然成為李舒的重要任務。另一方面，李舒亦要為洋行向政府爭取在港生意能獲特殊待遇，以免公司落入他人之手。在他們眼中，或許以為公司在不同層面上配合或支持港英政府，理可獲得投桃報李。但此一時，彼一時，香港金融制度運作多年，制度法規完整，已不是日落西山的港英政府能隻手遮天了，故李舒及凱瑟克家族注定失望而回。其後，企業及家族節節後退，由 1984 年遷冊到 1991 年取消第一上市地位，然後在李舒退休那年（1994 年）完全取消上市地位，渣甸洋行在香港的政經社會地位大不如前，江河日下。

小亨利・凱瑟克的指揮大局

　　無論是解僱紐璧堅、渣甸洋行遷冊，甚至是拉衛奕信下台、支持彭定康「政改方案」，以及對中國政府採取強硬立場等，背後其實均有小亨利・凱瑟克的身影。自 1975 年退任渣甸洋行大班一職，返回倫敦出任馬地臣洋行主席後，因為馬地臣洋行乃渣甸洋行的母公司，小亨利・凱瑟克已成為渣甸洋行的大腦，或者可說是幕後操縱者（mastermind）。作為渣甸洋行最後「話事人」，小亨利・凱瑟克當然不會干涉日常事務，但在重大發展策略或人事任上，尤其是會影響家族利益的問題上，則必然會毫不猶豫地作出干擾，指揮大局。

　　1975 年退任渣甸洋行大班時，小亨利・凱瑟克接受記者訪問，透露自己返英後有意參與政治，如其父祖輩般加入保守黨，競逐國會議員。或者是為了配合這一舉動，小亨利・凱瑟克在回到英國數個月後便收購了英國著名政治雜誌 *The Spectator*，顯然有意透過「第四權」及輿論，為自己發聲造勢（*South China Morning Post*, 26 June 1975）。但是，在 1976 年那屆選舉中，由於他年紀尚輕，未能獲得黨內提名支持，所以只能專心打理馬地臣洋行業務。到了 1980 年時，他終於獲保守黨支持，參與競逐國會議席，但以失敗告終，這對於一生從沒遇過失敗的小亨利・凱瑟克而言，相信屬於人生中一大挫折（*South China Morning Post*, 26 January 1980）。

　　之後，小亨利・凱瑟克再沒親自上陣，參與國會議席選舉，可能覺得居於幕後位置更適合他。至中英主權談判令「香港」成為國際焦點時，他亦十分關注，因為中國政府決定收回香港主權一事，很自然地勾起他對渣甸洋行於 1950 年因未能及時撤走投資而蒙受巨大損失的記憶。相信自那時起，他便開始思考如何撤退的問題，避免再次「被困於中國」（*South China Morning Post*, 30 November 1985）。另一方面，自 1970 年代末開始，集團旗下不少控股企業，成為新崛起華商的狙擊對象，迫使他必須想出萬全之策作抵抗。可以這樣說，

自那時開始，作為渣甸洋行幕後操縱者的小亨利‧凱瑟克有如「腹背受敵」，時刻難以安寢。從某層面上說，在接著的日子中，他所做的一切，基本上都可說是為了解決這兩個主要問題，甚至不惜使出政治手段，以致捲入中英間的政治鬥爭。

最能反映小亨利‧凱瑟克乃真正幕後操縱者的，當然是他迫退紐璧堅，由其弟西門‧凱瑟克上台，並將渣甸洋行遷冊百慕達等一連串安排。解僱紐璧堅一事沒有太多公開資料，難以作深入說明；但策劃遷冊一事由於有較多公開資料，則能讓人看到他的參與痕跡及操作思路。1984 年 3 月底，西門‧凱瑟克在香港宣佈渣甸洋行遷冊計劃之前，有報導指小亨利‧凱瑟克曾透過聯邦及外交辦公室，轉告英國政府渣甸洋行將會宣佈遷冊一事，並指小亨利‧凱瑟克能直達「朝廷」，直接與首相戴卓爾夫人聯絡（*South China Morning Post*, 1 April 1984）。據知情人士說，在作出宣佈之前，他「曾三夜無眠」（*South China Morning Post*, 30 November 1985），可見他對此一決定的多方綢繆和思慮。

以此而論，遷冊一事應是凱瑟克家族自己「製造」的事端，未必真的與

小亨利‧凱瑟克

英國政府有甚麼合謀，只是小亨利‧凱瑟克單方面認為他這樣做是幫助了英國政府，可以邀功。在接著的日子中，他據說曾私下遊說港英政府通過特別法案，禁止任何人收購渣甸洋行，惟因這種做法赤裸裸地違背了公平原則，當時的港英政府沒有接受（*South China Morning Post*, 1 March 2000）。而港英政府斷然拒絕的態度，令小亨利‧凱瑟克十分不滿，雙方的關係因而變差。由此可以推斷，由於小亨利‧凱

瑟克擔憂控股權被狙擊，以為採取一招遷冊行動能夠一舉多得：既讓中國政府知道他對香港回歸投不信任票；又讓英國政府有了一張「好牌」，增加與中國政府談判時討價還價的籌碼；更可讓港英政府知道渣甸洋行的重要性，若然撤資必不利香港經濟，促使港府答應通過特別法案保護凱瑟克家族控股權，以挽留渣甸洋行。

然而，不但港英政府拒絕其要求，英國政府看來亦不領情，或故意保持距離，上一章中提及鄧小平於 1984 年會見賀維時，特別提到「希望港英政府勸說有關方面的人不要讓英資帶頭轉走資金」，應會讓英國政府覺得小亨利‧凱瑟克節外生枝，反而添煩添亂，轉移了談判焦點或計劃，而中國政府當然是對渣甸洋行更加提防和猜忌。換言之，小亨利‧凱瑟克那時採取的遷冊舉動，非但沒產生預期效果，反而弄巧成拙，令洋行成為鬥爭的主體或箭靶，把自己放置到中英爭拗的漩渦中，實在極為不利。若與同屬英資龍頭巨企的太古洋行的做法相比，小亨利‧凱瑟克應對策略更顯其粗率及欠缺政治智慧。

當小亨利‧凱瑟克因打出遷冊牌而弄得一鼻子灰時，47 歲的他在情場卻相當得意，宣佈於 1985 年 8 月迎娶妻子蒂莎（Tessa Reay Fraser，她日後譯了中文名字叫「天下」）。蒂莎當時 43 歲，曾有過一次婚姻並與前夫 Hugh M. Reay 勳爵育有三名子女。她的父親為 Simon Fraser 勳爵，而她本人則是一名政治學學者，在政界及學術界均十分活躍，那時是肯辛頓區的國會議員，甚有政治力量與名聲（*South China Morning Post*, 16 August and 8 October 1985）。[5]

結束王老五生涯的小亨利‧凱瑟克，沒太多時間沉醉在愛情的二人世界中，因為西門‧凱瑟克之後大病一場，令他要把更多精力時間投放到管理香港渣甸的業務。到西門‧凱瑟克康復並聘得「公司醫生」包雅士對集團進行重組「治療」時，他亦要緊密跟進，參與其中，作出重要批示和擘劃。當然還有後來分拆牛奶公司和文華東方酒店上市、向李嘉誠等人購回香港置地股權、包雅

士升位大班又匆匆掛冠等事，相信都要他作最後拍板，分分鐘都不能鬆懈。可以這樣說，婚後的小亨利·凱瑟克要煩惱的事情實在不少，直到 1988 年底，即李舒正式上任，完成平穩接班之後，才能略為安下心來。

經過連串遷冊、重組、收購等舉動後，基本上凱瑟克家族最關切的兩個問題已解決，渣甸洋行重回正軌，可以專注業務。怎料當小亨利·凱瑟克以為可安寢無憂之時，1989 年，北京突然發生「天安門事件」，激發他新一輪憂慮。事件可說符合他一直以來對中國政府持不信任態度的預期，他在英國國會出席聽證會時，指摘中國政府乃「馬克思列寧主義者，粗暴鎮壓政權」（Marxist-Leninist, thuggish oppressive regime）（*South China Morning Post*, 23 March 2000; The Economist, 30 June 2007）。從他的言論可見其個人政治與意識形態的鮮明立場，對中國不信任的態度也不再隱約其辭了。

那時身在香港的西門·凱瑟克，亦在 1989 年 6 月 10 日致函《南華早報》，同樣採用了「馬克思列寧主義者，粗暴政權」的話語，並提出兩點令人玩味的呼籲：（一）、針對外交部及英國內閣的大腦們（即高層領導精英），每星期都應有百萬民眾到政府總部外和平示威，（二）、學習北愛爾蘭的做法，當港督任期屆滿，要求繼任者具有下議院成員或能達內閣級別的資歷（Keswick, 1989）。

正如前述，在「天安門事件」後，香港社會出現更為嚴重的「信心危機」，股票市場出現巨大波動，不少企業仿效渣甸洋行遷冊，中產階級移民者尤多，被指有「先見之明」的小亨利·凱瑟克，相信心中看來再次湧現旗下企業可能再遭狙擊的意識，因此亦開始另一階段尋求政府保護的綢繆。他應會想到，既然要求港英政府通過特別法案不可行，退而求其次，在當時條件中爭取上市豁免，應該難度較低，所以便沿著那個方向前進。

順帶一提，當小亨利·凱瑟克逐步爭取上市豁免之時，其父親 WJ·凱

瑟克於 1990 年 2 月 16 日去世，享年 86 歲。資料顯示，自 1966 年退任馬地臣洋行主席之後，WJ·凱瑟克沒有完全退出政商界，而是選擇擔任一些較閒散的掛名職位，例如出任滙豐銀行、英倫銀行及太陽聯合保險（Sun Alliance Insurance Ltd）等著名企業的非執行董事之職。到了 1972 年時，他與胞弟 JH·凱瑟克同時獲英女皇授予爵士頭銜，表彰其為大英帝國作出的貢獻。進入 1980 年代，由於健康大不如前，他才淡出政商圈子及社交場合（*South China Morning Post*, 18-20 February 1985）。

正如上一節中提及，李舒及蒲維按小亨利·凱瑟克定下的方針，在不同層面上向港英政府爭取渣甸洋行旗下企業的上市豁免，但多番努力仍不能成功，小亨利·凱瑟克因此改變策略，轉為攻擊港督衛奕信，批評他對中國政府態度軟弱，並聯同其他持相似立場者要求撤換港督。結果，小亨利·凱瑟克如願以償，在 1990 年接替戴卓爾夫人出任英國首相的馬卓安，於 1991 年撤換了衛奕信，這香港政治的重大變動再次成為世界焦點（Gittings, 1992）。

不過對小亨利·凱瑟克而言，單把衛奕信拉下馬並不足夠，誰是接班人才更為關鍵。據不同政治評論員的分析，小亨利·凱瑟克當時四出拉攏，動作多多，最受注視的行動，則是推薦蒲維作為衛奕信的接班人（Gittings, 1991a, 1991b and 1992; Braude, 1992; Stevens, 1994），揭示他明顯想將「自己人」推上港督之位，為個人或企業作更大綢繆。

資料顯示，蒲維有「戴卓爾夫人管家」（Mrs Thatcher's butler）及「包搞定先生」（Mr Fix-it）等稱號，與戴卓爾夫人的感情親如「母子關係」（"mother-son" relationship）（Gittings, 1991a: 13; Stevens, 1994: 17）。雖然他具有很高的政治與外交能量，卻沒有實質從商經驗，儘管如此，曾擔任渣甸洋行顧問又與凱瑟克家族關係深厚的他，於 1991 年 6 月願意出任渣甸洋行執行董事，並於同年 8 月踏足香港，開始了各種工作，而小亨利的這一特殊舉動，自然惹來

不少推測，認為是項莊舞劍（*South China Morning Post*, 7 September 1991; Gittings, 1991a）。

與此同時，無論是英國或香港，均出現了「猜猜誰是下任港督」的暗湧，各方人馬在明在暗，都展開了各種遊說工作。其中北愛爾蘭秘書長布魯奇（Peter Brooke）、國家工業部前秘書長華利（Eric Varley），以及前副首相賀維等，均曾為傳媒提及；而曾服務港英政府的前布政司霍德（David Ford）及前兩局議員鄧蓮如等，亦曾成為傳聞主角（*South China Morning Post*, 29 December 1991）；小亨利・凱瑟克一手挑選進入渣甸洋行董事局的蒲維，自然亦是「重量級人物」（a heavyweight）（Healy, 1992: 8）。

本來，以蒲維這樣的政治能量和背景，加上小亨利・凱瑟克等英商的強硬資本後台，要脫穎而出應該是十拿九穩的，蒲維本身亦加強了曝光率，頻頻接受香港傳媒訪問（Braude, 1992; Healy, 1992）。但是，令蒲維及小亨利・凱瑟克大出所料的，相信是中途殺出個程咬金——彭定康。1992 年英國大選，身為保守黨主席的彭定康帶領該黨取得勝利，但他本人卻在自己選區中敗陣，失去了國會議員席位。由於彭定康在黨內具份量，又令全黨在選舉中獲勝，自然要論功行賞，但他既在國會內沒有席位，則難出任內閣部長等要職，於是，安置他擔任「末代港督」成為馬卓安的最後決定，小亨利・凱瑟克的心機盤算，頓成一場空。

由於小亨利・凱瑟克和彭定康性格不同，又素無交情，由彭定康出任港督，渣甸洋行自然撈不得任何好處，所以哪怕彭定康對中國政府採取了十分強硬的政策，也不見他作出甚麼支持及讚許，雙方初期的關係明顯欠佳（Chung, 2001: 126）。不過，小亨利・凱瑟克也明白要向「錢」看，既然大局已定，洋行要爭取上市豁免，便一定要和新政府打好關係。所以他透過李舒和蒲維等「代理人」向彭定康伸出友誼之手，甚至在彭定康的政改方案被中國政府

指斥乃「三違反」時，亦給予大力支持（Patten, 1998: 70）。此舉招來中國政府嚴厲批評，指渣甸洋行與彭定康一同破壞協議，令談判的成果毀於一旦，雙方的關係進一步惡化（*South China Morning Post*, 26 September 1993 and 23 March 2000; Stevens, 1994）。

雖然小亨利‧凱瑟克公開支持彭定康的政改方案，但同時間，他亦明白要爭取中國大陸的市場，維持國內的生意，故亦向中國政府示好，如他表示中國將成為「世界巨型製造中心」（the world large manufacturing centre），香港可以提供多方支援，發揮重大角色

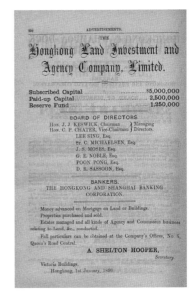

香港置地於1890年的廣告。它是渣甸洋行的旗艦企業，為了保住這家企業，家族最後不惜結束在香港的上市地位。

等（*South China Morning Post*, 13 June 1992）。同一時間，他仍死心不息，著力向港英政府爭取上市豁免。不過由於兩者均毫無寸進（*South China Morning Post*, 27 March 1994），最後他決定下狠手，於1994年取消整個集團在香港的上市地位。據說，針對渣甸洋行的敵對態度，中國政府曾指示中資企業不能與其合作做生意，甚至禁止其進行與中國大陸有關的投資（劉詩平，2010; *Sunday Times*, 12 January 2020）。結果，渣甸洋行與香港及中國內地的關係嚴重撕裂，大大影響到集團的業務發展，代價不容忽視。

由於渣甸洋行由創立開始，便立足於中國貿易，明白中國市場的巨大潛能，失去中國貿易便「一切歸零」，也失去了長期建立下來的優勢。或者是察覺到與中國政府「對著幹」不利自身利益，到了接近香港主權回歸之時，小

亨利‧凱瑟克開始收歛對華的敵對和猜忌態度，甚至主動向中國政府伸出橄欖枝。有傳媒引述，據說在 1996 年 2 月，小亨利‧凱瑟克約見時任新華社社長周南，雙方共進午宴，陪同出席者還有渣甸核心人物蒲維及莫理臣，討論的話題相信是圍繞當時社會有「中國政府禁止中資企業與渣甸洋行做生意」的傳言。而午宴後，消息指上述的說法是誤傳，中國政府並沒這樣做（*South China Morning Post*, 25 February 1996）。

到香港快將回歸的 1997 年 5 月，小亨利‧凱瑟克透過多方面人脈關係的安排下，聯同莫理臣等渣甸洋行管理層到北京訪問，並獲得國家總理朱鎔基及港澳辦主任魯平接見，行動吸引傳媒注目，大多認為此行是為了修補關係（*South China Morning Post*, 8 May 1997）。在那次會晤中，儘管大家握手言歡，說了很多客套話，一方表示中國市場龐大，願意投資，香港安定繁榮對「改革開放」十分重要；另一方則表示歡迎投資，亦重視對方在維護香港繁榮安定的作用云云。不過相信大家都心中有數，關係破裂了，猜忌不少，實非一時三刻能夠改善，加上空口無憑，之後如何實事求是地執行才最為重要。但無論如何，此次破冰之旅尚算成功，之後朱鎔基開了綠燈，准許渣甸洋行到內地投資，而小亨利‧凱瑟克亦變得謹言慎行，甚少再作出傷害中國的言論了（*Sunday Times*, 12 January 2020）。畢竟，回歸後渣甸洋行失去了足以操弄英國或港英政府的「政治槓桿」，興風作浪的本錢大減；更不用說，其一系列針對中國行動的本質，其實是為了爭取港英政府給予上市豁免，當圖謀已不可能成事，自然會老老實實回歸到生意層面，在商言商，積極爭取中國大陸的龐大市場了。

對於小亨利‧凱瑟克作為最高領導人主政的時期，渣甸洋行在中國內地貿易與香港生意上的節節後退，有分析指是因為凱瑟克家族對中國政府收回香港產生了「中國恐懼」（China fear）（*South China Morning Post*, 28 March 1994）。這種看法雖有一定道理，但明顯過於表面。因為若他們真的如此擔心，應該賣盤

套現，將公司售予那些出價十分吸引的華商，然後遠離中港市場，但他們沒有這樣做。由此可見，凱瑟克家族在回歸前的連串動作，應不是被所謂「中國恐懼」驅使，而是另有所圖。

說得直白點，凱瑟克家族的真正目的，應是為了爭取英國或港英政府給予特殊待遇——上市豁免。顯然，他們有意繼續在香港發展，卻擔心回歸後英方勢力退減，華商華資更形茁壯，東風壓倒西風。為了讓家族可以繼續「以小控大」，主導渣甸集團，保障家族利益，他們才會主動跳出來為英方搖旗吶喊，期望以忠誠換取特權。從這個角度看，與其說他們有「中國恐懼」，還不如說他們有「被吞併恐懼」。更確實點說，小亨利·凱瑟克知道中國貿易或投資乃集團盈利所在，但「以小控大」的控股模式存在巨大風險，而華商狙擊的陰霾又一直揮之不去，於是想到要求英國在撤退前給予特殊保護。

令小亨利·凱瑟克失望的是，無論以遷冊作威脅，或是轉移上市地位，均不能令港英政府就範，於是想出更換港督的方法，豈料半途又殺出一個程咬金，令他功虧一簣。但由於自己有言在先，回不了頭，加上相信英資洋行在回歸後未能繼續保持優勢，因此便有了節節後退的局面，令渣甸洋行在這個過程中失去了香港以及中國內地的龐大市場。願賭服輸，自作自受，凱瑟克家族或者會「心甘命抵」地接受這個結果；但對其他未能發聲的小股東而言，相信大部份都不同意也不希望撤出香港，但受制度所限，只能一同承擔那個代價。有關這方面的討論，且留待另一節中再作說明了。

特拉法加原來是滑鐵盧

對英國人而言，在 1805 年 10 月的「特拉法加戰役」（Battle of Trafalgar）中，儘管主帥尼爾遜（Horatio Nelson）陣亡，卻以少勝多，打敗法國和西班牙兩個聯合艦隊，贏得漂亮，令其聲威大振，英國海軍從此獨步天下，成為全球

最強勁旅。為了紀念這場勝仗，大英帝國日後在倫敦最核心的位置，興建了特拉法加廣場（Trafalgar Square），並在廣場正中處高高在上地豎立了陣亡主帥的雕像作紀念，而「特拉法加」則成為勝利的代名詞，不少英國人都樂意採用。

不過，凱瑟克家族於 1994 年購入的特拉法加集團（Trafalgar House）——一家扎根倫敦的工程、建築與地產開發綜合企業——不但沒能為家族帶來勝利和榮耀，反而令其蒙受巨大虧損，投資以失敗告終，就如平生征戰無數的拿破崙，最後敗於滑鐵盧一樣。而那時獲任命領導特拉法加集團的，則是 1982 年底到香港接掌渣甸洋行的西門·凱瑟克。相隔大約十年間，雖然時移勢易，那種臨危授命的氣氛依舊，結果卻截然不同，從某層面上說明時勢其實決定了大局。

從資料上看，凱瑟克家族與特拉法加的首次接觸是在 1983 年 10 月，那時渣甸洋行因財困，以 2 億港元將旗下金門建築的五成股權出售予特拉法加集團（第八章），因此集團代表進入董事局，大家乃有了實質及多方面的合作。但風水輪流轉，不久後特拉法加出現財困，這次則由凱瑟克家族扮演金主，收購其控股權，入主特拉法加集團。

為甚麼凱瑟克家族那時會有如此進取及重大的投資舉動呢？主要因為 1984 年西門·凱瑟克宣佈遷冊百慕達時，提出要降低在香港的投資比例，同時加大海外投資的力度，雖然不少向外開拓的業務均沒帶來太突出的盈利貢獻，但洋行向外走的基本投資方針並沒有轉變，仍積極物色有價值的投資機會。而他們其中一個重要策略，當然是返回自己熟悉的地盤，增加在英國本土的投資，更在 1991 年把集團多家上市公司的第一上市地位轉回倫敦。

在那個時期，較普遍的投資轉移方式是透過收購合併，特拉法加集團則是其中一個目標，並曾在 1990 年代初開始較具體的洽談。到了 1992 年時，該集團的股價突然大跌，小亨利·凱瑟克覺得機不可失，於是作出重大決定，透

過恢復活力的香港置地，斥巨資 4.98 億美元（約 38.84 億港元）大量吸納特拉法加集團的股票，令持股量升至 25.1% 水平（後來增至 26%），成為特拉法加集團單一最大股東，掌控了這家英國巨企（*South China Morning Post*, 1 April 1994; *The Independent*, 5 March 1996）。

當時的特拉法加集團持有 Ritz Hotel、Cunard Cruise（擁有當時全球最大的伊莉莎白皇后遊輪）、Express Newspaper 及物業地產等業務，但集團自 1980 年代中起表現一直走下坡，虧損連年。而被認為拯救了渣甸洋行的大功臣西門‧凱瑟克，再次獲得任命，掛帥出征，擔任特拉法加集團主席。那時，再次披甲上陣的西門‧凱瑟克信心滿滿，認為當年自己既能在兩年間令渣甸洋行走出債台高築的困局，今天亦能如法炮製。故他發出豪言壯語，要在兩年內令集團轉虧為盈。而他採取的方法亦跟當年處理渣甸洋行相近，連番推行業務重組與行政改革，包括解散特拉法加集團的原領導，改由香港置地和渣甸洋行的高層管理人員接手，如香港置地財務董事杜蘭（Ian Durant）及渣甸洋行執行董事蒲維與李熾（Rodney Leach），便越洋而來加入了董事局，西門‧凱瑟克以為依樣畫葫蘆，便可令這家巨企扭虧為盈（*South China Morning Post*, 6-9 and 30 May 1993）。

然而，這種「只把股東（權益）調來調去的重組」，因為沒有從根本解決集團的業務困難，或對集團的好壞投資作一通盤檢視，結果自然不會如 1986 至 1987 年的「渣甸系」企業般產生「神奇效果」。當年渣甸之所以能成功脫困，主要是因為當時香港的經濟強烈反彈，樓市股市持續向好增長，而非西門‧凱瑟克的重組之功。但英國經濟環境及物業市場持續低迷，故哪怕西門‧凱瑟克花了很大氣力，希望刺激銷售、削減成本，特拉法加集團仍然因資產值持續萎縮而流血不止。而據西門‧凱瑟克本人所言，他接手後才發覺集團有更嚴重的債務問題——當時股東形容為「骷髏骨」（skeletons），因此他要再向股東集

資還債，此舉自然令無數小股東極為失望，並對集團新領導層大加抨擊（*South China Morning Post*, 26 February 1994）。

　　無論小股東如何不滿與批評，特拉法加集團依舊沒法擺脫困境。或者覺得力有不逮，或本身的直接統領未能發揮效果，1994 年 4 月，西門‧凱瑟克任命剛從香港退休返英的李舒為董事總經理，由他總攬實務管理。然而，李舒同樣無法令特拉法加起死回生，財務問題反而更趨嚴重。1995 年 12 月中，集團宣佈錄得 38.2 億港元巨額虧損，即早前向股東再集資之所得亦如泥牛入海，全數蝕清（*South China Morning Post*, 18 December 1995）。凱瑟克家族當年斥資近 40 億港元的投資，經不起多年的虧蝕，化為烏有。

　　此時，凱瑟克兄弟只能面對現實，明白就算怎樣將特拉法加集團重組或「調來調去」，只要英國的經濟與樓市不如當年香港般重上升軌，渣甸洋行的「奇蹟」就不會重演。若然外圍因素持續惡化，資產持續貶值，集團早前的過度投資必然令其負債加劇，難以自拔。在經歷連續三年每年均虧損過億美元的沉重打擊後，凱瑟克兄弟最終承認遇到了滑鐵盧，決定壯士斷臂，於 1996 年將特拉法加集團的 26% 股份售予丹麥造船巨擘 Kvaerner 家族，「止蝕離場」（*The Independent*, 5 March 1996; *South China Morning Post*, 31 March 1996; Hewett, 1996）。

　　據倫敦《時代雜誌》（*The Times*）報導，Kvaerner 收購整個特拉法加集團的總價為 9.04 億英鎊（*The Times*, 18 April 1996），以當年滙率 1 英鎊兌 11.5 港元計算，即約為 103.96 億港元。以當年渣甸洋行運用約 38.84 億港元購入 25.1% 控股權論，撇除日後（例如 1994 年初）仍有為數不少的配股集資與增持不談，大約三年間，這個項目的帳面虧損便高達 38.84 －（103.96×25.1%）＝12.75 億元，說特拉法加集團乃凱瑟克家族的滑鐵盧，可謂一點亦不誇張。至於西門‧凱瑟克甚至是小亨利‧凱瑟克的經營能力與投資目光，亦備受極辛

辣的批評。

事實上，自西門・凱瑟克在香港接任大班後，其遷冊、投資轉移及企業股份「互控」等做法，均受到不少投資分析者批評，更不用說他令渣甸洋行捲入政治鬥爭，成為中英之間磨心的缺失了。基本上，洋行不少海外投資的表現都欠理想，但外界沒法看清真實情況，只知其不甚了了，盈利總是不及香港。至特拉法加集團一役，資產負債表赤裸裸地呈現了海外投資的巨大虧損，反映自 1984 年至 1997 年 5 月間，洋行與中國政府「對著幹」帶來的嚴重損害，令小亨利・凱瑟克急急到北京拜會朱鎔基，試圖補救。但損失已成定局，小投資者只能與凱瑟克家族一起付上代價。

莫理臣掛冠而去的問題和思考

回到 1994 年李舒退休返英，由莫理臣接班後，渣甸集團在香港的發展情況。由於那時距離香港主權回歸只剩下兩年多，而回歸後又碰上了亞洲金融風暴，莫理臣領導的「渣甸系」到底碰到甚麼發展困難？又有甚麼重大轉變？與中國政府及特區政府的關係又如何？莫理臣與凱瑟克家族又能否保持融洽關係？在回答這些問題之前，先簡單介紹莫理臣的背景。

從出身與背景的角度看，莫理臣和凱瑟克家族十分接近。他生於 1948 年，蘇格蘭裔，父親乃軍隊牧師，與軍方有緊密關係。長大後，莫理臣進入伊頓公學，之後考入劍橋大學，成績突出。1971 年，大學畢業後的莫理臣東來，加入渣甸洋行，成為管理見習生，主要是在船務部工作，亦曾被派駐菲律賓和澳洲等地。

由於表現突出，莫理臣於 1985 年獲任命為渣甸洋行董事，主要負責領導船務運輸的業務。1986 及 1987 年間，集團進行重組，他獲擢升為集團的執行副主席（executive vice president），並兼任香港置地董事，翌年再升為香港置地

董事總經理，掌握該公司管理大權。而按慣例，這一職位再升一級，便是渣甸洋行大班之職。一如所料，到1994年李舒退休時，他乃「坐正」成為大班，帶領集團在那個變幻年代向前邁進。由1971年進入渣甸洋行起計算，那時他服務洋行24個年頭，已有相當年資了（Morrison, 1997: 80）。

莫理臣接班時，雖說挑戰不少，但卻可說大局已定。具體而言，由於連更換港督一招亦無功而回，小亨利‧凱瑟克只能回到現實中，而他亦應明白到渣甸洋行可以呼風喚雨的年代已經一去不回了，明智之舉應是順勢而行，從中尋找有利本身發展的機會，盡量發揮，爭取最大利益。莫理臣顯然亦明白這個道理，並朝著這個方向前進，因此能在接下來的日子為集團注入一定發展力量。當然，回歸後香港碰上「亞洲金融風暴」，令股市受到外資大鱷狙擊，股市樓市大跌，經濟陷入困境，這無可避免地打擊了渣甸洋行的表現。

莫理臣接任時的第一項重要工作，當然是處理前任留下來取消「渣甸系」在香港上市一事。在1994年6月的股東會上，身為主席的小亨利‧凱瑟克講了很多懷緬與自我鼓勵的話，如指出「渣甸系」很多股東都身居海外，日後可到百慕達更休閒舒適地開股東會。身為董事總經理的莫理臣亦有發言，所講的內容則與小亨利‧凱瑟克大異奇趣。他表示，大家不用傷感或有離愁別緒之情，集團仍會為香港作貢獻（*South China Morning Post*, 3 June 1994），暗示集團乃會在香港繼續發展。

接著，莫理臣的第二項工作，是積極修補與中國政府的關係。他一改李舒領導時期與中國政府針鋒相對的做法，盡力釋出善意，甚至公開道歉，期望改善雙方關係長期緊張的問題。1995年1月，在香港總商會的公開演講中，莫理臣表示「明顯地，渣甸近年的一些舉動會令中國覺得被冒犯，我們對此深感歉意」（Plainly, some of Jardines' actions have caused offence in China in recent years. That is a matter of regret to us）。他接著指出，集團的做法其實只是針對政治環

境不明朗下一些迴避風險的安排而已，因此引來誤解，實在不幸。他又重申，集團絕對不會拋棄香港，集團的盈利有六成來自香港，亦是香港最大的私人單一僱主。當他被記者問到，他的演說是否公開向中國政府致歉時，他說：「我覺得那些言詞本身已充份表達了」（I think those words speak for themselves）（*South China Morning Post,* 11 January 1995）。

對於莫理臣的友善言詞，中國政府亦展現了柔軟的態度，表示歡迎任何外資在香港投資，並能在香港有成功發展。但又語帶相關地指出，英資公司與香港政治走得太近了，若然企業只從事商業活動，人們會用商業角度看待之；若然企業只從事政治活動，人們會用政治角度看待之（*South China Morning Post,* 15 January 1995）。弦外之音是，像渣甸洋行等外資公司，他們在港投資是受歡迎的，但不要搞政治；若搞政治，中國政府只會以政治手段作回應。由於莫理臣對中國政府持著友善態度，又公開表示善意，加上渣甸洋行之後開始與一些內地公司合股投資，雙邊關係踏上了逐步改善的道路。

接下來，莫理臣便專心打理渣甸洋行業務。綜合各項資料顯示，1994 至 1995 年間，集團業務雖遭遇不同困難，但因在香港方面的投資取得了突出增長，1994 年財政年度獲利 33.1 億港元，股東溢利 4.53 億美元（即 35.3 億港元），增長達 6.74%，令不少投資者甚為欣喜（*South China Morning Post,* 1 April 1995）。若果將集團的股東溢利與前文提及特拉法加在 1995 年虧損達 38.2 億港元作比對，更可十分鮮明地看到，兩者在發展動力與業績表現的強弱優劣。

由於集團持續把大量資金轉移到英國或海外，令本來投資到其他大型企業的資金驟減，其中一家便是滙豐銀行。基於持股量大幅減少，洋行不再是滙豐銀行的策略股東，到了 1996 年，滙豐銀行董事局宣佈，作為渣甸洋行代表的莫理臣在任期屆滿後不再續任，結束了自 1877 年以來渣甸洋行與滙豐銀行 120 年的緊密關係（*South China Morning Post,* 23 October 1996）。

雖然渣甸洋行與滙豐銀行「分手」收場，但它與華資企業則嘗試展開合作。進入 1997 年，莫理臣領導下的渣甸洋行，打破了過去百多年作為英資龍頭大行的高傲姿態，向一直被視作「眼中釘」的李嘉誠尋求合作，此舉雖不至於令李嘉誠「受寵若驚」，但相信亦大感意外。雙方日後確實有不少生意合作（*South China Morning Post*, 6 August and 27-30 September 1997），而這種合作的模式，或者更能化解被狙擊的威脅。可以這樣說，莫理臣放下了身段，主動尋求合作，肯定有助洋行穩定在香港的各方面投資與影響力。

在莫理臣任內，香港正式回歸中國。於此重要的歷史時刻，莫理臣曾在《南華早報》撰文，以自己的成功經驗告訴世人，憑著個人能力與努力，以及香港的獨特優勢，必然能夠面對任何挑戰，迎來更好明天。值得注意的一點是，他特別提到渣甸洋行投資中華大地的情況，指集團「在全中國 30 個城市中擁有 70 個合資項目，聘請超過 15,000 人」，[6] 並表示，只要宏觀經濟環境向好，中國投資者對香港的信心必然向好（Morrison, 1997: 80）。受資料所限，儘管未能知悉莫理臣有否出席香港主權移交儀式，但小亨利・凱瑟克當時身在香港，參加了英國撤離香港的重大儀式，並在旗下 *The Spectator* 雜誌上發表對主權交還儀式的一些觀察。

據曾任港英政府兩局議員的鍾士元在回憶錄中記述，英國政府舉行撤離儀式時，天有不測風雲，一直下著傾盆大雨。由於不少出席者沒有帶備雨衣或雨傘，儀式期間又不能避雨，乃顯得份外狼狽。鍾士元提到，儀式中，被批評為「歷史罪人」的末代港督彭定康相信曾落下眼淚。而小亨利・凱瑟克則提到，彭定康的女兒不但流下眼淚，也曾哭出聲來，受小亨利・凱瑟克的嘲笑（Braude, 1998）。而鍾士元提及的另一點小插曲，是在儀式結束，出席者離去時，小亨利・凱瑟克被台階絆倒，跌了一跤，一隻腳因而受傷（Chung, 2001: 269）。此一情景，無疑有點似當年戴卓爾夫人走出北京人民大會堂時，在台階

跌了一跤一樣，而那一跌影響了英國的命運，此一跤則相信影響了渣甸洋行的命運。

香港回歸後，雖然早前高調發表「香港已死」的雜誌最後承認錯誤並收回言論，但香港確實遭遇了巨大的困難和挑戰，包括旋即遇上「亞洲金融風暴」，香港遭遇外資金融大鱷狙擊，股市和樓市大跌，利息被大幅扯高，香港經濟衰退，失業率大升。可以想像，在這樣的經營環境下，「渣甸系」的業務亦難以獨善其身，受到不少影響，哪怕莫理臣有三頭六臂，集團在 1998 與 1999 年的業績仍錄得了巨大虧損。就以 1998 年財政年度為例，便錄得高達 84.03% 的跌幅，管理層因此難免遭到批評和壓力（*South China Morning Post,* 12 March 1999）。

其實，莫理臣一直在推動把渣甸洋行轉移到香港重新上市，甚至考慮過更進取的策略，到上海上市，因為他覺得這兩個市場充滿活力，更有助集團長遠發展（*South China Morning Post,* 29 June 1997）。但是，由於小亨利‧凱瑟克仍對中國政府存在猜忌和不信任，除非莫理臣能向當地交易所及證監會爭取到特殊待遇，讓凱瑟克家族可以繼續「以小控大」，但這是任何一個政府均不可能接受之事，故莫理臣的努力注定成空。到「亞洲金融風暴」之後，香港經濟發展出現逆轉，正正吻合小亨利‧凱瑟克對中國及香港前途的猜疑，自然不想把集團的上市地位轉回香港，更遑論上海了。

而「亞洲金融風暴」導致集團出現巨大虧損，不但影響到它的上市安排，更成了莫理臣及凱瑟克家族決裂的導火線。一直以來，雙方對渣甸洋行業務的看法已存在分歧，莫氏看重香港和中國的市場，甚至想將洋行的大本營搬回香港；凱瑟克家族卻一心想走出去，留在香港不過是因為仍未找到其他出路，乃不得已而為之。雖然大家各有想法，不過因莫理臣上任後洋行的業績向好，自然將歧異不和掃到地毯下，表面維持客氣，一副合作愉快的樣子。但一旦面對危機或困境，雙方積存的不滿或不信任便會湧上檯面，加劇分裂的速度。

從後事發展推斷，面對「金融風暴」的挑戰，集團業績倒退，可能需要更多資金以維持運作或發展，莫理臣於是想到，渣甸洋行控股與渣甸策略控股「交互」控股的安排扣起集團大量資金，認為應是時候解除那種安排，釋放資本應對新挑戰。但是，他的建議無疑觸碰了凱瑟克家族的「天條」，影響到凱瑟克家族「以小控大」的基本原則。就跟當年紐璧堅面對的情況相似，當公司利益及家族利益有所衝突而又各有選擇時，分手收場乃是意料中事。

進入新千禧世之初的 3 月份，雖然經濟衰退略為放緩，企業表現有了復甦勢頭，但莫理臣和凱瑟克家族的矛盾卻明顯惡化。據報章報導，在 2000 年 3 月中的董事會上，莫理臣與小亨利·凱瑟克針鋒相對，爭辯十分激烈（*South China Morning Post*, 23 March 2000）。之後的「揭秘」消息指，莫理臣曾嚴厲批評股權「互控」的方法不利集團發展，亦不利所有股東的利益，同時要求恢復在香港上市的地位，讓「渣甸系」企業可以在更好的經濟環境中發展。一如所料，他的觀點及意見與凱瑟克家族的利益和目標相悖，甚至直接指出凱瑟克家族「交互」控股的安排損害其他股東，等同刺中了小亨利·凱瑟克的要害。莫理臣不但因此遭到嚴厲斥責，更被當場解僱，要他「在一小時內收拾個人物件（離開）」（told to clear his desk within the hour）（*South China Morning Post*, 26 March 2000）。

韋特羅

從日後公司公佈的資料看，小亨利·凱瑟克解僱莫理臣之後，改由其表弟韋特羅（Percy Weatherall）繼任大班之職，他在洋行中已工作超過 30 年，資歷甚深（*South China Morning Post*, 23 March 2000）。莫理臣和渣甸洋行不歡而散後，

立即獲得不少重量級跨國公司招手，他最後選擇到美資金融巨擘摩根士丹利（Morgan Stanley）工作，於同年 10 月履新，接替那時剛退休的華特史和（Jack Wadsworth），出任該公司的亞太區主席，展開了個人事業的新征程（*South China Morning Post,* 19 August and 18 October 2000）。顯然，雙方各有實力，又早有應對和後備方案，故在衝突時不願啞忍妥協，決裂告終。

渣甸洋行在這十多年間逐步撤出香港，部份當然是源於對中國政府的猜忌和不信任，擔心 1950 年的情況再現；但導致事態如此發展的更重要原因，是凱瑟克家族對維持掌控整個渣甸集團的決心不可動搖。為了維護家族利益，他們甚至不惜將企業放在政治賭檯上作注碼，放手一博，可見他們對此的重視。對他們而言，任何會弱化家族對「渣甸系」控股的舉動都必須撲滅，但偏偏莫理臣明知山有虎，仍提出以集團整體利益為著眼點，要求更改股權「互控」，觸犯了家族的大不韙，自然成了他們眼中的背叛者。故小亨利‧凱瑟克手起刀落，戲劇性地要莫理臣「立即執包袱走人」。作為一間成熟的大企業，這樣的做法自然令人側目，亦更清楚印證了凱瑟克家族的底線所在。

結語

今時今日回頭看，進入 1990 年代，渣甸洋行的發展確實呈現了節節後退的局面，當然亦可自圓其說，認為這是朝著西門‧凱瑟克於 1984 年定下的方向前進，將香港的業務與投資不斷向海外轉移，避免「把所有雞蛋放在同一籃子裡」，以免落得 1950 年代初在中國大陸碰到的巨大損失。然而，此一時也彼一時，凱瑟克家族以為有先見之明，及早安排，甚至不惜事事與中國政府對著幹，或是藉此爭取港英政府給予特權，從而化解華商狙擊之憂慮的做法，機關算盡卻始終無法如願。洋行和家族在某程度上更因「弄假成真」而節節後退，逐漸失去了大好的發展形勢，從此風光不再，無復當年勇。

我們常說「風水輪流轉」，從中國近代史的發展進程看，確實有這個可能。因為曾經稱霸世界，自詡是日不落國的大英帝國，最終還是走向衰落，一時無兩的渣甸洋行亦復如是。而被嘲為「東亞病夫」，受到鴉片毒害最深最久的中國，哪怕制度、文化及民族等都曾被批評得一無是處，最終卻迎來民族復興，並在二十世紀末收回香港主權，成為國力日強的歷史印證。中國在積弱後之所以能反彈復興，而非如其他不少民族或文明般被滅絕，實在十分難得，更揭示了中華民族的韌力和活力，值得各方注視和深思。

註釋

1. 有分析以小亨利及西門·凱瑟克的「忠誠將帥」（Loyal Lieutenant）來形容李舒（Wong, 1993: 25）。

2. 自集團重組後，坐上大班之職者，不再同時兼任主席及董事總經理，而是只有後者職衛，主席則由倫敦的小亨利·凱瑟克出任。即是說，此重組同時亦削弱了大班的權力。

3. 但是，由於彭定康對「政改」方案失敗進行解釋時，指其方案獲渣甸洋行等英商支持（Patten, 1998），暗示方案未能獲中方接受並非他本人之錯，這招來小亨利·凱瑟克的反擊。小亨利·凱瑟克批評彭定康「政改」失敗及與中國政府關係差，主要是由於他本身的虛榮、野心太大，以及缺乏外交靈活性和經驗，又指彭定康沒提及中國政府對渣甸洋行的攻擊（Braude, 1998）。

4. 1986 年集團重組後，對管理權力與待遇都作了改變，其中為了令表現與回報掛鈎，推出一個「執行董事股份激勵計劃」（Executive share incentive scheme）。李舒任內曾獲發 165 萬股認股權證（option），到他行使權利時的股價為 64.5 元，所以單是這方面的收入便達 1.06 億元。難怪當時報紙以李舒的英文姓氏（Rich）指他「這麼有錢」（That's Rich!），並在另一篇文章中指他乃「悶聲發大財」（quiet achiever），兩者其實又反映了李舒踏實而數口精明的個性（*South China Morning Post*, 22 September and 10 October 1993）。

5. 婚後，蒂莎無所出（即是小亨利·凱瑟克亦如不少渣甸及凱瑟克家族成員般絕後），且把全副心力投入到打拚事業之上。到了 1989 年，她獲時任衛生大臣祁淦禮（Kenneth Clarke）委為私人顧問，政治影響力更為深厚。到 1995 年任期結束後，蒂莎再被委任為英國政壇重點智庫「政策研究中心」（Centre of Policy Studies）主任之職，對政府政策的影響更為巨大。在政策研究中心退下來後的 2013 年，蒂莎更獲選為白金漢大學校監（University of Buckingham, no year）。可以這樣說，有了丈夫金錢配合的蒂莎，在政治與學術兩方面均取得十分突出的成績，乃英國社會的女強人。

6. 莫理臣這裡所指的數據，相信不是渣甸洋行的直接投資，而是透過旗下美心集團投資於中國航空食品有限公司的各項或延伸合資項目。

第十一章

七代登場

邁向二百年的可持續之路

到了2032年，渣甸洋行就將成立屆200年。對一家企業而言，這無疑是一個重要日子。這家企業曾顯赫一時，有能量挑起戰爭、牽動中英緊張關係、左右不同年代香港的政經發展。儘管到了今天，它雄風已不及當年，長期是非不斷、爭議頻仍，但規模仍然龐大、業務投資多元化，領導層要保持公司內部的活力、效率與競爭力，已非輕易之事，何況外在環境不斷變遷，家族及企業又不復當年呼風喚雨的能量，要令企業持續發展，自然需要有更創新及前瞻性的應對策略。

另一方面，就如前文各章曾經提及，任何長壽企業，都必然要克服傳承接班與內部矛盾爭拗的問題，像渣甸洋行這樣的企業，當然亦經歷了無數承先啟後的世代交替，以及由此而引起的矛盾和爭奪。由於領導大權不完全由家族成員掌控，亦曾交到非家族專業人士手中，家族與非家族管理層之間，更曾出現激烈的意見相左與觀點爭論，惟企業基本上仍能繼續發展，凱瑟克家族始終能「以小控大」，緊抓大權。為了確保這家傳奇企業能邁向200年，甚至再創輝煌，控股家族又有哪些關鍵安排呢？

韋特羅上台後的時局變化與挑戰

回到上一章談及，2000 年 2 月，小亨利‧凱瑟克因為堅持對「交互」控股的安排而與莫理臣意見相左，最後將他解僱一事上。其實，那時的莫理臣任期快將屆滿，他可能是想最後一博，想不到小亨利‧凱瑟克態度那麼堅決，毫無妥協餘地，不但將他即時開除，還要他在一小時內收拾個人物品離去。這種近乎掃地出門的處理手法，相信連莫理臣也意料不及，一來他在渣甸洋行服務了近 30 年，曾為洋行和家族立下不少汗馬功勞，二來商場講求和氣生財，不會完全不顧情面，為自己樹敵。

莫理臣雖突然提前落台，但接班安排卻不算倉卒，人選也早已備妥，因為渣甸洋行過去一直有一套甚為穩健的署任與接班制度，運作十分成熟。簡單而言是出任大班者，總是香港置地的領導——主席、行政總裁（即未改組前的董事總經理），而那時香港置地的行政總裁則是韋特羅，他因此順理成章地獲小亨利‧凱瑟克委任為大班，即時頂替莫理臣被解僱後的空缺。

從資料看，韋特羅的接班實屬意料中事。原來，生於 1957 年的韋特羅乃亨利‧凱瑟克外孫，[1] 即小亨利‧凱瑟克外甥（見家族結構圖），他於 1976 年大學畢業後東來，加入渣甸洋行，曾在香港、菲律賓、韓國、沙地阿拉伯、美國及英國等地工作和生活，參與過的部門除了船務，還有貿易、銷售與金融投資，在這個過程中不斷擢升。至 1999 年他被委任為香港置地行政總裁，也準備好登上大班寶座。

或者可以這樣估計，由於莫理臣第一屆任滿時只有約 52 歲，按常規應該會多做一屆，但由於他與凱瑟克家族的路線出現嚴重分歧，矛盾與摩擦愈來愈大，故凱瑟克家族在他快將任滿時，任命韋特羅為香港置地行政總裁，清楚表明不會再與他續約，集團將交回可信的家族成員領軍，情況就如當年安排西門‧凱瑟克東來擠走紐璧堅一樣。不過今次韋特羅任置地總裁才半年多，便

因莫理臣突然被趕下台，提前登上了渣甸洋行的領導大位（*South China Morning Post*, 13 March 2000）。

從傳媒揭露的一項重要資料，可窺探凱瑟克家族「以小控大」掌控渣甸洋行的能力。一直以來，據傳媒及社會廣為流傳的消息，大家都清楚凱瑟克家族持有渣甸洋行的控股權不多，大約只有 5% 至 15%，之後的說法則指是 10%（參考第九章）。到了 2000 年，消息指家族只有 5% 股權，分散在不同成員手中；另外 5% 由韋特羅家族及一個叫 John Smith Trust 的信託持有。兩者結合在一起才達 10% 控股權，並以此安排「保持高層管理獲得薪酬回報的工具」（retained as a remuneration vehicle for senior management）（*South China Morning Post*, 2 June 2000）。由此可見，凱瑟克家族擁有的控股權雖不大，但由於他們團結一致，再加上與韋特羅家族及 John Smith Trust 聯合，不再分拆，確實能夠發揮巨大力量，主導這所跨國巨企的發展方向，此點實在很值得華人家族企業學習。

韋特羅出任大班後，他在香港置地的職位，則按機制由蘇兆明（Nicholas Sallnow-Smith）接任。[2] 於 1950 年出生的蘇兆明並非蘇格蘭人，他 1993 年加入渣甸洋行，至當時只有六年多而已，便能登上香港置地行政總裁這個被視為與大班之職一步之遙的位置，曾引來社會注視（*South China Morning Post*, 13 March 2000），如無意外，到韋特羅任期屆滿後，他便能登上大班的大位。惟凱瑟克家族後來應有了不同想法，更改了某些人事安排，蘇兆明最後並沒有在渣甸洋行留得太久，這是後話。

韋特羅上台後第一個重大挑戰，仍然是渣甸洋行控股與渣甸策略控股的股權「互控」這個關鍵問題。他雖然與小亨利·凱瑟克立場一致，同樣以維護凱瑟克家族利益為首要，積極想繼續「以小控大」，但不代表其他股東也樂見如此。韋特羅上任後不久，集團內其中一家持有較多股份的基金公司，亦提出批

評和挑戰，認為做法危害小股東利益，要求作出更改。剛剛披甲上陣的韋特羅自然不敢掉以輕心，因為說到底莫理臣只是僱員，意見不合時可以將他趕走滅聲，但若提出問題並要求更改的是其他股東，則會造成一定震動。

而對股權「互控」安排提出質疑的，是以美國加州為基地的「賓德斯投資」（Brandes Investment Partners），它是一家全球性的巨型投資顧問企業，資本值高達 420 億美元（3,276 億港元）。據媒體報導，它持有渣甸洋行控股 8% 股權及渣甸策略控股 2% 股權。[3] 在 2000 年 5 月，它發表報告，力指凱瑟克家族有關渣甸洋行控股與渣甸策略控股之間的股權「互控」方法，不利小股東，亦不利渣甸洋行整個集團諸多企業的發展（*South China Morning Post*, 9 May 2000）。這間國際巨企高調挑戰凱瑟克家族，力量不容小覷。

據賓德斯投資所指，那時的「渣甸系」以渣甸洋行控股持有 61% 渣甸策略控股，而渣甸策略控股則持有 38% 渣甸洋行控股，兩家控股公司之下再持有不同業務（表 11-1）。若將這時的集團業務和控股比率與十年前相比（參考第十章討論），將可以看到如下兩個特點：

其一是業務有所擴展和轉變，例如渣甸策略控股之下多了 Cycle & Carriage（又名「怡和合發」）—— 一家在東南亞從事汽車製造與代理的企業，而渣甸洋行控股旗下的渣甸保險經紀及渣甸菲明已合併為 Jardine Lloyd Thompson；其二是兩家旗艦的互控比率增加了，渣甸洋行控股持有渣甸策略控股的比例由十年前的 52% 增加至 61%，而反之的比例由 36% 增加至 38%。由此可見，雖然投資更為多元化，但「互控」的程度同時也加強了，反映凱瑟克家族對旗艦受狙擊的憂慮未解，且變本加厲。

到了同年 6 月 1 日，在百慕達舉行的股東大會上，賓德斯投資一如所料提出諸多問題，基本上可總結為「六項建議」，要求「渣甸系」管理層正視，此舉轟動市場。其中首三點要求渣甸策略控股的董事，應該禁止在各互控股份公

司的重大議決中投票，避免利益衝突；第四點是要求取消各公司之間的交互控股；第五點是要求各項議決能分開投票；第六點是董事表現應在週年會議上由股東投票決定（*South China Morning Post,* 2-4 June 2000）。

儘管賓德斯投資來勢洶洶，但凱瑟克家族早有備而來，一如所料，各點「建議」在股東會的投票過程中，均被家族主導的董事局及股東駁回，不獲通過。就連莫理臣在任時常提及的，讓「渣甸系」重返香港上市一事亦一併被否決，哪怕小亨利·凱瑟克高度評價香港主權回歸「順利過渡，法治運作良好，特首工作表現很好」。撇除這些門面說法，那次股東大會的議決是：集團一切運作依舊，不會改變，凱瑟克家族仍緊緊掌控著這家快將進入二百年的跨國綜

表 11-1：2000 年「渣甸系」發展與股權「互控」轉變

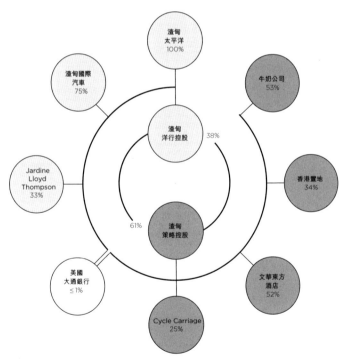

資料來源：*South China Morning Post,* 9 May 2000: 31

合巨型企業。原來，早在集團在百慕達註冊時，已列入了「架構容許凱瑟克家族及友好投資方否決任何敵意建議」（the structure allows Keswick-friendly parties to vote down any hostile proposal）這一條款了（*South China Morning Post*, 2-4 June 2000）。

韋特羅和小亨利・凱瑟克同一陣線，緊密合作，成功擊退賓德斯投資的挑戰，自然令凱瑟克家族鬆了口氣。不過，有不少金融分析對「渣甸系」這種做法不以為然，批評不少，認為投資者要為此支付「巨大的管理折扣」（huge management discount）（Mitchell, 2000: 51; McSherry, 2001: 4），股價表現也會長期受這一因素壓抑，影響投資意欲。

但無論如何，韋特羅總算成功克服了內部的不穩因素，可以把主要精力投入到推動業務發展之上。而在同年年底，在李舒時代（1991 年）已擔任集團董事的蒲維提出辭職，獲董事接納（*South China Morning Post*, 9 December 2000）。少了這些曾有份與中央「對著幹」的多年元老，韋特羅治理下的渣甸集團亦會有更大的空間。

事實上，「亞洲金融風暴」的後遺症仍深深影響著渣甸洋行，集團整體業務表現差強人意，只有在中國大陸市場仍能保持增長態勢。自莫理臣任內開始，集團已逐步增加對大陸投資，韋特羅亦順勢而行，加大對內地的資本投入。到了 2001 年 3 月，韋特羅專程前往北京訪問，獲時任副總理吳儀接見。吳儀歡迎渣甸系到中國大陸投資，認為中國的龐大市場能為「渣甸系」提供巨大發展空間。韋特羅表示同意，並指集團正加大在中國大陸的投資力度（新華通訊社，2000 年 3 月 1 日）。

雖然集團採取多重方法改善營運效率、擴大銷售，但外圍營商環境持續低迷，實在難以扭虧為盈，2002 年仍出現嚴重虧損，單是首半年業績，便在盈利方面大跌三成（*South China Morning Post*, 1 August 2002）。不久，廣東和香港等地

更爆發「沙士」疫症，令經濟及社會氣氛更為低迷，香港股市和樓市受到重大打擊，主要靠「收租」支撐的香港置地，2002及2003年的業績表現更是一沉到底。直至2004年，香港經濟才因「自由行」政策刺激下迅速復甦，增長突出，渣甸洋行亦隨之水漲船高，半年盈利便達1.94億美元（15.13億港元）的高水平（*South China Morning Post*, 5 August 2004），可見外圍經濟環境對企業的重大影響。

當「渣甸系」的業務在外圍經營環境不斷改善下，錄得持續攀升時，韋特羅任期屆滿。或者是覺得家族受到的威脅已解除，只有48歲的他沒有選擇留任，而是決定退下前線，只作為非執行董事。到了2005年10月，身在倫敦的小亨利‧凱瑟克宣佈委任渣甸洋行控股旗下Cycle & Carriage公司主席的黎定基（Anthony Nightingale）接任大班（*South China Morning Post*, 7 October 2005）。對於這一任命，相信會有人感到好奇，上位的為甚麼不是香港置地行政總裁蘇兆明？一來那時黎定基已年屆58歲，退休在即；二來過去的安排，多是由香港置地的董事總經理或行政總裁接任大班。這次人事佈局的轉變，相信揭示了小亨利‧凱瑟克一些內心盤算，與集團內部人事關係的複雜，將在下一章討論。

從某層面上看，韋特羅突然躍升渣甸洋行大班之位，與當年西門‧凱瑟克臨危受命頗有異曲同工之處：均是凱瑟克家族「以小控大」的安排受到外人——競爭對手或狙擊者——挑戰，而非家族的集團領軍人非但沒有與他們同心一致，反而站在對立面，認同「互控」的方法會削弱集團應對逆境的力量，「掉轉槍頭」向「以小控大」模式開火，迫使凱瑟克家族改派家族成員領軍，以維護家族利益。而這兩次家族均「有將可派、有人可用」，成員又願意在危機之時披甲上陣，家族內部上下一心，作出適當回應，因此能讓家族克服困難，保持發展。

黎定基老臣輔弼的過渡領導

為甚麼年紀較輕的韋特羅退休時，反而由年紀較老的黎定基接棒，而非按過去傳統，由香港置地領軍人上位？這實在是一個值得關注的問題。到底黎定基有何獨特背景，能夠讓他在那個時刻登上渣甸洋行大位？資料顯示，黎定基祖籍英國約克郡，生於 1948 年，在劍橋大學修讀古典文學，1969 年畢業後東來，加入渣甸洋行，成為管理實習生，開始了他與渣甸洋行的人生與事業關係。

據黎定基早年接受記者訪問時曾提及，渣甸洋行一直只招收「牛劍大學畢業生」（Oxford and Cambridge universities graduates）作為管理實習生，並採取有如軍隊的「同志制度」（cadre system），以小隊形式合作，培養手足情感，增強內部的團結及向心力。而各管理實習生的升遷之路，必然會輪調到不同部門及崗位上工作，讓他們了解各部門運作，吸取實際經驗，以便日後登上上層管理位置時，更能掌握集團整體發展，作出更好的領導與決策。這些都是洋行多年以來傳承培訓的重要組成部份（Guyot, 1995: 20）。

在這套培訓機制下，黎定基初時被派到汽車部門，不久則被調到其他崗位，也曾在日本及中東等不同地方工作。由於在不同崗位上均表現突出，到了 1989 年，他從阿拉伯被調回香港，出任渣甸太平洋董事總經理一職。顯然，經過 20 年的磨練和考驗，他的工作表現獲得肯定，被認為能夠交託大任，獨當一面管理企業的東南亞市場了。到了 1997 年，黎定基獲擢升為渣甸太平洋主席，並成為集團其他業務的董事，藉此強化不同業務間的聯繫與互動，也讓他有更大的發揮空間。接著的 2002 年，黎定基調任 Cycles & Carriage 主席，至2005 年韋特羅退休後，更獲確認為渣甸洋行大班，登上集團領導的大位。

黎定基愛好攀山，屬著名攀山人士，曾在亞拉斯加攀山時遇險，幸好大難不死。據說他的記憶力很強，對工作十分投入，有同事指「他的工作便是他的

生命……若有職工卡拉 OK 之夜，你會發現他在唱 K」（his work is his life … If it's a staff karaoke night, you'll find him singing karaoke）。可見他工作認真之外也相當親民，與同事打成一片，這種作風在其他大班身上甚為少見（Guyot, 1995: 21）。

黎定基

至於原本大熱的蘇兆明，倒灶後有何反應？原來當消息公佈約一年後，蘇兆明即辭職跳槽，於 2006 年底結束與渣甸洋行 13 年的賓主關係，並轉投領展房地產投資信託基金（Link Reit，俗稱「領展」），接替在 2007 年 3 月份退休的鄭明訓，成為「領展」行政總裁（*South China Morning Post*, 30 January and 1 April 2007）。從時間上推斷，他很大可能是知道自己升職無望後，便開始向外放消息找新工，才能於短時間內另謀高就。

黎定基的任命，顯然是凱瑟克家族計劃為下一波傳承接班鋪路，因為渣甸家族第七代（若以凱瑟克家族計，只屬第五代）走上前台，已經到了關鍵階段（參考下一節討論）。黎定基一生在渣甸洋行工作，可靠忠誠，能扮演「老臣帶少主」的角色，那時選擇由他登上大位，顯然是為了讓下任家族接班人有更適合的輔助大臣。至於未能在 2006 年雀屏中選的蘇兆明，應該清晰意識到就算黎定基任期屆滿，他亦不會有機會上位，因為凱瑟克家族已有了明確的傳承安排。所以當其他地方有更好的發展機會，他便毫不猶豫地蟬過別枝。

黎定基登上大位後，「渣甸系」的業績與發展狀況大致向好，這主要歸功於香港、中國大陸及亞洲（日本除外）經濟穩步上揚，集團的投資亦跟隨大勢做好，雖然集團在歐洲或北美洲的投資仍然表現欠佳，但平均而言整體盈利上

升，維持增長勢頭。直至 2008 年美國爆發「金融海嘯」衝擊全球經濟，歐洲又受債務危機困擾，集團在這些地區的業務持續倒退，拖累了整體表現；幸而亞洲地區受「金融海嘯」影響較小，復甦亦較快，因此集團在亞洲業務表現不俗。概括來說，黎定基任期內，由於主要業務所在的香港、中國大陸及亞洲區表現突出，哪怕歐美等地表現未如人意，拉上補下，洋行整體上仍能維持穩步向前的局面。

到了 2011 年底，集團宣佈黎定基將於 2012 年初任期屆滿退休，但會留任非執行董事，繼續給集團發展提意見、作貢獻。至於大班之職，一如不少投資分析者所預期，交到凱瑟克家族第五代接班人——西門・凱瑟克長子——柏文・凱瑟克（Ben Keswick）手中。另外，柏文・凱瑟克的堂弟亞當・凱瑟克（Adam Keswick）——齊平杜・凱瑟克幼子——同樣進入集團領導層（Hui, Wong and Ng, 2011; *South China Morning Post*, 28 March 2012）。

凱瑟克家族五代的雙雙登場

從輩份上說，韋特羅乃小亨利・凱瑟克的外甥，可視為凱瑟克家族第五代。另一位第五代成員小大衛・凱瑟克（David Keswick），則沒在渣甸洋行工作太久，最後轉投他方，反而在他之後才加入的柏文・凱瑟克及亞當・凱瑟克，則成為了這一代接班的主力所在。在這一節中，且重點探討他們接班的經過。

在深入分析柏文與亞當・凱瑟克雙雙登上領導大位之前，不妨補充小大衛・凱瑟克於八十年代末到港加入渣甸洋行一事。資料顯示，小大衛・凱瑟克生於 1968 年，乃小亨利・凱瑟克大弟齊平杜・凱瑟克（Chippendale J. Keswick）的長子。由於小亨利・凱瑟克沒有血脈，按長幼次序計，小大衛・凱瑟克在繼承上排名較前，理應優先被安排接班，而他在 1989 年東來，亦顯然

是為了接棒作準備。但計劃趕不上變化，他後來「半途而廢」，選擇了另一條事業跑道，使柏文‧凱瑟克兩位堂兄弟成功上位。

　　要了解小大衛‧凱瑟克，或許應由其父齊平杜‧凱瑟克說起。綜合各項資料顯示，齊平杜‧凱瑟克生於 1940 年，雖然成長環境與兩位兄弟相似，但教育與事業之路卻甚為不同。他在伊頓公學畢業後，並沒進入劍橋大學，而是到了法國艾克斯馬賽大學（University of Aix-Mareseilles）就讀，因此有人指他「才能較弱」（*The Times,* 23 March 2000）。大學畢業後，他亦不是和兄弟一樣加入渣甸洋行，而是與其伯父 DJ‧凱瑟克（參考第六章）一樣選擇到銀行（Hambros Bank）工作。1966 年，齊平杜‧凱瑟克結婚，妻子 Sarah Ramsay 是貴族之後，他們婚後育有三子（David、Toby、Adam），其中長子和次子是雙胞胎。

　　儘管齊平杜‧凱瑟克讀書成績不算突出，工作表現卻十分理想，1986 年獲擢升為銀行行政總裁，之後再升至主席之位，[4] 同時亦成為英倫銀行、Investec Bank、De Beers 及愛丁堡投資信託等著名企業的董事。不過，他更廣為社會大眾所熟悉的身份，是英國著名足球隊阿仙奴的主席。除此之外，他亦參與不少其他政治及社會服務的公職，並因表現卓著，於 1992 年獲英國皇室頒贈爵士頭銜（*The Times,* 23 March 2000; The Arsenal Club, no year），比兄長小亨利‧凱瑟克至 2009 年才取得此頭銜早得多（參考下一節討論）。

　　從齊平杜‧凱瑟克的事業發展，可以歸納出一些特點。首先，三兄弟的性格與志趣應該甚為不同，所以選擇了不同的努力方向。當然，理論上他們的選擇可能是父母的安排，不過，若按凱瑟克家族一貫以來的繼承情形，似乎出於他們性格志趣的機會較大。其次，兄弟的事業雖各有蹊徑，但同樣相當突出，在社會上的名聲與影響力亦巨大，折射家族的網絡資本起了相當作用。此外，凱瑟克家族子孫的才能與事業多元化，更有助家族穩健發展。最後，齊平杜‧

凱瑟克並非才能較弱，亦非成就不高，所以長子小大衛‧凱瑟克在1980年代末到港，並非「窮親戚」投靠親人，而應是計劃接班的重要一環。

從資料看，教育背景不詳的小大衛‧凱瑟克，在年過雙十時加入渣甸洋行，初時主要在銷售部工作，應隸屬於渣甸太平洋。據他本人所說是負責推銷洋酒，曾先後調到馬尼拉和日本工作一段時間，同樣負責推銷，後來則進入了渣甸菲明，參與金融投資。這些輪調實習的安排，正是黎定基口中的「同志制度」，基本上是每一位渣甸領導人的必然經歷。小大衛‧凱瑟克本人亦強調，他在不同部門及地區工作，與其他受聘的管理習實生一樣（in the same manner as other recruits），沒甚特殊待遇，他亦樂意接受挑戰，並喜愛在香港工作。由於表現理想，他的職位亦由實習生逐步上升至部門經理（*South China Morning Post*, 25 January 1991）。

在渣甸洋行工作期間，小大衛‧凱瑟克曾與美國著名投資公司JP摩根合作，從中認識到對沖基金及家族辦公室的生意，而他顯然覺得這種工作對他更有吸引力，或更切合他的性格，所以在1998年時，他毅然放棄接班之路，離開渣甸洋行，加入JP摩根的家族辦公室，參與基金投資管理和對沖基金等業務。事實上，由於其父乃銀行家，應與不少世界級銀行、基金或信託等有聯繫，小大衛‧凱瑟克子承父業踏上此路，實不難理解。他在JP摩根工作至2009年，即美國「金融海嘯」之後，再「跳槽」至倫敦一家全球性的資產投資管理公司RWC Partners，從事「全球商業發展」（Global Business Development）服務（即全球性投機炒賣活動），主要負責法國與瑞士客戶（RWC Partners, no year）。

小大衛‧凱瑟克離開渣甸洋行之時，堂弟柏文‧凱瑟克及胞弟亞當‧凱瑟克則前後腳加入，這似可理解為傳承接班的「替補方案」，即是原來的安排出現變故，無法維持，於是推出「B計劃」作補救。較特別的是，兩人同時被安

排到接班崗位上，甚有「雙軌並進」味道，似是想防止傳承再出現問題。儘管有關柏文·凱瑟克和亞當·凱瑟克的成長、教育與事業發展的資料不多，但基本上還是可以粗略勾勒一個圖像，讓大家有一些基本了解。

柏文·凱瑟克

柏文·凱瑟克生於 1982 年，伊頓公學畢業後考入紐卡素大學（University of Newcastle），攻讀農業經濟學（agricultural economics），之後在 INSEAD（Institut Européen d'Administration des Affaires）取得工商管理碩士學位。1998 年，年過 26 歲的柏文·凱瑟克加入渣甸洋行，[5] 先在牛奶公司任職，後轉到香港置地，當然亦曾在集團散佈全球的不同公司工作，這種安排與前文提及「同志制度」的不斷輪調一致。到了 2003 年，柏文·凱瑟克獲任為渣甸太平洋董事，主要負責財務工作。再之後的 2005 年，他出任渣甸太平洋行政總裁之職，然後便是 2012 年登上渣甸洋行大班大位（*South China Morning Post,* 28 March 2012）。

亞當·凱瑟克生於 1973 年，乃小大衞·凱瑟克三弟，他同樣在伊頓公學完成中學教育，然後考入愛丁堡大學，於 1995 年取得文學碩士學位，之後還取得一個「金融文憑」（*Wall Street Journal,* 29 September 2011）。大學畢業後，他應該到了資產管理公司羅富齊父子公司（Rothschild & Son）工作，直至 2001 年才加入渣甸洋行。初時，他在渣甸國際汽車工作，後升為行政總裁。2003 年，他出任 Cycle & Carriage 董事總經理、渣甸洋行控股及渣甸策略控股的董事，並擔任渣甸太平洋主席之職。

亞當・凱瑟克

柏文・凱瑟克和亞當・凱瑟克在渣甸太平洋和 Cycle & Carriage 這兩家企業工作較長時間、關係較深的情況，相信與黎定基有關。正如前文談及，黎定基長期主政這兩家企業，具深厚影響力，亦對其運作十分熟悉，小亨利・凱瑟克安排兩名侄兒到那裡工作，應是為了讓黎定基給予他們更多指導培訓。而黎定基性格隨和，有耐性，關心下屬身心狀態，總能循循善誘、給予指示教導等特點，相信亦是小亨利・凱瑟克放心交託的原因。

黎定基登上大位後，柏文・凱瑟克和亞當・凱瑟克相信亦在他身邊觀摩學習，黎定基耳傳口授、親手教導，讓他們盡快了解這家龐大企業的具體運作，以及作出重大決定前要有哪些考慮等。到黎定基退位，大班一職交到柏文・凱瑟克手上後，黎定基仍留任非執行董事，目的亦是繼續輔弼，確保接班過程順利，並可在碰到困難挑戰時給予意見和協助。

第四代凱瑟克家族成員（小亨利和西門・凱瑟克）登場時，傳媒高度關注，報導極多。相比之下，凱瑟克家族第五代走向前台一事雖然亦吸引不少鎂光燈，但已沒當年之熱烈。這一方面是政經環境不同、集團實力與業務分佈亦不可同日而語，亦與新領導人截然不同的風格有關。據悉，柏文・凱瑟克為人甚為低調，也較隨和踏實，有記者形容他「容易相處……生活樸實，不會炫耀財富」（easy going guy... simple life and doesn't flaunt his wealth），這種性格，與當年小亨利・凱瑟克或西門・凱瑟克的銳利鋒芒不同，而他們喜與傳媒暢談，某程度上是想利用傳媒爭取輿論，發揮影響力（Hui, Wong and Ng, 2011: 20）。

另一點不同的是，小亨利·凱瑟克當年登上大位時只有 30 多歲，年紀輕輕便成為跨國集團領導，而且又是鑽石王老五，自然更受注目，不止財經界對他有興趣。而柏文·凱瑟克接掌時不但早已結婚，年過 40，且已育有四名子女。論年齡、婚姻與家庭狀況，柏文·凱瑟克接班時與其父西門·凱瑟克較為相近，惟柏文·凱瑟克性格較為踏實、成熟持重，領導風格與其父輩也對比鮮明。

柏文·凱瑟克自 2012 年上任後，無論是香港、中華大地、亞洲，乃至於世界經濟，形勢均相對穩定，除歐美經濟仍較低迷外，亞洲經濟基本上朝著較好的發展方向前進。在這種格局下，渣甸洋行在歐美地區的業務回報無疑仍欠理想，而香港、中華大地及亞洲地區則成為盈利貢獻的主要來源，再一次反映當年把資產轉離香港改投歐美地區，是策略上的嚴重失誤，集團亦因此被拖著後腿，難以再如昔日般取得亮麗增長。

完成一屆任期後，由於任內業績基本上保持不錯發展，內外亦沒遭遇甚麼巨大挑戰與困難，大家都預計柏文·凱瑟克將會成功連任。此時，洋行傳來兩個消息，引起大家關注：其一是小亨利·凱瑟克將於 2018 年、他年屆 80 時退任集團主席（參考下一節討論）；其二是亞當·凱瑟克宣佈返回倫敦，出任馬地臣洋行主席，不再留在香港及亞洲區（*Sunday Times*, 29 November 2015）。這一老一少都是集團內的重量級人物，他們先後離去對集團自有相當影響。

或者是基於集團將有重大人事更變，大班之位自然寧可不換，以免「雙重變動」影響到企業的穩定，於是柏文·凱瑟克的連任成為定局。但這樣卻可能令同樣以接班人身份受訓的亞當·凱瑟克心感不快，因他已不可能在短時間內登上大班之職，只能屈居人下。故家族讓他退回倫敦，出任母公司馬地臣洋行主席，這樣不單能保持各方士氣，又可強化家族內部團結，而亞當·凱瑟克在母公司工作，對整個集團營運的認識將更全面，絕對有助集團發展，實乃最理想的安排。6

相對於第一屆，柏文·凱瑟克的第二屆任期則頗有挑戰。那時，雖然中華大地及亞洲經濟的發展速度略為減慢，但因歐美等地則由幾近停滯走向復甦，故集團基本上延續上一屆保持平穩發展的趨勢。然而，令人出乎意料的是，作為集團主要盈利來源的香港，卻因政制改革問題鬧出嚴重社會爭拗，其中又以2019年中因反對修訂《逃犯條例》引致的社會動亂曠日持久，給營商環境帶來困難，「渣甸系」在港業務自然亦受到波及，影響表現，[7] 如渣甸洋行控股及渣甸策略這兩家控股旗艦，於2019年下半年財政年度均錄得雙位數字的跌幅（ *Quarterly Research Reports*, 21 February 2019）。

從某個角度看，在新千禧時期安排柏文·凱瑟克和亞當·凱瑟克一對堂兄弟共同接班的做法，或者是為了讓他們在競爭中成長，也是為了當任何一方出現問題時，仍有「替補方案」。柏文·凱瑟克順利接班後，作為「備胎」的亞當·凱瑟克退回倫敦，名譽亦有提升，能更好地發展其他業務，整個安排既說明了這個「雙軌並行」方案的細心設計，亦揭示了安排的彈性，實在一舉兩得。或者，到柏文·凱瑟克退下大位，或是當集團碰到重大挑戰時，亞當·凱瑟克會如當年的西門·凱瑟克及韋特羅般披甲上陣，兩堂兄弟之間分工與輪替，發揮協同效應。

小亨利·凱瑟克的全身而退

年過30歲便坐上渣甸洋行大位，至年近半百才結婚，小亨利·凱瑟克明顯把絕大部份時間與精力，投入到渣甸洋行的生意之中。雖然他生於上海，與中國淵源深厚，但因渣甸洋行在新中國成立前未能撤出投資，造成巨大損失，令他對中國的敵對猜忌之心甚重，所以當中國政府宣佈收回香港主權時，他想方設法，轉移香港投資。此外，渣甸洋行在香港長期遭到新崛起的華資巨企狙擊，以及後來家族「以小控大」的控股模式受到企業內的質疑或反對，他作為

家族的領軍人，為確保家族的利益，神經自然要長期繃緊。

正因棘手問題接二連三出現，雖然小亨利‧凱瑟克自 1975 年退下渣甸洋行大班一職，改為擔任馬地臣洋行主席，但他一直對集團的發展高度關注，不敢掉以輕心。而本來有意參與政治的他，在 1980 年競逐國會議席失敗後，便全心全意投入到家族生意之中，對渣甸洋行的一舉一動更加著緊。到「渣甸系」在 1986 年重組後，他更擔任集團主席之職，把集團的發展軌跡牢牢掌控於五指山之中。

正如上一章提及，在應對 1997 年香港主權回歸一事上，由於本身及家族對中國政府抱有猜忌，加上受到新崛起華資巨賈狙擊的威脅，小亨利‧凱瑟克既想撤出在香港的投資，又想爭取港英政府給予「上市豁免」的特殊待遇，因此做出連串激烈舉動，想不到卻進退失據，既影響了集團與港英政府的關係，又與中國政府及華資巨商勢成水火。直至香港回歸前後，當他意識到爭取特權無望，而香港投資環境又沒變差時，才逐步冷靜下來，繼續深耕這個市場，亦開始再次投資中國內地，令集團再次邁出發展腳步。

香港回歸之初屬於小心翼翼的觀察期，到了回歸後十年的 2007 年，國際社會仍高度關注香港的情況，渣甸洋行亦被視作香港是否成功回歸的指標之一。身為最高領導人的小亨利‧凱瑟克，被記者問到香港回歸後的社會變化時，他的回應是特首管得不錯，香港朝很好的方向前進；至於有關渣甸洋行的發展情況，或是有否殖民地時代的潛藏收益時，他則這樣說：「生意從沒這麼好……這裡沒有甚麼殖民地『回扣』」（business has never thrived better...there is no post-colonial kickback）（*The Economist*, 30 June 2007）。

誠然，香港回歸後，內外政經與社會環境的挑戰不少，「亞洲金融風暴」衝擊與外資大鱷狙擊港元等曾令股市樓市大跌，失業飆升與「負資產」問題更曾困擾社會與民生，商人受到打擊尤大。但當逆境過去，經濟迅速復甦後，

又不難讓人看到香港社會和經濟的韌力，生機與潛能無限。小亨利・凱瑟克在 2007 年的那番話，或者正是這種情況有力的概括。

到了 2009 年，年過 70 歲的小亨利・凱瑟克獲大英皇室頒爵士頭銜，以褒揚他在推動貿易及慈善上的貢獻（*The London Gazette*, 12 June 2009）。此事令他大為高興，因為可與祖、父、叔及胞弟（齊平杜・凱瑟克）擁有相同頭銜，相信讓他覺得自己所作的努力獲得社會認同，用中國人的話是「有面子」，更有助於「行走江湖」。

有了爵士頭銜的小亨利・凱瑟克，似乎真的較樂意在公開場合出現，也較頻繁地奔走於倫敦、北京和香港之間，同時亦加大了在中國內地的投資。舉例說，在 2011 年 2 月 23 日，小亨利・凱瑟克曾訪問北京，獲時任副總理王岐山接見，大家討論了在中國投資的機遇，以及如何確保香港繁榮穩定等議題。兩年後的 2013 年，他又再踏足北京，同樣獲王岐山接見，交流的話題亦離不了商業與投資（*BBC News*, 6 February 2013）。同年，小亨利・凱瑟克邀請曾任財政部「金融規管與工業處」（Finance, Regulation and Industry）主任的占士・沙遜勳爵（Lord Sassoon, James）進入渣甸洋行董事局，成為執行董事（*Financial Times*, 4 January 2013），此舉與當年吸納蒲維的目的相似，相信都是要強化集團的政治聯繫，提升董事局的「江湖地位」和影響力。

有趣的是，在接著的日子中，小亨利・凱瑟克更常帶同生意夥伴組團到訪北京，揭示他與中國政府的關係改善，似乎亦更渴望開拓中國大陸的市場。舉例說，在 2014 年 3 月，小亨利・凱瑟克聯同紐西蘭方太拉集團（Fonterra Cooperative Group）主席威爾遜（John Wilson）一同到北京訪問，這次是獲另一副總理汪洋接見。會面中，汪洋表示歡迎像渣甸洋行與方太拉集團等外資企業到華投資，強化貿易往來，中國政府會致力提供有利營商的環境，便利外商，並促請他們充當其國家與中國貿易交往的橋樑角色。小亨利・凱瑟克表達

了渣甸洋行樂意到中國投資，亦願意充當中英貿易交流的橋樑；威爾遜則指紐西蘭有豐富天然資源及農產品，會積極開拓中國的龐大市場（New China News Agency, 18 March 2014）。

兩年後的 2016 年，小亨利‧凱瑟克再踏足北京，這次更以團長身份，率領歐洲著名商界領袖到訪，人數不少，行程同樣獲副總理汪洋接見，大家聚首時氣氛融洽，其中的交流主題則集中於「促進科學、創新與服務貿易」的發展。由於這次屬於歐洲商界訪問團，因此吸引了國際媒體注視，作出較多報導（*BBC News*, 17 March 2016）。[8] 可以這樣說，自 1997 年 5 月在香港回歸前夕到訪北京，再到回歸十年後多次踏足，小亨利‧凱瑟克明顯已逐步放下對中國政府的成見，在當地的生意投資亦不斷增加。

不過，1980 年代初，中國政府為穩定大局，又極需外國資金，故願意給予外資較優惠的條件，但當時小亨利‧凱瑟克卻未能準確掌握，反而擺明車馬與之對著幹；到輕舟已過萬重山，他認清大局而再次北望時，營商環境已今非昔比，渣甸洋行只能獲得如一般企業的待遇了。

到了 2018 年，年屆 80 歲的小亨利‧凱瑟克宣佈真正退休，不再出任渣甸洋行主席，[9] 並別有創意地起了一個新頭銜，叫「榮休主席」（Emeritus Chairman），[10] 讓他有一個較好的身份，又能在退休後享受「主席」的待遇（Jardine Matheson Holdings Limited, 2018）。對於小亨利‧凱瑟克退休一事，有資深傳媒人寫了一篇題為「渣甸洋行的沉默是金」（Silence has been golden for Jardine Matheson）的分析文章，既報導事件，亦點評得失，其中某些要點，實在值得深思細味（Gapper, 2018）。

該評論首先指出，英國國力雖然不斷滑落，但渣甸洋行仍然保持興盛，集團已發展為市值 490 億美元、聘用多達 444,000 員工的跨國巨企。儘管發展過程充滿挑戰，凱瑟克家族卻沒如霸凌（Barings）及菲明（Flemings）等消失於

商業歷史的洪流中，而是保持活力，小亨利‧凱瑟克在這方面無疑居功不少。此外，小亨利‧凱瑟克既全力投入於集團的領導管理，亦有雄渾的政經人脈關係，曾任渣甸洋行執行董事的蒲維曾指他「有超常人的人脈網絡而他仍十分刻苦地工作」（has extraordinary connections at which he has worked very hard）。

但同時，文章亦批評小亨利‧凱瑟克「缺乏公眾外交技巧」（lacks in public diplomatic skills），令集團在 1980 年代香港進入主權回歸過渡期時，失掉重大的發展機會。他經常挑動矛盾紛爭，影響到渣甸洋行與各方面的關係，日後要花很長時期才能修補。就如小亨利‧凱瑟克某次訪問北京時，王岐山曾告訴他：「不要一次被蛇咬，便跑了不回來」，這點自有「一朝被蛇咬，半生怕草繩」的意味，正因他杯弓蛇影的心態，影響到集團的發展。

不過文章提及小亨利‧凱瑟克覺得在他的領導下，「渣甸系」取得了極為突出的成績，並提出一些數據作說明，這一點便十分值得商榷。該評論員這樣寫：

> **根據他本人的數據，在過去 30 年，渣甸洋行的股東總回報為每年 16.5%，相對於巴郡（Berkshire Hathaway）每年 15.2% 好。小亨利爵士每日均把自己的排位與巴菲特（Warren Buffet）相比，集團淨資產由他首次獲任命為大班的 1972 年時 7,000 萬美元，上升至去年的 260 億美元，而他家族在渣甸洋行的資產估計約值 47 億美元。（Gapper, 2018）**

不知是否評論員之誤，抑或小亨利‧凱瑟克有意扭曲，在此應作一些說明。其一是小亨利‧凱瑟克以當時的 30 年前（約為 1987）作為比較的基準年，而非他接任渣甸洋行大班時的 1970 年，讓人覺得他是要挑選有利數據，因那

次重組後，集團基數較低。更加必須注意的是，1987 年曾爆發全球性股災，他挑選的比較數據是大家均在股災前後嗎？抑或是一前一後？若是後者，那肯定會有巨大差異。

其二是小亨利‧凱瑟克拿自己和巴菲特比較並不公平，因大家其實不是在同一起點上，渣甸洋行那時已經是香港的英資龍頭企業，巴菲特則算是白手興家，沒有像小亨利‧凱瑟克般的多重優勢。

其三是有關 2018 年集團淨資產的計算問題，小亨利‧凱瑟克指集團 260 億美元，他家族的淨資產值約 47 億美元。若以坊間一直以來的說法，指他家族佔一成控股權計，那麼應為 26 億美元才對，為何會倍增至 47 億美元？當中顯然還有不少不能直接比對的數據及基準，沒有說得清楚。

其實，最能拿來和他作比較的，應是太古洋行。這家一直與之競爭但又居於其下的英資企業，雖沒渣甸洋行的規模龐大與政經關係無遠弗屆，但畢竟仍是較為接近，而若果從企業增長的角度，自 1980 年代以還，則太古洋行甚至明顯較渣甸洋行突出（參考筆者另一專書——《太古家族》）。

小亨利‧凱瑟克不敢拿來作比較的，當然是一眾戰後才創立，又在 1970 年代他接掌渣甸洋行大班之時才崛起的華資家族企業，如新鴻基、長江實業、新世界、恒基兆業等等。這些企業在 1970 年代上市時，市值其實甚低，有些甚至不及 1 億港元，但他們在上市後不斷壯大，市值甚至超越渣甸洋行，那十分明顯地把小亨利‧凱瑟克的管治能力比了下去，難怪他隻字不提了。

回到 2018 年小亨利‧凱瑟克退休一事上。他退任集團主席之職，凱瑟克家族第五代算是全盤接掌了大權。但若然以為這便完成了整個接班過程，則相信是言之過早了。正如筆者在華人家族企業的傳承接班研究中發現，就算大家長已退下主席或總裁等位置，只留個非執行董事或顧問虛位，但其影響力仍在，亦絕對可以左右大局（鄭宏泰、高皓，2018）。直至大家長去世，或者失

去治理能力時，整個傳承過程才算完結。

從這個角度看，小亨利・凱瑟克給自己創造一個「榮休主席」之位，表面雖同樣屬於虛位，但「主席」之銜頭仍在，相信仍有不容低估的影響力。這樣的安排，不能完全視作壞事。若以正面角度看，他可給新領導提供寶貴竟見，尤其有助穩定大局。當然，不利之處是新領導仍未能「大權盡握」，以一己之力應對挑戰。即是說，柏文・凱瑟克的領導角色，雖然自 2018 年起加強了，但尚未能獨力「駕駛」，帶領集團走向 200 年，故要評量他的真正能力及表現，仍然需要時間作進一步觀察。

作為本書的一個重要註腳，進入 2020 年，受新冠肺炎（COVID-19）影響，集團業績全線大幅下滑，無論是香港置地、牛奶公司、文華東方酒店、渣甸太平洋、Cycle & Carriage 等等，無一不受沉重打擊。當然，這次持續的業績大跌與外圍環境有關，算不上是管理層之錯。不過，逆境、困難或危機——或籠統點說社會巨變——是最能考驗一個人領導能力的試金石，柏文・凱瑟克能否帶領「渣甸系」克服這個難關，迎來更好發展，抑或會在風浪中節節敗退，很快便會有分曉。

結語

家族企業的前進道路往往並非無風無浪、沒有阻礙，恰恰相反，不同時代的領導，其實均須面對內外不同因素與條件的變遷和限制。進入新千禧世紀的渣甸洋行，當然仍要為應對不同挑戰而大傷腦筋——政經環境轉變、競爭對手威脅、企業發展動力減弱、如何選拔有才幹的領導層，又如何確保更替平穩等等，都是其中一些主要層面。由於這些問題在過去的傳承與發展過程中早有應對機制和經驗，這次碰到的困難自然較易解決，可以順利完成。

所謂「江山代有人才出」，像渣甸洋行這樣龐大又長壽的家族企業，家族

內部是否具備充裕人才，無疑極為關鍵，而這些人才又必須及早安排到企業中，讓他們對公司的生產、營運、投資等等有充份理解與掌握。若家族能成功建立起「人才儲備」，太平盛世時可讓他們在不同崗位開拓，豐富企業的枝葉脈絡；關鍵時期則可選擇有能者出征，指揮大局，這樣才不會受到人才缺乏的制約。例如當非家族的管理層出現異心或立場分歧，不服家族領導時，可以改派對集團運作有全面掌握的家族人才上陣，便能更好地應對挑戰。而這方面的情況，凱瑟克家族無疑提供了很好的示範。

註釋

1 韋特羅母親 Sophy Keswick 乃亨利・凱瑟克之女，她嫁老韋特羅（Anthony Edward Weatherall）。

2 生於 1950 年的蘇兆明，劍橋大學畢業後加入英國政府財政部（Her Majesty's Treasury），工作近約十年後轉投萊斯商人銀行（Lloyds Merchant Bank），亦工作了一段時間，過了而立之年的 1993 年，才再「跳槽」（轉工），加入渣甸洋行。由於已經有了豐富工作經驗，他加入後掌管會計，不久便成為執行董事，然後是 2000 年接替韋特羅，成為香港置地行政總裁。

3 賓德斯投資除持有渣甸系的股份外，那時它亦持有香港太古洋行 14% 股份。

4 小亨利・凱瑟克的妻子 Tessa 在未嫁給小亨利・凱瑟克之前，曾在這家銀行工作一段時間。

5 由於其工商管理碩士學位是在工作期間取得，他按理應在 21 歲時大學畢業，因此在加入渣甸洋行之前，可能有數年時間在其他地方工作。

6 凱瑟克家族在羅富齊父子公司有重要投資，兩個家族亦有深入的生意關係，由於亞當・凱瑟克早年曾在該公司工作，他於 2017 年起亦出任羅富齊父子公司獨立監督委員會委員（Rothschild & Co, 2017）。

7 其中最受影響的，相信是美心集團。因為此集團的生意由伍氏家族負責管理，而伍霑德女兒伍淑清曾說了一些反對抗爭者的話，令集團旗下不同門市遭到曠日持久的破壞與杯葛，生意大受打擊。

8 除了本人多次到訪北京，小亨利・凱瑟克的太太蒂莎亦曾踏足北京等大城市，表面活動是推銷她的回憶錄——《雨後見藍天》（The Colour of the Sky after Rain），但實際上還是為了建立或強化政商關係與人脈網絡，惟她的活動，不難讓人覺得有點「夫人外交」或「手袋外交」意味（Sunday Times, 12 January 2020）。

9 為了配合退休舉動，小亨利・凱瑟克於 2016 年把渣甸洋行母公司馬地臣洋行的主席一職交予亞當・凱瑟克。這安排既能化解內部矛盾，又有利堂兄弟間的分工，競爭中又有合作，實在一石二鳥。

10 這種「榮休」（Emeritus）概念，在基督宗教的文化圈及西方大學中較常出現，具突出身份和地位的涵意，小亨利・凱瑟克將之引入到企業之中，可謂別具意義。

第十二章

家業長青

渣甸家族的發展經驗總結

我們長期以來總是認為，只有華人家族企業才重視家族掌控，而洋人家族企業多數都能放下家族利益，以企業為重，甚至覺得外資企業的管理多會走向現代化，把管理大權交到非家族的專業人士手中，奉行管理學上的「控股權與管理分家」（separation of ownership and control）模式，作為大股東的控股家族不會參與其中，只是按時按刻收取股息而已。但若細看渣甸洋行近200年的發展歷史，不難察覺這家洋行雖曾吸納不少非家族專業人才為其所用，但以家族血脈和關係為紐帶的任命亦為數極多，不少成員更進入上層管理，控股家族仍緊緊地掌握了企業的發展大權。

透過對這個英資在港龍頭家族企業近200年發展歷程的梳理，足以反映外資企業就是「控股權與管理分家」這一想法並非真實的現象，只是一個「美麗的誤會」，就算是洋人家族企業也不會把管理權交到非家族專業人才手中，然後撒手不管，只坐著收取股息。作為全書的總結，本章嘗試從多個方面提出一些綜合分析，一方面會剖析企業發展的動力所在與消失原因，另一方面則會闡述文化與宗教觀念如何左右企業發展，至於作為東西華洋交滙的香港如何扮演中介位置，亦是討論焦點所在。

冒險與時勢的拿捏

圍繞渣甸洋行 200 年間發展的首個問題，其實是這個家族企業為何能夠一直維持發展動力？儘管學術界對企業發展力量之說眾說紛紜，但積極開拓、爭取改善、謀求創新等等的企業精神，絕對是核心所在。誠然，從企業多代人的發展情況看，確實可以看到他們積極上進的面向，還有想盡各種方法拓展、改善及創新等等的努力。可大家似乎忘記了一個重點，就是這些行動背後，其實不同程度都牽涉冒險與時勢的問題。簡單而言是行動要成功，不能沒有大勢配合，即俗語中的「時勢造英雄」。若然時勢不就，冒險必然失敗告終。可見更大的焦點或關注點，應該放在如何掌握大勢的問題上。

綜合本書不同章節可見，渣甸洋行多次冒險成功，都與看對大勢有關；某些時期曾經蒙受巨大損失，又是錯估大勢之故。最早時，渣甸和馬地臣東來投身鴉片生意能夠成功，除了因他們擁有醫學背景，了解鴉片會令人上癮，生意必然長做長有、市場空間巨大及潛力無窮之外，更與他們認識當時世界大勢有關。大英帝國在打敗拿破崙後，國力如日方中，海軍獨霸天下，有助其國民向外擴張，於是渣甸和馬地臣東來開拓生意碰到障礙時，立即想到訴諸戰爭，以武力解決問題，因為他們清楚認識到彼此軍力間的嚴重不對稱，清兵必然沒還手之力。

戰爭結果一如預期，渣甸洋行藉鴉片戰爭崛起，不但成為香港開埠的最大贏家，亦是接著中國開放通商口岸的最大獲益者，幾乎成為英國對華貿易的頭號代言人或代理人，任何重大投資與買賣均不難找到其身影。渣甸洋行在這個過程中不斷壯大起來，不但屬於英資在華龍頭企業，亦成為跨國巨型企業。

香港開埠後，渣甸洋行發展初期雖然碰到一些困難，但二人相信，香港畢竟是大英帝國在華獨一無二的據點，必有重要作用，因此敢於冒險，大力投資其中。這種不因香港天然條件局限而卻步，持續不斷加大資本投入的做法，令

其無論在貿易、航運、貨倉碼頭、煤氣電燈、銀行保險、工程建築及物業地產等方面均有重大突破，日後取得極為豐厚的回報。

當然，冒險有如賭博，不一定每次都會贏，總會有時失手，其中令渣甸及凱瑟克家族一直不能忘懷的潰敗，則是新中國成立時，公司領導層沒有及早撤資，而是認為新政局下同樣離不開經濟與商業發展，所以選擇一動不如一靜，等待另一發展機遇，結果卻蒙受前所未見的巨大虧損。在那個重大的歷史轉變時刻，當不少上海商人均作出撤資行動時，渣甸洋行管理層沒有採取相同做法，反而甘冒那個風險，最後令洋行遭遇了滑鐵盧。

另一個同樣冒險不成功反而掉進困窘的舉動，是小亨利‧凱瑟克擔任渣甸洋行大班時期大興土木、大肆建設，過於進取的投資。當時，一來年少氣盛，香港經濟又十分興旺，他乃斥巨資投入於香港房地產發展之中，令洋行一度充滿活力、生機勃發。但當香港投資環境逆轉時，卻因此掉進了債台高築、利息開支沉重的困局，洋行一度瀕於破產，成為洋行創立約一個半世紀以還的最大危機。

正因歷經這些吃大虧的沉痛教訓，加上家族對洋行的掌控遭遇挑戰，在香港進入過渡期時，他們乃作出了各種為了逃避風險而令人覺得過於「激進」的安排，例如企業遷冊、投資轉移，甚至是爭取政府給予特權等等，均曾轟動中外社會、左右投資市場，當然亦衝擊中英談判，牽動香港民心。

參與營商或企業投資的過程，沒法全盤掌握，而是必然存在各種各樣的變數與不確定性，難免要有不同程度的冒險。事實上，敢於冒險才能搶佔先機，在某些層面獲得更大的發展機會與空間，帶來更大回報，令企業顯得更有活力。但是，若然低估了當中的風險，錯判形勢，帶來的衝擊卻同樣是致命的，可見如何在冒險與守成之間取得平衡，實在極為困難，而這正正是對企業領導人的最大考驗。

商業與政治的關係

作為渣甸家族第六代的西門·凱瑟克，雖然曾公開表示他們「沒興趣政治」，洋行或家族亦「不參與政治」（*South China Morning Post*, 6 October 1987 and 6 May 1988），但任何對這個家族或企業有了解的人都知道，這話絕對違背事實，口不對心。在殖民地時期的香港，論政治聯繫，或者說與政府走在一起的緊密程度，沒有任何其他一家企業或家族，能夠與渣甸洋行相提並論。

有學者指出，過去的香港社會，管治權力按序是掌握在香港賽馬會、渣甸洋行、滙豐銀行及港督身上（Hughes, 1976: 23）。單從這個次序看，渣甸洋行排第二位，不及賽馬會。但不可不知的是，賽馬會和滙豐銀行均屬集體組織，由各範疇的社會精英與利益團體組成，只有渣甸洋行由單一家族掌控，更何況渣甸洋行的代表亦長期是賽馬會及滙豐銀行的主席或董事局成員，以及港府核心領導班子行政局的成員。由此可見，作為單一家族掌控的商業組織，渣甸洋行對香港政治的影響力，其實遠比賽馬會及滙豐銀行高，可算是香港切切實實的「造王者」。

尤其這個家族近 200 年來，參與或是影響政治的情況既深又廣，持之以恆，實非一般家族或企業能望其項背。第一個突出現象，當然是渣甸洋行的政治影響力能夠直達統治核心——英國政府最高層，例如為了推銷對華發動戰爭，渣甸能與當時英國政府最高決策層會面，講解中國的防衛力量與地理形勢；到香港開埠後，又能就港督管理不善作出批評，促使殖民地部將其罷免。這種影響力一直維持到殖民統治結束前夕，如衛奕信的突然離去，渣甸洋行從中著力不少，更不用說曾意欲安排自己的人馬擔任末代港督，其「造王者」身影，實在隨處可見。

第二項突出現象，是政治影響力遍及英國、中華大地、日本、香港，以及其他眾多地方。對於英國政府及香港，洋行具有深刻影響力尚且不難理解，至

於對中華大地、日本及其他不少地方的政府，其實同樣具有深厚影響力，這一點則較少受人注視。事實上，渣甸洋行在中國大陸、日本及其他不少地方均有巨大投資，所以與各政府之間建立了緊密關係，爭取對生意投資的更好保障或更有利條件。舉例說，在中華大地，由於渣甸洋行曾參與鐵路、輪船運輸、採礦及紡織製造等不同業務，無論是在清政府或中華民國政府主政時期，均與中央及地方官員有不少深入接觸。在日本方面，渣甸洋行的投資同樣極為巨大，與不同日本官員有來往，凱瑟克家族與多任日本首相之間亦有深厚關係。同樣值得指出的是百慕達，這個地方因為渣甸洋行遷冊而一夜成名，凱瑟克家族對該政府同樣極具影響力，能促使其修改上市與公司法例，配合洋行遷冊。其他諸如澳洲、新加坡、紐西蘭、馬來西亞等渣甸洋行有巨額投資的地方，洋行對其政府的影響力同樣不能忽視。

第三項突出現象，是洋行的政治參與十分積極直接，令其影響力伸延至不同社經層面，這主要反映在英國及香港。在英國，無論是渣甸、馬地臣、亞力山大‧馬地臣，或是威廉‧凱瑟克、亨利‧凱瑟克等，均曾擔任國會議員，亦有不少家族成員曾經從軍，上陣殺敵，官至將軍或准將等職位，還有不少爵位和名銜，政治影響力無疑十分突出。在香港，渣甸洋行的代表更長期出任立法及行政兩局議員席位，有時由渣甸家族成員出任，有時則是其代表，影響力之巨大，令人覺得遠遠比港督高。

金錢與權力乃雙生子。擁有巨大金錢財富的渣甸洋行，積極於發展政治關係，爭取政策影響力，除了有追求權力與名望的因素，同時亦是為了爭取更多社會資源或機會，進一步壯大洋行發展，為生意與投資利益提供更大保障。事實上，正因生意投資獲得政府更多保護，洋行才能長期獲得遠比其他企業更為有利的發展空間，家族才能長期掌控洋行管理大權，可見政商緊密聯繫，成為洋行和家族可持續發展的重要一環。

傳承與接班的制度

對於一家能夠走過快 200 年的巨型跨國企業集團，又屬傳承已有七代人的複雜家族，其傳承接班制度必然十分成熟，亦應有其突出可取之處。深入分析這個家族企業的傳承制度，相信可發現一些值得學習並帶來啟示的特點。遠的例如威廉·凱瑟克三兄弟及 WJ·凱瑟克三兄弟不說，就算集中於第六、第七代的例子——即小亨利·凱瑟克三兄弟及小大衛·凱瑟克諸兄弟，亦能讓人對其傳承制度或安排的多方思考與多重擘劃，有更多深入認識。

先說小亨利·凱瑟克三兄弟的例子。生於商人家族，自少接受良好教育幾乎成為必不可少的成長環境，然後是踏上接班之路。其中的三個特點——其一是諸兄弟有一定分工、其二是接班過程有充份學習和考驗、其三是接班安排多途並進，防止風險意外——則極為值得重視。

儘管乃相同父母所生，成長環境十分相似，小亨利·凱瑟克三兄弟的性格志趣卻甚為不同，這一點在年齡日長之後更為明顯地流露出來，這樣的現實問題，促使家族採取順勢而行的兄弟分工策略。簡單而言，則是讓長子繼承企業，次子自立門戶，到別的企業「打工」，而對三子性格反叛的「越軌」行為則作「懲罰」教訓，令其成為傳承接班的第二梯隊。結果，身為長兄的小亨利·凱瑟克完成各方面在職學習後，登上渣甸洋行大位；二弟齊平杜·凱瑟克到別人的公司打工，亦能做出成績；三弟西門·凱瑟克則從被父親「放逐」的過程中體會到人生，日後在第二梯隊接班時發揮力量。

接班過程的學習和考驗，可以體現在不同階段的多個層面上。就以西門·凱瑟克為例，他因無心向學，「被趕出校門」，所以第一階段是小懲大誡的「放逐」，讓其從事公司最低層的打字與跑腿工作，當其明白人生與事業的重要意義，了解個人責任之後，再引導其走向第二梯隊的接班之路。進入第二個階段是開始實習接班，他曾被安排到不同部門的不同崗位上，了解企業運作的環環

緊扣，既接觸客戶（亦包括供應商），了解實質需求，又與員工互動，建立夥伴關係。第三個階段是安排他到不同地方或地區──例如新加坡、澳洲或倫敦等──實地工作，了解不同地方的文化及管治環境對企業發展的不同衝擊，讓其日後登上集團領導大位時，能更好掌握不同地方業務的發展狀況。第四個階段是進入不同生意的管理層，初期成為執行董事，負責實質領導。到最後的第五個階段則是登上整個集團的大位，運籌帷幄、決勝千里。可以甚為清晰地看到，接班的每個階段其實均有細心策劃和思考，所花的時間亦不少，令接班人在登上大位之前對集團的不同業務、人事關係與企業文化等均有充份了解。

正如前文提及，無論是社會、家族、企業，或是個人，前進路途必然會碰到不少意料之外的事情，接班過程亦是如此，所以家族必須事先作好準備，以防不時之需。凱瑟克家族按小亨利‧凱瑟克三兄弟各人的性格志趣作不同安排，明顯揭示一個多途並進的圖像。具體點說，小亨利‧凱瑟克成為領導主力，當遇重大挑戰時，作為第二梯隊的西門‧凱瑟克作出配合，並肩作戰。可以想像，若然他們二人碰到巨大挑戰，危機更為嚴峻時，則作為最後防線的齊平杜‧凱瑟克必然亦會披甲上陣。惟因事件沒有發展到那個局面，所以齊平杜‧凱瑟克便沒在家族企業的管理上一展所長，能把不少精力投入到個人興趣的足球活動之上。

渣甸家族的傳承接班機制已運作多個世代，十分成熟，這在小大衛‧凱瑟克諸兄弟的接班進程中亦可清晰地展示出來，尤其是兄弟分工、充份學習和考驗、接班安排多途並進這三個特點。作為這一代凱瑟克家族最年長的小大衛‧凱瑟克，雖然最早進入渣甸洋行實習，開始接班之路，但他顯然碰到了某些困難或問題，最終決定改變跑道，寧可如父親般到其他企業「打工」，他的孖生弟弟應該亦是走上了「打工」之路，沒有加入洋行。反而柏文和亞當‧凱瑟克，則如小亨利和西門‧凱瑟克兩兄弟般，成為接掌家族企業的一、二梯隊，

而二人為了接班，亦同樣經歷了學習與考驗的五個階段。當前，由於洋行並沒碰到重大挑戰，多途並進的接班制度尚未發揮效果，但當巨大挑戰突然出現時，相信必然能讓人看到當中的重要作用。

更加必須指出的是，渣甸洋行的傳承接班制度不只著眼於控股家族，更包括非家族專業人士的管理層。洋行乃規模龐大的跨國企業集團，如何確保管治清明、高效和穩定，實乃維持企業不斷發展的重中之重，而這方面的安排，除了上述不同管理層的分工、充份學習和考驗、接班安排多途並進外，更定下只吸納商業精英進入管理層的門檻，並採取「同志制度」，以培養兄弟手足情感，增強內部合作與團結。至於管理層必須輪調到不同部門的不同崗位上工作，吸取實質經驗，並對集團所有業務發展有更好掌握，以能作更好領導與決策，則與家族核心成員接班的安排沒有太大分別。

另一點值得注視的特點，是家族成員與非家族專業管理人員，會梅花間竹地擔任大班之職，且有固定任期，在某些時期由非家族專業人士作領導，但當洋行控股權遭到挑戰，又或是家族成員年紀已長，並有足夠能力時，則由他們作領導。這種做法的優點，是無論家族或非家族成員都不會在領導位置上留得太久，可為領導注入新風氣，而輪替出任領導之職，亦有助鼓勵非家族專業人士的積極性，對企業發展更有利。概括而言，經歷近 200 年發展的渣甸洋行，對管理層的傳承接班明顯建立了十分成熟的制度，成為其能夠面對不同挑戰的關鍵所在。

分散與集中的投資

對「別把所有雞蛋放到同一籃子裡」或是投資多元化理論，相信不少人都覺得耳熟能詳。在這方面的經歷或安排，渣甸洋行的經驗總結同樣別具意義。一如無數企業般，在創業之前，生意投資總是高度集中，例如渣甸洋行早期，

則集中於利潤極為豐厚的鴉片走私生意。到積聚巨大財富之後，乃沿著周邊關聯產業分散發展出去，例如因為運載鴉片而建造飛剪船，又例如因為航海而牽涉保險，於是入股保險公司等。惟這種關聯太多的所謂「多元化」投資，其實未能擺脫「一榮皆榮、一枯皆枯」的局面，與分散風險、維持業務穩定發展的目的仍有距離。

從發展階段說，初期的渣甸洋行當然以爭取盈利、搶佔市場為首要目標，從衍生業務「肥水不流別人田」的角度考慮問題，揭示其投資「多元化」的真正性質不高。但隨著業務進一步壯大，有了更大的財力物力向不同層面開拓之後，因掌握更多投資門路、機會與網絡之故，可落實更多多元化投資，將洋行打造成真正的綜合企業。

不可不察的現實問題是，那時的生意畢竟只以爭取最大盈利為目的，洋行既在大中華地區具有獨特優勢，自然令其在擴展生意時均集中於這個地區，於是又呈現了投資高度集中於一時一地的問題。即是說，雖然業務範疇有了不同類別，但地域上卻仍集中於大中華地區，所以當這個地區出現重大變故時，例如中華人民共和國成立之際，洋行的投資和生意便因來不及應變，而遭遇了前所未見的沉重打擊。

有了這次教訓，渣甸洋行在專注發展香港業務之時，亦加速向其他市場推廣。但是，儘管戰後重新上路時的業務與投資甚為多種多樣，受到香港生意盈利較好的牽引，同樣出現了大多數生意投資均集中於香港市場的問題。而這一現象當面對香港主權回歸時，則再次觸動信心問題，因為吃了 1950 年生意高度集中單一市場的虧，凱瑟克家族自然極為憂慮，於是便展開新一輪的市場多元化綢繆。

從現實意義上說，1980 年代渣甸洋行推行的市場多元化——淺白點說其實是從香港撤資的行動，並非跟隨市場規律行事，即是並非從爭取最大利潤、

尋找最具發展空間的原則入手，而是純粹因為害怕香港回歸後，企業會重蹈1950年代因未及準備而導致對華投資遭遇巨大損失的覆轍，因而要減少香港的投資。正因這次所謂的市場多元化策略以逃避風險為主要考慮，盈利次之，結果雖然大大降低了香港的投資份額，把不少資產和生意轉到其他地方，那些地方的投資回報卻不見理想，有些更遭遇滑鐵盧，此點相信令其感觸良多。

毫無疑問，從落實區域投資多元化的角度看，到了香港主權回歸前夕，渣甸洋行確實已把很大比例的生意投資，從香港轉移到了歐美及東南亞等地方，就連上市地位也撤離了香港，渣甸洋行亦失去了昔日對香港政治、經濟及社會的巨大影響力。然而，即如不少市場人士所了解，自二十世紀末到二十一世紀初，中華大地及亞洲的不少新興經濟體成為全球發展動力所在，歐美等發達經濟體則長期受困於債務危機而陷入衰退，這種世界層面的此長彼消，明顯會影響作了重大投資調整的渣甸洋行，在某些層面上得不償失，令集團發展動力大不如前。

從某角度上說，投資的分散與集中，與拿捏冒險和時勢之間有著不少共同點。因為願意冒險，才能搶佔市場，給企業注入發展動力，但冒險不會每次皆勝，如拿捏不準，錯判形勢，自然會遭遇嚴重虧損。同理，在投資較為集中時，若策略得宜，加上大勢配合，利潤必然高；若是較為分散，則必然有些生意回報較高，有些生意回報較低，整體回報自會被「拉平」。即是說，發展策略的運用，其實是企業領軍人評估各種風險與回報取捨後的綜合決定，外人難以置喙。反而引人思慮的問題是，這家過去立足於香港，以開拓中國內地貿易與投資為最主要目標，最大優勢亦集中於此的英資洋行，當改變了這些特點時，哪怕企業名字依舊，其發展面貌與格局，已呈現今時不同往日的狀況。

宗教與文化的影響

作為由西方跑到東方創立，長期壯大發展，並且具深厚影響力的英資洋行，因為在宗教信仰、文化底蘊等方面，都與扎根中國文化土壤成長的華人家族企業有很大差異，很自然會引來比較、討論與分析。事實上，若從宗教文化上觀察，渣甸洋行家族有不少特點：信仰基督新教、崇尚參軍當兵、血脈關係不執著男女內外等，均與受中國文化影響的華人家族企業截然不同。

無論是渣甸家族本脈、馬地臣家族，或是凱瑟克家族，他們都主要信奉基督新教的不同宗派。在信仰影響下，他們初期為何會從事鴉片走私，這種被視為毒品又不符合滿清法律的生意？哪怕經過深入研究，仍未能找到確實答案。他們曾提出一些理由，包括其本人或英國文化不認同鴉片為毒品，又因滿清違背自由貿易才要走私，而吸食者沒自制能力並非他們的責任等，惟這些理由到底怎能通過其內心宗教信仰那一關，則沒法知曉。不過，像馬地臣家族後人退出渣甸洋行生意，渣甸洋行亦在 1870 年代以不夠競爭力為由退出鴉片市場等，應可視作信仰畢竟還是發生了一定作用的印記。

另一方面，儘管本研究觀察到他們多代人均積極打拚事業，經營上又高度理性等特點，但這種一心爭取功業的行為，到底是為了個人實踐（self-actualization），證明個人才幹，從而贏得社會認同，抑或如韋伯所言是為了追求上帝救贖，實在無法確定，因為韋伯的觀點畢竟只是一種唯心論說，缺乏實徵研究的支持。

當然，沿著筆者過去討論基督信仰較強調上帝救贖，得享永生（即「救贖至上」），而中國文化則較強調血脈延續，以存不朽（即「血脈至上」）的方向觀察，則多少可以看到一些端倪（鄭宏泰、高皓，2018）。簡單地說，在信仰基督新教的渣甸洋行家族中，哪怕有些家族成員自身沒有血脈，他們均表現得並不在乎，沒有覺得很嚴重。但在華人社會而言，那可是攸關大孝與承先啟後

的頭等大事，必須想方設法先行解決，之後才思考其他事情。可見大家對於是否必須育有自己血脈這一點，實在存有很不同的看法。

在企業與財產的傳承上，大家均以傳給至親血脈為圭臬，但因對血脈的重視程度不同，傳承方法亦呈現差別。在英國文化裡，皇室或貴族仍然有長子襲爵或繼承主要財產的傳統，中產階級與普羅民眾則普遍採納了子女均分或遺囑繼承，凱瑟克家族亦呈現了子女均分的情況。中國文化雖然長期採取諸子均分，但女兒卻往往被排除在外，到近年因為子女數目銳減，才有了傳女或分給女兒的情況，加上有很長時期實行「一孩政策」的中國大陸湧現不少只有女兒的家族，傳給女兒乃日見普遍。

一般情況下，在英國文化裡，若果沒有男兒，家產及生意可由女兒繼承，甚至是女兒的後代，渣甸家族本脈的後代對生意沒有興趣，最後由凱瑟克家族承繼，便是很好的說明。就算凱瑟克家族中，因為女兒可以獲得分配財產的關係，韋特羅家族乃成為持有渣甸洋行一定控股比率的家族分枝。以上這些情況，可以清楚地說明，英國文化其實亦重視血脈，但程度上沒中國文化那麼濃厚，亦沒那麼重男輕女，女兒享有一定繼承權利，不會如中國文化般完全被排除出去，視為「外家」或「外人」。

渣甸家族的控股狀況與洋行管理層的傳承及變動，可以清晰地折射英國文化雖然亦重視血脈，但沒中國文化那麼濃烈與執著。正如前述，自渣甸家族本脈的男兒不願管理洋行，日後甚至全身而退後，洋行基本上仍可視作由血脈關係延續或掌管，除了凱瑟克家族，還有莊士通家族、貝艾榮家族、白德新家族、韋德羅家族等，某些時期更可由非家族的專業人士出任最高領導。但在中國文化而言，女兒一方的後人與娘家的關係被視為「生疏」，女性的血脈連結亦不受重視，只有男丁的血脈才算正統，公司管理亦必然要交到男家，甚少交給非家族專業人士。令人玩味的是，儘管渣甸家族的血脈關係不強，卻能維持

著甚為緊密的合作，令渣甸洋行在管理上並沒出現太多爭權鬥力的問題，管理層的輪替交接亦甚為順暢。

另一點值得注意的是，雖然以凱瑟克家族為代表的渣甸洋行控股家族，手上持有的股份只有一成多左右，卻始終憑著「以小控大」及股權「互控」的方法，長期緊抓著主導權，而血脈關係「生疏」的不同成員，亦似乎沒有呈現內部矛盾與分裂。比較之下，華人家族企業中的控股家族，一般會掌握較多股份，例如超過五成，所以總是企業的大股東，亦只有男性兒孫輩才能掌控，血脈關係濃厚，但卻常鬧出內部矛盾與分歧，乃至親人把股份出售外人，最後令家族企業易手，更時有所聞。

相對於由血脈與家族掌控企業，更為突出的差異，相信是參軍文化。在英國，社會明顯較崇尚參軍，上至皇室、貴族，下至一般民眾，似乎均對當兵給予很高地位，此點與中國重文輕武，認為「好仔不當兵」的文化實在有著巨大差別。無論是渣甸家族本脈、馬地臣家族、凱瑟克家族成員，或是躋身渣甸洋行董事局及大班職位的管理層，他們不少都曾從軍，甚至上過戰場參與戰鬥。家族成員中，有些曾擢升為隊長、少尉、上校，有些則官至准將或將軍職位，實在不低，也有些成員戰死沙場，或曾受過重傷。可見他們當兵從軍不純粹是「走形式」、拿個經歷，而是確確實實、真刀真槍上前線，儘管戰場風險巨大，他們並沒畏縮，而是真正的以此為榮。

一個不爭的事實是，無論是渣甸家族成員，或是那些能擢升為渣甸洋行領導者，有了軍隊生活的體驗後，他們在領導洋行前進時，一方面較易掌握團隊精神與上下齊心的重要性，另一方面又較有頑強拚搏的鬥志，哪怕處於逆境或受到挑戰之時。也即是說，曾經接受軍事訓練，強調戰鬥的尚武精神，似乎成為了渣甸洋行企業文化進取拚搏的原因所在，這又是在重文輕武的華人家族企業所少見的特點。

由於山川地理、氣候環境之不同，中英之間的宗教信仰、歷史文化自然亦差別巨大。在這種截然不同的環境中孕育的家族企業，必然亦有不同的組織模式及發展特質，儘管企業的運作應該按經濟和商業原則進行，但當加入家族元素，尤其是家族掌控了企業時，宗教信仰和歷史文化等影響便會浮現，令英資洋行與華資企業之間產生不少差異。

總結

渣甸洋行無疑十分獨特，是一家在東方土壤中生長的傳奇洋行企業，它創立並成長於十九世紀，然後在二十世紀不斷壯大，同時又經歷挫折、蛻變與重組，進入二十一世紀，則相信會朝著謀求整固與可持續的方向前進。接受與否，這家洋行的成功，在於兩個重點：其一是立足點放在東西華洋貿易，其二是著眼點聚焦中國市場。受政治與意識形態影響，過去當然亦有不愉快的經歷，而進入 1980 年代時未能掌握重大變局，發揮原來優勢，卻反其道而行，企業遷冊及投資轉移的連串行動，更令這兩個重要層面出現巨大變化。問題關鍵是，當其失去東西華洋貿易的立足點，而中國市場又再非其著眼點時，原來的發展基礎或者說競爭優勢自然不再存在，那麼要如昔日般叱咤一時，便無從說起。

企業亦好，家族亦好，其發展必須有持續動力，才能不斷前進，捨此必然停滯不前，甚至走向衰亡，至於任何野心、抱負、冒險精神——即廣東人所說敢拚敢闖的雄心，則屬力量源泉所在。然而，一個不爭事實是，當家族與企業變得實力雄厚或富裕之後，冒險的機會成本畢竟大大增加，家族成員亦變得「錫身」（怕受傷），於是不敢作出冒險與嘗試，只能固守舊有地盤或生意。惟世界、社會或市場卻不是原地踏步，而是不斷在變，結果必然是企業遭到淘汰，在弱肉強食的環境與市場中被吞噬。

參考資料

Aberdeen Evening Express. Various years.

Aircraft Accidents in Yorkshire. No year. "Whitley P4953 (possibly) damaged by flak, landed at Leeming airfield". http://www.yorkshire-aircraft.co.uk/aircraft/yorkshire/york40/p4953b.html (Accessed on March 2020)

Anderson, M. 1984. *Approaches to the History of the Western Family 1500-1914.* London: MacMillan.

Berry, H. and Foyster, E. 2007. "Childless men in early modern England", in Berry, H. and Foyster, E. (eds.) *The Family in Early Modern England,* pp. 158-183. Cambridge: Cambridge University Press.

Betteridge, T. and Freeman, T.S. 2012. *Henry VIII and History.* London: Ashgate.

Bickers, R. 2019. *China Bond: John Swire & Sons and Its World, 1816-1980.* London: Bloomsbury.

Blake, R. 1999. *Jardine Matheson: Traders of the Far East.* London: Weidenfeld & Nicolson.

Blendell, M. 1983. "HK Land may face difficulties rescheduling debt", *South China Morning Post,* 28 June 1982, p. 23.

Bowen, H.V. 2006. *The Business of Empire: The East India Company and Imperial Britain, 1765-1833.* Cambridge: Cambridge University Press.

Braude, J. 1992. "From No 10 to noble house: Sir Charles keeps eye on politics", *South China Morning Post,* 2 February 1992, p. 20.

Braude, J. 1998. "Jardine's taipan vents anger on Patten", *South China Morning Post,* 23 September 1998, p. 1.

Braudel, F. 1992. *The Wheels of Commerce,* trans. by Reynolds, S. Berkeley: University of California Press.

Brook, T. & B.T. Wakabayashi. 2000. "Introduction: Opium's History in China", in Brook, T. & B.T. Wakabayashi (eds.) *Opium Regimes: China, Britain, and Japan, 1839-1952,* pp. 1-30. Berkeley: University of California press.

Canton Press. Various years.

Cassan, B. 2005. "William Jardine: Architect of the First Opium War", *Historia,* Vol. 14, pp. 106-117.

Chan, W.K. 1991. *The Making of Hong Kong Society: Three Studies of Class Formation in Early Hong Kong.* New York: Oxford University Press.

Chan, W.K. 2012a. "Jardine, Andrew; Jardine, David; Jardine, Joseph; Jardine, Sir Robert", in Holdsworth, M. and Munn, C. (eds.), *Dictionary of Hong Kong Biography,* pp. 207–208. Hong Kong: Hong Kong University Press.

Chan, W.K. 2012b. "Keswick, William", in Holdsworth, M. and Munn, C. (eds.), *Dictionary of Hong Kong Biography,* pp. 225–226. Hong Kong: Hong Kong University Press.

Chapman, S. 2003. *Merchant Enterprise in Britain: From the Industrial Revolution to World War I.* Cambridge: Cambridge University Press.

Cheong, W.E. 1979. *Mandarins and Merchants: Jardine Matheson & Co, A China Agency of the Early Nineteenth Century.* London: Curzon Press.

China-Britain Business Council. No year. *History of the China-Britain Business Council.* http://www.cbbc.org/about/history-of-cbbc/

Chung, S.Y. 2001. *Hong Kong's Journey to Reunification: Memoirs of Sze-yuen Chung.* Hong Kong: The Chinese University Press.

Cline, S. 2006. *Women, Celibacy and Passion.* London: Andre Deutsch.

Collis, M. 1965. *Wayfoong: History of Hong Kong and Shanghai Banking Corporation.* London: Faber & Faber Limited.

Connolly, M. 2018. *The Murder of Prime Minister Spencer Perceval: A Portrait of the Assassin.* London: Pen & Sword History.

Courtauld C. and Holdsworth, M. 2012. "Keswick, Sir John Henry; Keswick, Margaret", in Holdsworth, M. and Munn, C. (eds.), *Dictionary of Hong Kong Biography*, pp. 223–224. Hong Kong: Hong Kong University Press.

David J Keswick, Regiment: 12th Lancers. 1897. WO76/9. Kew: The National Archives.

David Johnston Keswick, British, in 1933/34 Keswick was suspected of being concerned in leakage to the Communist Party of information from the Attorney-General's office. 1933-1955. KV2/2914. 1. Kew: The National Archives.

Davies, F. and Maddocks, G. 2014. *Bloody Red Tabs: General Officer Casualties of the Great War 1914-1918.* London: Pen and Sword History.

De Garis, B. No year. "Matheson, Sir Alexander Perceval (1861-1929), Senator for Western Australia, 1901-06", *The Biographical Dictionary of the Australian Senate*, online edition. https://biography.senate.gov.au/alexander-perceval-matheson/ (Accessed on February 2020)

Endacott, G.B. 2005. *A Biographical Sketch-book of Early Hong Kong.* Hong Kong: Hong Kong University Press.

Evans M. 1993. "Jardine's men make a cautious return to Beijing", *South China*

Morning Post, 25 September 1993, p.17.

Fairbank, J.K. 2008. "Ewo in history", in Keswick, M. (ed.), *The Thistle and the Jade: A Celebration of 175 Years of Jardine Matheson*, pp. 280–293. London: Frances Lincoln Limited.

Fay, P.W. 1975. *The Opium War, 1840-1842*. Chapel Hill: University of North Carolina Press.

Fay, P.W. 2008. "The opening of China", in Keswick, M. (ed.), *The Thistle and the Jade: A Celebration of 175 Years of Jardine Matheson*, pp. 68–97. London: Frances Lincoln Limited.

Fergus, J. 1991. *Jane Austen: A Literary Life*. London: MacMillan.

Financial Times. Various years.

Finch, J., & Mason, J. 2000. *Passing on: Kinship and inheritance in England*. London: Routledge.

Finch, J., Hayes, L., Masson, J. and Mason, J. 1995. *Wills, Inheritance, and Families*. Oxford: Clarendon Press.

Friedman, T. 2010. *The World is Flat: The Globalized World in the Twenty-First Century*. New York: Penguin.

Froide, A.M. 2007. *Never Married: Singlewomen in Early Modern England*. Oxford: Oxford University Press.

Gapper, J. 2018. "Silence has been golden for Jardine Matheson", *Financial Time*, 26 December 2018, p.11.

Gardner, B. 1971. *The East India Company: A History*. New York: Barnes and Noble.

Gittings, D. 1991a. "Thatcher man for HK maze", *South China Morning Post*, 9 June 1991, p. 13.

Gittings, D. 1991b. "Thatcher's typically telling slip", *South China Morning Post*, 15 September 1991, p. 12.

Gittings, D. 1992. "How Sir David's elevation became a fall from grace", *South China Morning Post*, 5 January 1992, p. 8.

Goody, J. 1976. "Introduction", in Goody, J., Thirsk, J. and Thompson, E.P. (eds.) *Family and Inheritance: Rural Society in Western Europe 1200-1800*, pp.1-9. London: Cambridge University Press.

Government Gazette. Various Years.

Grace, R.J. 2014. *Opium and Empire: The Lives and Careers of William Jardine and James Matheson*. London: McGill-Queen's University Press.

Grant, R. 1919. *Law and the Family*. New York: C. Scribner's Sons.

Greenberg, M. 1951. *British Trade and the Opening of China, 1840-1842*. Cambridge: Cambridge University Press.

Greenberg, M. 1969. *British Trade and the Opening of China 1800-42*. Cambridge: Cambridge University Press.

Guyot, E. 1995. "Nightingale to study equity investments in Asia as part of new role at Jardine", *The Wall Street Journal Europe*, 20 January 1995, p. 20-21.

Hanes III, W. T. and Sanello, F. 2002. *The Opium Wars: The Addiction of the Empire and the Corruption of Another*. Illinois: Sourcebooks Inc.

Harvey, C.E. 1981. *The Rio Tinto Company: An Economic History of a Leading International Mining Concern, 1873-1954*. Penzane, Cornwall: Alison Hodge.

Heal, F. and Holmes, C. 1994. *The Gentry in England and Wales 1500-1700*. Basingstoke: MacMillan.

Healy, D. 1992. "The need for a heavyweight", *South China Morning Post*, 19 April

1992, p. 8.

Hewett, G. 1996. "Jardines' chance to get rid of Trafalgar millstone", *South China Morning Post*, 29 February 1996, p. 54.

Hinnells, J.R. 2005. *The Zoroastrian Diaspora: Religion and Migration.* Oxford: Oxford University Press.

Hoare, J.E. 2002. "William Keswick, 1835-1927", in Cortazzi, H. (ed.) *Britain & Japan: Biographical Portraits*, Vol. IV, pp. 111-117. London: Routledge.

Hoe, S. and Roebuck, D. 1999. *The Taking of Hong Kong: Charles and Clara Elliot in China Waters.* Richmond: Curzon Press.

Hong Kong Daily Press. Various years.

Hong Kong Legislative Council. 1949. "Hansard (LegCo Sittings 1949 Session)". Hong Kong: Government Printers (http://www.legco.gov.hk/1949/yr1949htm).

Hong Kong Telegraph. Various years.

House of Commons, Debates – war with China, 7 April 1840. Vol. 53, cc669-748. (https://api.parliament.uk/historic-hansard/commons/1840/apr/07/war-with-china)

Hughes, R. 1976. *Borrowed Place, Borrowed Time: Hong Kong and Its Many Faces*, 2nd version. London: Andre Deutsch Ltd.

Hui, P., Wong, C.H. and Ng, J. 2011. "New chapter for Jardines: Ben Keswick named managing director for Asian trading house", *The Wall Street Journal Asia*, 3 October 2011, p. 20-23.

Huttenback, R.A. 1976. *Racism and Empire.* London: Cornell University Press.

James Jeremiah Victor Fitzwilliam Murphy, born 14.07.1897. 1939-1946. HS9/835/5. Kew: The National Archives.

James Matheson to Hugh Matheson. 4 November 1831. James Matheson–Private Letter Book, MS JM, C5/1.

James Matheson to Jamsetjee Jejeebhoy. 28 February 1839. James Matheson–Private Letter Book, MS JM, C5/3.

James Matheson to Jamsetjee Jejeebhoy. 3 April 1839. James Matheson–Private Letter Book, MS JM, C5/4.

James Matheson to John Abel Smith. 18 March 1839. James Matheson–Private Letter Book, MS JM, C5/4.

Jamieson, G. 1970. *Chinese family and commercial law* (2nd ed.). Hong Kong: Vetch and Lee Limited.

Jardine Matheson Holdings Limited, 2018. "Announcement: Change of chairman", 28 September 2018. https://www.jardines.com/assets/files/NewsAndEvents/highlights/20180929.pdf [browsed on March 2020]

Jardine William: Wills and Testaments Reference SC70/1/64. 1843. Edinburgh Sheriff Court Inventories, image 215-223. Edinburgh: National Records of Scotland.

Jardine, Matheson & Company Limited. 1906. "Memorandum and Articles of Association", available at Companies Registry, Hong Kong.

Jardine, Matheson & Company Limited. 1953. "Annual Return of Jardine, Matheson and Company, Limited made up to the 22nd day of April 1953", available at Companies Registry, Hong Kong.

Jardine, Matheson & Company Limited. 1961. "Offer for sale of 902,948 fully paid ordinary shares of HK$6 each at HK$16 per share". Hong Kong: Jardine, Matheson & Company Limited.

Jardine, Matheson & Company Limited. 1962. "Annual Return of Jardine, Matheson and Company, Limited made up to the 1st day of June 1962", available at Companies Registry, Hong Kong.

Jardine, Matheson & Company. 1960. *Jardine, Matheson & Company: An Historical Sketch.* Hong Kong: Jardine, Matheson & Company.

Jardines. 2020. "History: The group: Who we are". https://www.jardines.com/en/group/who.html. (Accessed on February 2020)

Jensen, M.C. and Meckling, W.H., 1976. "Theory of the firm: Managerial behaviour, agency costs and ownership structure", *Journal of Financial Economics*, October 1976, vol. 3, no.4, pp. 305-360.

Jerrold, W. 1926. *Henry VIII and His Wives.* London: Hutchinson.

John J. Johnstone, Will File 218 of 1935, No. 4013. 1935. Kew: The National Archives.

Jones, Geoffrey. 2000. *Merchants to Multinationals: British Trading Companies in the Nineteenth and Twentieth Centuries.* Oxford: Oxford University Press.

Kamp, van der J. 1981. "Newbigging denies rumours: Jardine reports bumper profits", *South China Morning Post*, 16 April 1981, p. 31.

Kennedy, P. 1989. *The Rise and Fall of the Great Powers: Economic Change and Military Conflict from 1500-2000.* London: Fontana Press.

Keswick, J.H. 1946. "Britain in the Far East", address given at Chatham House on 1 January 1946. London: Royal Institute of International Affairs.

Keswick, J.H. 1948. "Condition in China", address given at Chatham House on 20 July 1948. London: Royal Institute of International Affairs.

Keswick, M. (ed.). 2008. *The Thistle and the Jade: A Celebration of 175 Years of Jardine*

Matheson. London: Frances Lincoln Limited.

Keswick, W. 1989. "Common market understands", *South China Morning Post*, 10 June 1989, p. 18.

Lady Napier to Palmerston. 14 April 1835. Foreign Office Correspondents, FO 17/12/346-7.

Le Pichon, A. (ed.). 2006. *China Trade and Empire: Jardine, Matheson & Co. and the Origins of British Rule in Hong Kong 1827–1843*. London: Oxford University Press.

Le Pichon, A. 2012a. "Jardine William", in Holdsworth, M. and Munn, C. (eds.), *Dictionary of Hong Kong Biography*, pp. 208–209. Hong Kong: Hong Kong University Press.

Le Pichon, A. 2012b. "Matheson, Sir James Nicholas Sutherland", in Holdsworth, M. and Munn, C. (eds.), *Dictionary of Hong Kong Biography*, pp. 314–316. Hong Kong: Hong Kong University Press.

Lethbridge, H. J. 1978. *Hong Kong: Stability and Change: A Collection of Essays*. Hong Kong: Oxford University Press.

Lim, P. 2011. *Forgotten Souls: A Social History of the Hong Kong Cemetery*. Hong Kong: Hong Kong University Press.

Loades, D.M. 1994. *The Politics of Marriage: Henry VIII and His Queens*. Stroud: Alan Sutton.

Lownie, A. 2019. *The Mountbattens: Their Lives and Loves*. London: Blink Publishing.

Lubbock, B. 1964. *The Opium Clippers*. Glasgow: Brown, Son and Ferguson.

Mackenzie, A. 1882. *History of the Mathesons: With Genealogies of the Various Families*. Inverness: A&W Mackenzie.

Matheson James: Wills and Testaments Reference SC70/4/178. 1879. Edinburgh

Sheriff Court Inventories, image 160-234. Edinburgh: National Records of Scotland.

McSherry, M. 2001. "Keswicks 'won't be ousted' if shareholder revolt succeeds", *Sunday Herald* (Glasgow), 22 April 2001, p. 4-6.

Melancon, G. 2003. *Britain's China Policy and the Opium Crisis.* Aldershot: Ashgate Publishing.

Memorandum from William Jardine to Lord Palmerston. 5 December 1839. Palmerston Papers, University of Southampton, MS 62 PP/MM/CH/5.

Milligan, B. 1995. *Pleasures and Pains: Opium and the Orient in Nineteenth-Century British Culture.* Charlottesville: University Press of Virginia.

Mitchell, M. 2000. "Living in the past", *Far Eastern Economic Review,* 24 August 2000, p. 46-51.

Monks, S. and Chen, D. 1984. "Pull-out puts the leftists in a frenzy", *South China Morning Post,* 30 March 1984, p. 24.

Morrison, A. 1997. "Ability there to meet challenge", *South China Morning Post,* 23 June 1997, p. 80.

Mosley, C. 2003. *Burke's Peerage, Baronetage and Knightage,* 107th edition, 3 vols. London: Routledge.

Mulcahy, J. 1986. "Master stroke of the taipan", *South China Morning Post,* 28 November 1986, p. 1.

Munro, J.F. 2003. *Maritime Enterprise and Empire: Sir William Mackinnon and his Business Network, 1823-1893.* Woodbridge, Suffolk: The Boydell Press.

New China News Agency. Various years.

Nokes, D. 1997. *Jane Austen: A Life.* London: MacMillan.

Norton-Kyshe, 1971. *The History of the Laws and Courts of Hong Kong from the Earliest Period to 1898.* Hong Kong: Vetch and Lee.

Oliver, R. 1920. "History of China: Some Britons who have made it", *The China Mail,* 14 September 1920.

Pagani, C. 2004. *East Magnificence & European Ingenuity: Clocks of Late Imperial China.* Ann Arbor: University of Michigan University Press.

Patten, C. 1998. *East and West: The Last Governor of Hong Kong on Power.* UK: Pan MacMillan.

Pelling, H. 1958. "The early history of the Communist Party of Great Britain, 1920-9", *Transactions of the Royal Historical Society,* vol. 8, pp. 41-57.

Quarterly Research Report. Various years.

RWC partners. No year. "Contact us: France and Switzerland". https://www.rwcpartners.com/hk/contact-us/#locations [browsed on March 2020]

Randell, K. 1993. *Henry VIII and the Reformation in England.* London: Hodder & Stoughton.

Reid, A. 2008. "The steel frame", in Keswick, M. (ed.), *The Thistle and the Jade: A Celebration of 175 Years of Jardine Matheson,* pp. 14–67. London: Frances Lincoln Limited.

Rieger, B. 2005. *Technology and the Culture of Modernity in Britain and Germany, 1890-1945.* Cambridge: Cambridge University Press.

Rio Tinto. 2020. "History: Year 1873". https://www.riotinto.com/about/business/history. (Accessed on February 2020)

Robins, N. 2015. *The Corporation that Changed the World: How the East India Company Shaped the Modern Multinational.* London: Pluto Press.

Rothschild & Co. 2017. *Rothschild & Co: Annual Report 2017*. London: The Company.

Shepard, A. 2000. "Manhood, credit and patriarchy in early modern England, c. 1580-1640", *Past and Present*, 167: 75-106.

Shepard, A. 2003. *Meanings of Manhood in Early Modern England*. Oxford: Oxford University Press.

Simpson, B. 1979. "British 'hongs' face strong Chinese challenge", *South China Morning Post*, 22 December 1979, p. 50.

Sinclair, K. 1982. "The view from the 48th floor", *South China Morning Post*, 27 June 1982, p. 11.

Sinn, E. 2012. *Pacific Crossing: California Gold, Chinese Migration, and the Making of Hong Kong*. Hong Kong: Hong Kong University Press.

Skeldon, R. 1994. "Hong Kong in an international migration system", in Skeldon, R. (ed.) *Reluctant Exiles? Migration from Hong Kong and the New Overseas Chinese*, pp.21-51. Hong Kong: Hong Kong University Press.

Snow, P. 2003. *The Fall of Hong Kong: Britain, China and the Japanese Occupation*. New Haven: Yale University Press.

Sombart, W. 1962. *The Jews and Modern Capitalism*, (trans.) Epstein, M. New York: Collier Books.

South China Morning Post. Various years.

Stevens, A. 1994. "Powell play by Jardines", *South China Morning Post*, 27 March 1994, p. 17.

Stone, L. 1965. *The Crisis of the Aristocracy 1558-1641*. Oxford: Oxford University Press.

Su, V. 1983. "Ups and downs of the Bedford era", *South China Morning Post*, 10 August

1983, p. 8.

Sunday Times. Various years.

Szreter, S. 1996. *Fertility, Class and Gender in Britain, 1860-1940.* Cambridge: Cambridge University Pres.

Taylor, J. S. 1985. *Jonas Janway, Founder of the Marine Society: Charity and Policy in Eighteenth-Century Britain.* London: Scholar Press.

The Arsenal Club. No year. "About us: The Arsenal board". https://www.arsenal. com/the-club/corporate-info/the-arsenal-board (Accessed on February 2020)

The China Mail. Various years.

The Gentleman's Magazine and Historical Chronicle (Vol. 220). 1866. London: Printed by F. Jefferies.

The Hong Kong Cross-Harbour Tunnel. 1972. Hong Kong: Galbraith King.

The Hong Kong Government Gazette. Various years.

The Jardine Family. https://www.waughfamily.ca/Jardine/

The London Gazette. Various years.

The Peerage: Person Page 8272. No year. http://www.thepeerage.com/p8272.htm (accessed on 20 February 2020)

The University of Buckingham. No year. "About Buckingham: The Chancellor". https://www.buckingham.ac.uk/about/chancellor (Accessed on February 2020)

Treherne, P. 1909. *The Right Honourable Spencer Perceval.* London: T. Fisher Unwin. (https://archive.org/details/righthonourables00trehrich)

Van Dyke, P.A. 2008. *The Canton Trade.* Hong Kong: Hong Kong University Press.

Von Bergen, J. 2005. *Queen Elizabeth II.* New York: Great Neck Publishing.

Waley, A. 1958. *The Opium War through Chinese Eyes.* London: George Allen and Unwin.

Walker, J. 1983. "Bedford quits as HK Land chief", *South China Morning Post*, 10 August 1983, p. 1.

Wall Street Journal. Various years.

Walsham, A. 1999. *Providence in Early Modern England.* Oxford: Oxford University Press.

Weber, M. 1985. *The Protestant Ethic and the Spirit of Capitalism,* translated by T. Parsons. London: Unwin Paperbacks.

William Jardine to James Matheson, 31 May 1841. Cited by Fairbank, J.K. 1964. *Trade and Diplomacy on the China Coast,* 82-3. Cambridge, M.A.: Harvard University Press.

William Johnstone Keswick, born 06.12.1903. 1939-1946. HS9/835/5. Kew: The National Archives.

William Keswick, Will File 141 of 1912, No. 2507. 1912. Kew: The National Archives.

Williams, N. 1971. *Henry VIII and His Court.* London: Chancellor Press.

Wong, J. 1988. "Bluff pays off for a Hong Kong raider: Showdown between Li, Jardine chief ends in draw", *Wall Street Journal,* Eastern edition, 18 May 1988. p. 1.

Wong, J.Y. 1998. *Deadly Dreams: Opium, Imperialism, and the Arrow War in China.* Cambridge: Cambridge University Press.

Wong, K. 1993. "Loyal Lieutenant looks back at Jardine years", *South China Morning Post,* 26 September 1993, p. 25.

《大公報》。各年。

《星島日報》。各年。

上海社會科學院經濟研究所。1981。《上海永安公司的產生、發展和改造》。上海：上海人民出版社。

方國榮、陳迹。1993。《昨日的家園》。香港：三聯書店。

王國維。1956。《觀堂集林》。台北：藝文印書館。

袁求實。1997。《香港回歸大事記：1979-1997》。香港：三聯書店（香港）有限公司。

高承恕。1997。〈曾經滄海難為水：香港的世界網絡與俗民社會〉，載高承恕、陳介玄（編）《香港：文明的延續與斷裂》，頁335-350。台北：聯經出版社。

郭廷以，1979。《近代中國史綱》（上下冊）。香港：香港中文大學出版社。

馮邦彥。1996。《香港英資財團：1841-1996》。香港：三聯書店（香港）有限公司。

馮邦彥。1997。《香港華資財團：1841-1997》。香港：三聯書店（香港）有限公司。

馮邦彥。2001。《香港地產業百年》。香港：三聯書店（香港）有限公司。

馮邦彥。2002。《香港金融業百年》。香港：三聯書店（香港）有限公司。

黃仁宇。1997。《資本主義與二十一世紀》。北京：三聯書店。

趙翼。2012。《簷曝雜記》（曹光甫校點）。上海：上海古籍出版社。

劉詩平。2010。《洋行之王：怡和》。香港：三聯書店（香港）有限公司。

蔡榮芳。2001。《香港人之香港史：1841-1945》。香港：牛津大學出版社。

鄭宏泰、高皓。2018。《可繼之道：華人家族企業發展挑戰與出路》。香港：中華書局。

鄭宏泰、黃紹倫。2005。《香港米業史》。香港：三聯書店（香港）有限公司。

鄭宏泰、黃紹倫。2006。《香港股史：1841-1997》。香港：三聯書店（香港）

　　有限公司。

鄭宏泰、黃紹倫。2007。《香港大老：何東》。香港：三聯書店（香港）有限公司。

鄭宏泰、黃紹倫。2010。〈關係的伸與利害：何東買辦家族的例子〉，載王遠明、胡波、林有能（編）《被誤讀的群體：香山買辦與近代中國》，頁165-193。廣州：廣東省出版集團。

鄭宏泰、黃紹倫。2011。《香港赤子：利銘澤》。香港：三聯書店（香港）有限公司。

鄭宏泰、鄭心翹。2019。〈梟雄與種族主義：高和爾的成王敗寇〉，載鄭宏泰、周文港（編）《半山電梯：扶搖直上青雲路》，頁126-169。香港：中華書局。

鄭宏泰。2019。《仁生家族：跨國企業的前世今生》。香港：中華書局。

魯平。2009。《魯平口述香港回歸》。香港：三聯書店（香港）有限公司。

鍾寶賢。2016。《太古之道：太古在華一百五十年》。香港：三聯書店（香港）有限公司。

渣甸家族系譜圖

老安德魯・渣甸

老羅拔・渣甸

珍・渣甸
⋯⋯⋯⋯
大衛・莊士通

(接頁350-351)

馬加烈・渣甸
⋯⋯⋯⋯
占士・渣甸

(接頁354-355)

老大衛·渣甸

Rachel

(接頁356-357)

威廉·渣甸　　伊利沙白·渣甸

William Dobbie

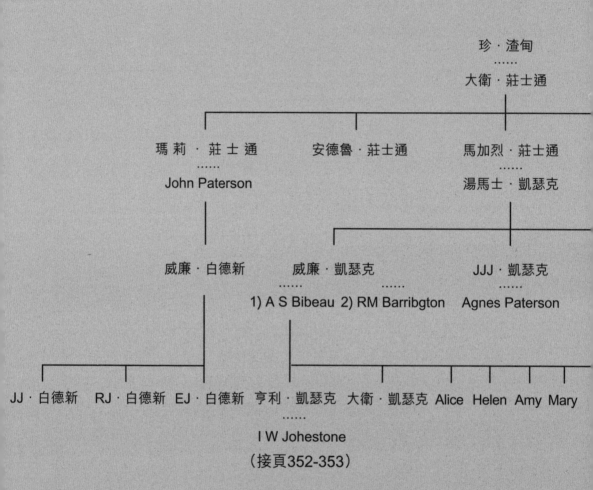

珍·渣甸
‧‧‧‧‧‧
大衛·莊士通

瑪莉·莊士通　　　　安德魯·莊士通　　　馬加烈·莊士通
‧‧‧‧‧‧　　　　　　　　　　　　　　　　　‧‧‧‧‧‧
John Paterson　　　　　　　　　　　　　湯馬士·凱瑟克

威廉·白德新　　　威廉·凱瑟克　　　　　　JJJ·凱瑟克
　　　　　　　‧‧‧‧‧‧　　　‧‧‧‧‧‧　　　　　‧‧‧‧‧‧
　　　　　1) A S Bibeau 2) RM Barribgton　Agnes Paterson

JJ·白德新　RJ·白德新　EJ·白德新　亨利·凱瑟克　大衛·凱瑟克　Alice　Helen　Amy　Mary
　　　　　　　　　　　　　　　　‧‧‧‧‧‧
　　　　　　　　　　　　　　I W Johestone

（接頁352-353）

約翰·莊士通

JJ·凱瑟克
......
Marion Plumer Parkes

吉斯汀娜·凱瑟克
......
W Dickson

小安德魯·莊士通

CL·莊士通
......
HS Mckie

Margaret

Jean Keswick
......
Norman MacEwen

CW Dickson
......
F E Parkes

Edward Dickson

小約翰·莊士通
......
1) Nancy Paterson   2) L Cradock

小小安德魯·莊士通

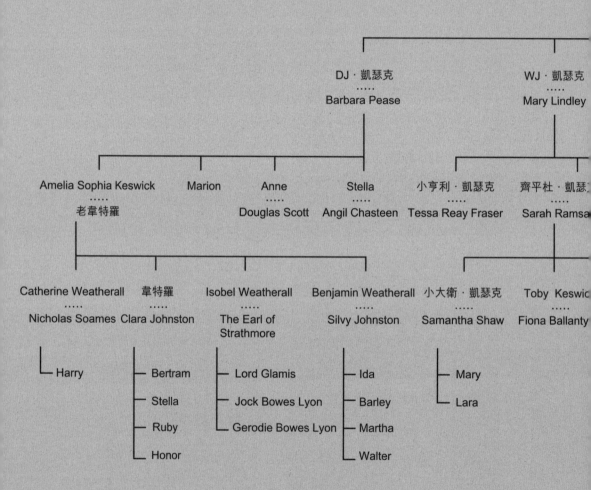

渣甸家族系譜圖

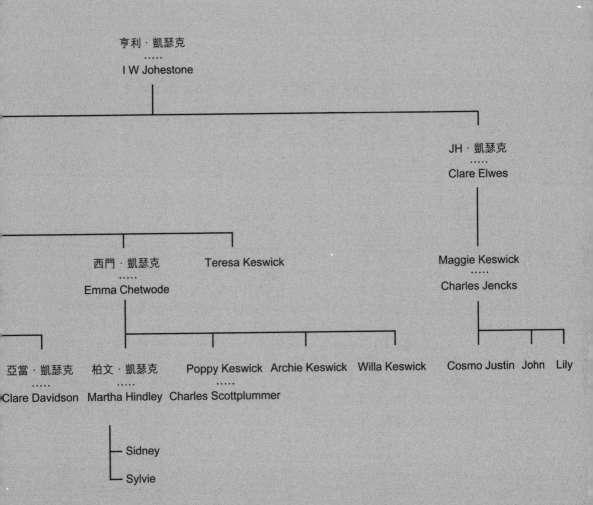

亨利・凱瑟克
·····
I W Johestone

JH・凱瑟克
·····
Clare Elwes

西門・凱瑟克　　　Teresa Keswick
·····
Emma Chetwode

Maggie Keswick
·····
Charles Jencks

亞當・凱瑟克　　柏文・凱瑟克　　Poppy Keswick　Archie Keswick　Willa Keswick
·····　　　　·····　　　·····
Clare Davidson　Martha Hindley　Charles Scottplummer

Cosmo Justin　John　Lily

└─ Sidney
└─ Sylvie

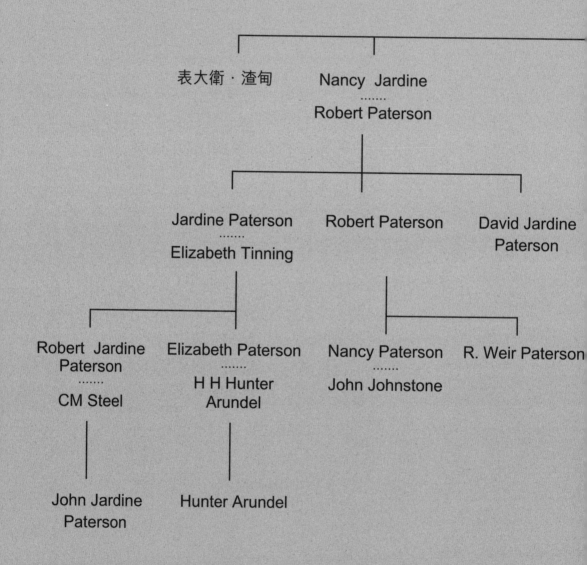

表大衛・渣甸　　Nancy　Jardine
⋯⋯⋯
Robert Paterson

Jardine Paterson　　Robert Paterson　　David Jardine
⋯⋯⋯　　　　　　　　　　　　　　　　　Paterson
Elizabeth Tinning

Robert　Jardine　　Elizabeth Paterson　　Nancy Paterson　　R. Weir Paterson
Paterson　　　　　　⋯⋯⋯　　　　　　　⋯⋯⋯
⋯⋯⋯　　　　　　　H H Hunter　　　　　John Johnstone
CM Steel　　　　　　Arundel

John Jardine　　　　Hunter Arundel
Paterson

渣甸家族系譜圖　　　　　　　　　　　　　　354

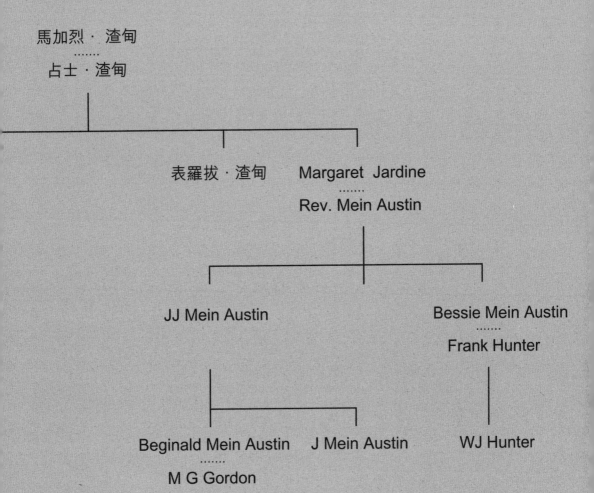

馬加烈 · 渣甸
占士 · 渣甸

表羅拔 · 渣甸　Margaret　Jardine
Rev. Mein Austin

JJ Mein Austin　　　　　Bessie Mein Austin
Frank Hunter

Beginald Mein Austin　J Mein Austin　　WJ Hunter
M G Gordon

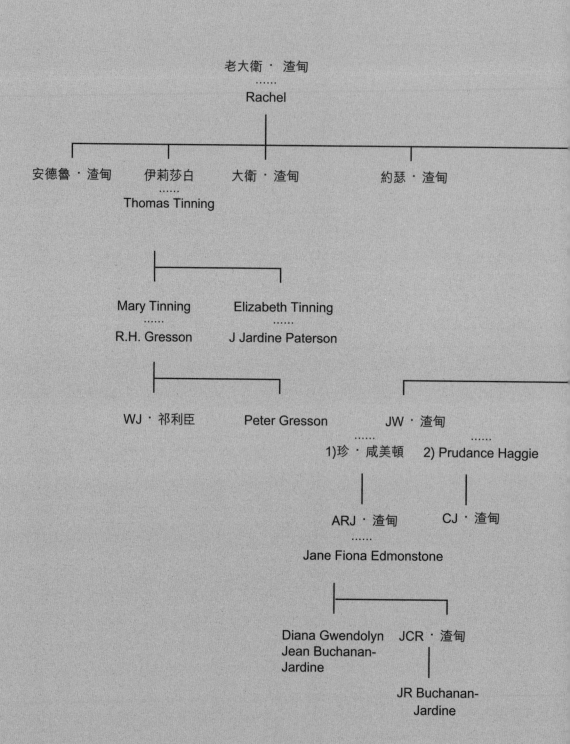

老大衛‧渣甸
......
Rachel

安德魯‧渣甸　伊莉莎白　大衛‧渣甸　約瑟‧渣甸
　　　　　　......
　　　　　Thomas Tinning

Mary Tinning　Elizabeth Tinning
......　　　　　......
R.H. Gresson　J Jardine Paterson

WJ‧祁利臣　Peter Gresson　JW‧渣甸
　　　　　　　　　　　　......　　　......
　　　　　1)珍‧咸美頓　2) Prudance Haggie

ARJ‧渣甸　CJ‧渣甸
......
Jane Fiona Edmonstone

Diana Gwendolyn
Jean Buchanan-
Jardine　JCR‧渣甸

JR Buchanan-
Jardine

渣甸家族系譜圖

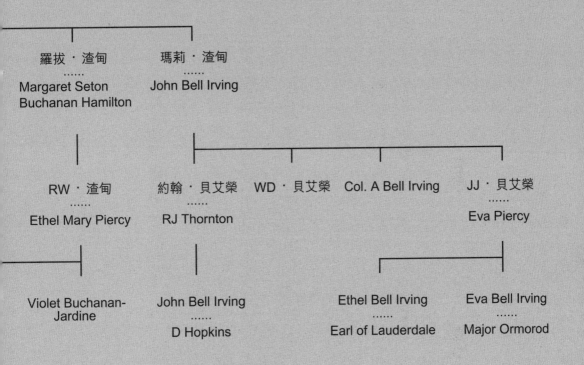

羅拔・渣甸
......
Margaret Seton
Buchanan Hamilton

瑪莉・渣甸
......
John Bell Irving

RW・渣甸
......
Ethel Mary Piercy

約翰・貝艾榮
......
RJ Thornton

WD・貝艾榮

Col. A Bell Irving

JJ・貝艾榮
......
Eva Piercy

Violet Buchanan-
Jardine

John Bell Irving
......
D Hopkins

Ethel Bell Irving
......
Earl of Lauderdale

Eva Bell Irving
......
Major Ormorod

三聯書店
http://jointpublishing.com

JPBooks.Plus
http://jpbooks.plus

編輯	寧礎鋒
設計	黃詠詩
書名	渣甸家族：龍頭洋行的特殊發展與傳承
作者	鄭宏泰
出版	三聯書店（香港）有限公司 | 香港北角英皇道 499 號北角工業大廈 20 樓 Joint Publishing (H.K.) Co., Ltd. | 20/F., North Point Industrial Building, 499 King's Road, North Point, Hong Kong
香港發行	香港聯合書刊物流有限公司 | 香港新界荃灣德士古道 220-248 號 16 樓
印刷	美雅印刷製本有限公司 | 香港九龍觀塘榮業街 6 號 4 樓 A 室
版次	2022 年 7 月香港第一版第一次印刷
規格	16 開（170mm × 230mm）360 面
國際書號	ISBN 978-962-04-5011-2